时尚形象设计专业“十三五”规划教材·21世纪新编核心课程系列

丛书名誉顾问（以姓氏音序排列）

河龙辉(韩)　霍起弟　李德权

丛书编委会（以姓氏音序排列）

阿比达森(韩)	陈　翔	丁海兰(韩)	顾筱君	黄信然
李春玲	林　莉	林晓鸣	潘　翀	孙　薇
王大为	王　欣	吴　丹	杨大鹏	袁境泽
赵　娜	郑忆萱	周径偲	周　雨	

时尚形象设计专业“十三五”规划教材 · 21世纪新编核心课程系列

A Guide to Fashion Etiquette

时尚礼仪教程

主　编　林晓鸣　顾筱君
副主编　吴　丹　王　欣　周　雨
　　　　杨大鹏　林　莉　王大为

中国传媒大学出版社
CUCP
·北京·

图1　《屈原卜居图卷》（局部）

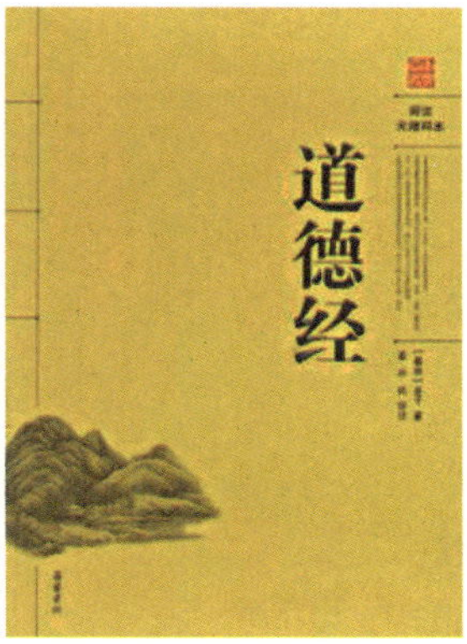

图2　《道德经》

图3　阎立本《步辇图》（局部）

图4　《簪花仕女图卷》（局部）

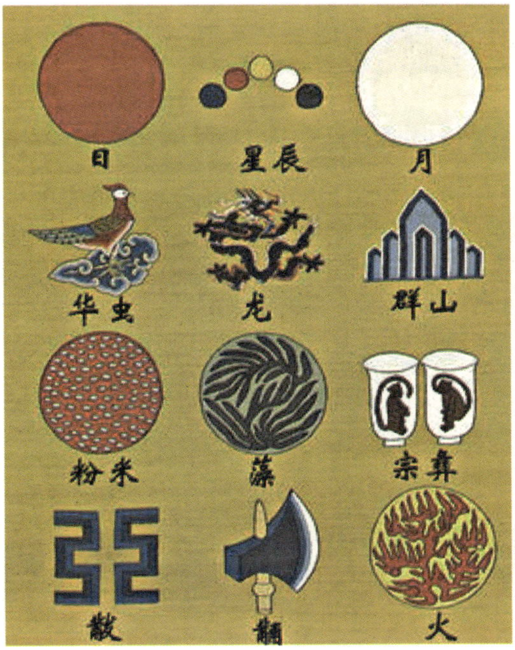

图5　十二章纹样

图6　深衣

图7　带钩

图8　春秋玉耳佩

图9　商青玉弦纹镯

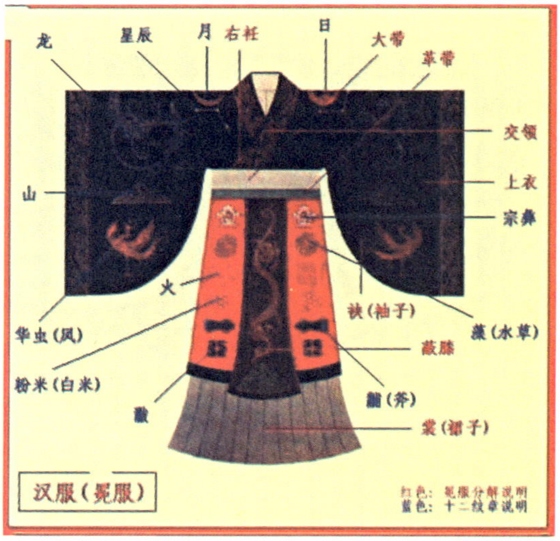

图10　汉服（冕服）

图11　汉服（常服襦裙）

图12　半臂穿戴

图13　元代顾姑冠纳石失

图14　纳石失局部彩

图15 凤冠

图16 戴凤冠、穿霞帔的明代皇后

图17 明代比甲

图18 图为穿比甲的妇女（《燕寝怡情》图册局部）

图19 《簪花仕女图卷》（局部）

一品文官鹤补服

二品文官锦鸡补服

三品文官孔雀补服

四品文官云雁补服

五品文官白鹇补服

六品文官鹭鸶补服

七品文官鸂鶒补服

八品文官鹌鹑补服

九品文官练雀补服

一品武职麒麟补服

二品武职狮补服

三品武职豹补服

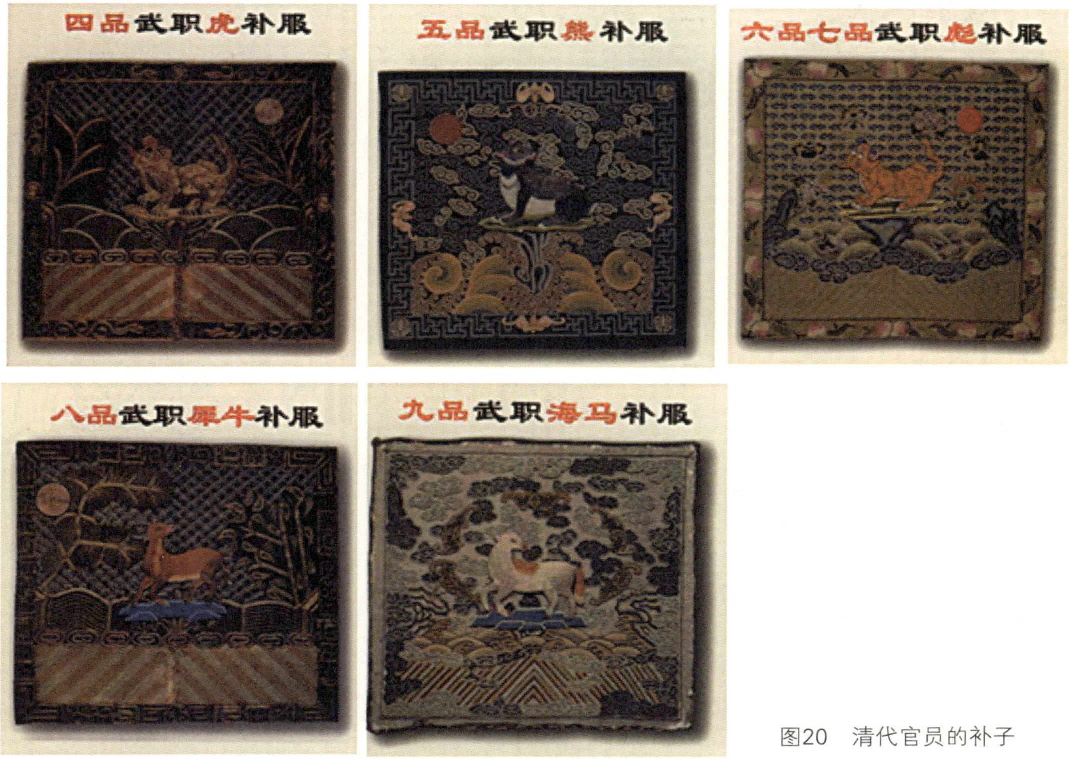

图20　清代官员的补子

图21　先农坛祭祀图

图22　赵霖《昭陵六骏图卷》（局部）

图23　郎士宁《弘历南游狩猎图》（局部）

图24　西汉人物帛衣

图25　依仗图

图26　玉冠

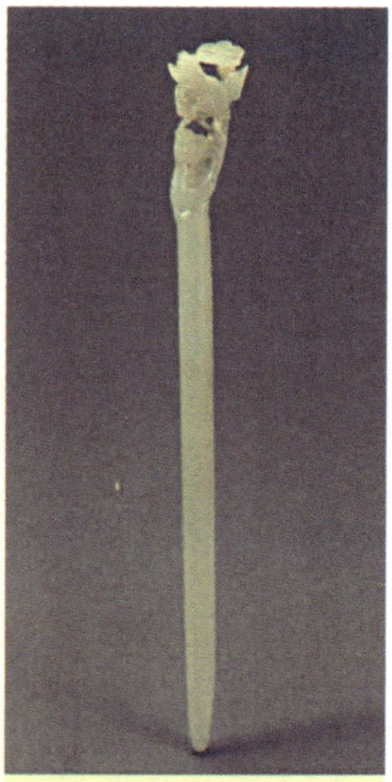

图27　发簪

图28　顾闳中《韩熙载夜宴图》（局部）

图29　沈周《京江送远图》（局部）

图30　《信陵君窃符救赵图》中的虚左礼

图31　士相见礼

图32　罗马斗兽场

图33　古罗斯多神教

图34　犹太教

图35　基督教耶稣

图36　伊斯兰教的清真寺

图37　脱帽礼

图38　吻手礼

图39　亲吻礼

图40　拥抱礼

图41　握手礼

图42　日本和服

图43　艺伎妆

图44　浮世绘

图45　韩服

图46 《簪花仕女图卷》(局部)

图47 《李贤墓观鸟捕蝉图》

图48 秦兵马俑军阵

丛书名誉顾问简介（以姓氏音序排列）

河龙辉〔韩〕	韩国装扮艺术人协会中国支会长
	韩国人体彩绘协会副会长
	韩国化妆专家职业交流协会支会长
霍起弟	劳动部职业技能专家指导委员会美容专业委员会主任
	中央戏剧学院化妆专业教授
李德权	中央戏剧学院化妆专业教授

丛书编委简介（以姓氏音序排列）

阿比达森〔韩〕	韩国Nature & Education董事长及国际艺术创意总监
陈　翔	亚洲模特协会中国模特教育委员会会长
丁海兰〔韩〕	丁和李朴形象设计有限公司品牌艺术总监
顾筱君	中国传媒大学南广学院演艺学院教授
黄信然	作家，时尚策划人
李春玲	江苏省城市职业学院人物形象设计专业教师
林　莉	西南石油大学艺术学院副院长
林晓鸣	中国传媒大学南广学院演艺学院院长
潘　翀	江西服装学院时尚服装分院形象设计专业教师
孙　薇	恒丰银行福州分行投资部总经理
王大为	中国传媒大学经济管理学院教师
王　欣	中国传媒大学南广学院演艺学院教师
吴　丹	曾留学德国，高校音乐传播课程教师，国际文化交流使者
杨大鹏	曾留学荷兰，国际商务、投资总监
袁境泽	时尚集团芭莎能量活动部总监
赵　娜	四川电影电视学院化妆专业教师
郑忆萱	江苏省南京视觉艺术学院形象设计专业教师
周径偲	赫斯特中国集团新媒体总编辑
周　雨	中国传媒大学南广学院演艺学院表演教研室主任

前 言

礼仪是一种世界性的文化现象。小至一个家庭、一个组织，大到一个民族，乃至一个国家，为了维持生活秩序，使内部和谐，需要人们按照规范行事，需要人们怀有诚恳的态度，互相尊重、互相帮助、互相关心。

中国是闻名海内外的千年礼仪之邦，我国古代教育家、儒家代表人物孔子把礼仪提升到“修身、养家、治国、平天下”的高度，认为礼仪不仅是普通人的立身之本，也是领导人及管理层处理好天下大事的基础；礼仪不仅直接影响到我们在政治、经济、文化等各个领域中的交往形象，有时还会成为我们事业成败的关键点。随着东亚儒学文化圈的形成，礼仪文明已扩大为东方文明的一种特色。每个人，了解中国文化都应当先从了解中华礼仪文化入手。

中华礼仪原本来自民众的风俗习惯，进入阶级社会后被统治者所利用，他们将其中一部分固定化、程式化，上升为礼制。礼制下沉，反过来又对民众的风俗习惯产生影响，就成为礼俗。传统的中华礼仪产生于特定时代，必然留有那个时代深深的烙印。近代以来，它多次受到责难，问题主要集中在两种观点上：一是有人认为，它是封建时代的东西，是用来维护统治阶级利益、桎梏广大民众的，没有必要提倡；二是还有人认为，时过境迁，“无礼才是时尚”。

中华礼仪文化还有没有现实价值？我们应如何正确对待传统礼仪文化中的问题？环顾我国现实社会，我们清楚地看到，物质生活水平与民众精神文明水平的提升已表现出明显的不同步、不和谐。举止粗俗、诚信危机等现象已严重影响了民族形象，不仅海外舆论批评时见报端，广大民众也交口斥责、痛心疾首。

对于传统礼仪文化，正确的态度应是客观看待、不要全盘否定或全盘接受。文化中的精华往往流传久远，会持续不断地影响着一个民族的面貌。今日，我们仍然不断地在诸如孔子、老子、孙子、孟子、荀子等先人留下的思想经典中寻找智慧就是传统文化的价值体现。当然，任何一个民族的文化在产生与发展过程中都免不了存在泥沙俱下的现象，但传统文化中的精华将历久弥新。

对“时尚”一词，人们的理解各不相同。有人认为时尚就是标新立异，也有人认为时尚即是简单，笔者认为，时尚是时与尚的结合体。所谓时，乃时间；所谓尚，主指崇尚。“时尚”所表达的不仅是一种流行的状态，也是一种生活态度。将“时尚礼仪”作为书名，意在强调时尚的根基是传统文化的精华，希望现代人更重视自律和文化品位。

林晓鸣

目 录

contents

第一编 中华礼仪的前世今生

第二编 国际礼仪常识

第一编

中华礼仪的前世今生

第一章 中华礼仪的起源与演变

本/章/重/点/与/难/点/提/示

一、重点

1. 概念
2. 礼仪的演变
3. 礼、乐的关联

二、难点

1. 时尚礼仪概念
2. 礼仪的起源与演变
3. 礼、礼仪、礼乐与礼俗的区别与关联
4. 先秦开始，各朝代的华服特征

第一节　时尚礼仪的构建

子曰：“人无礼，无以立。”礼仪是在交往中体现出来的大家共同约定的相互尊重的意愿，也是与人交往的程序、方式以及进行交往时的规范。礼仪的范畴包括语言、仪容、仪态、风度、礼制等。

礼仪，尤其是时尚礼仪，涉及人类生活的各个方面，从内容上解析，有仪容、举止、表情、服饰、谈吐等；从客观对象看，有个人礼仪、公共场所礼仪、商务礼仪、生活礼仪、餐桌与馈赠礼仪等各个方面。因此，对于礼仪的解释也需要从不同的角度展开。从总体上说，礼仪就是对他人表现出符合人伦道德准则的行为；从个人修养的角度看，礼仪可以说是一个人内在修养和素质的综合外化表现形式；从传播技巧的角度看，礼仪是人们在人际交往中进行沟通、交流的技巧；从社会伦理学和社会关系学的角度看，礼仪是人际交往中适用的一种行为艺术，或是通用的一种交际方式，是千百年来人际交往中约定俗成的，示人以尊重、待人以友好的习惯性约定。

中华民族自古以来就十分重视礼仪。《论语·颜渊》有云："克己复礼为仁。"克己复礼就是约束自己，使自身言行符合礼的规范。"克己复礼"是达到仁的境界的修养方法与过程。因此，从广义范畴来讲，传统礼仪是政治活动和日常生活中的行为规范。所谓政治上的行为规范，包括传统的祭天、祭地、祭宗庙、祭先师先圣等祭祀活动，也包括大型庆典等纪念活动的典章制度等。而生活中的行为规范包括了传统的尊师、饮酒、相见等日常行为活动中的规范，以及现代的邀请、问候、介绍、应聘等行为中的规范。因此，时尚礼仪涵盖范围广泛，包含了古今中外的一切礼仪，并且随着社会的进步、时尚界的引领，不断去糟粕而存精华。在现今社会，了解时尚礼仪尤为重要。

一、概念

1.礼

一个民族拥有自己的礼仪是进入文明时代的标志。中华礼仪文化，经历了上千年的历史演变还能够留存下来，说明其必定有经典或不可替代之处，且日臻完善。当然，要学习礼仪，必须先了解礼。

（1）礼。在《中国礼仪大辞典》中，礼的定义为：特定的民族、人群或国家基于客观历史传统而形成的价值观念、道德规范以及与之相适应的典章制度和行为方式。

礼，即礼貌、礼节。礼最初主要是指人类祭祀天神的一种活动。正如《管子》说的："仓廪实而知礼仪，衣食足而知荣辱。"当物质生活可以满足人们的基本需求时，人的理性被唤醒，人们懂得了必须对行为有所规范，这样才能有别于禽兽。

礼是指事物必然具有的道理。人们为了生存和发展，根据面临的生存条件，制定出合乎人类生存发展的秩序制度和道德观念的行为规范，也就是礼。礼是理性认识的结果。当事物的发展符合其规律时，就会与习俗产生关联，并得到大多数民众的认可，所以又有礼起源于俗的说法。荀子有云："礼以顺民心为本，顺人心者皆礼也。"

随着社会的发展，礼逐渐发展成为涉及或约束现代生活各个方面的一种行为和思想规范。礼既可以指为表示敬意和尊重而举行的仪式，也可泛指社会交往中的礼貌、礼节，是人们在长期生活实践中约定俗成、一致认可的行为方式。

（2）礼与礼俗。礼源自礼俗，但礼与俗本不是一回事。俗是指庶人（平民）的民俗，是广大民众在长期生活中形成的一种约定俗成的生活方式。当然在古代，广大奴隶是没有自由的，因此礼只通行于当时的贵族、士大夫之中，主要对他们进行约束。

礼俗主要是指人类社会在其发展过程中自发产生的、相对稳定的、关于礼节方面的行为。

（3）礼义与礼法。礼包括内容与形式两个要素，是两者的结合。古人把礼的内容称为礼义，把礼的形式称为礼法。春秋时期的《礼记》说："凡人之所以为人者，礼义也。"离开礼义，即使礼法做得再漂亮也只是在作秀。

《礼记》还有一句名言："刑不上大夫，礼不下庶人。"自秦汉以来，对这句话的解释都是"大夫拥有特权不受刑，庶人没有资格受礼遇"，这是"以封建的特权观念去解释带有原始性质的，以天神报应为根据、以血缘宗亲行正义的远古刑礼观的一种误解"。

当然，这句话到了封建社会变成了因人论罪，礼成了尊上卑下、刑变为宥贵残贫的封建特权阶层的私器。后世才有的"王子犯法与庶民同罪""法律面前，人人平等"都是统治阶级根据自己的需要对礼法所做的修订。

2.礼貌

礼貌是个人修养的外在表现，主要是指人们对他人、对某些事情所表现出来的一种生活态度，是可以用来衡量人们行为修养的重要规范，体现了人们的文化层次和修养。

礼貌是指人通过仪表及言谈举止来表示对交往对象的尊重，它不仅能够展现出一个人的道德风尚，也可以展示出一个民族整体的文化素质和文明程度。

3.礼节

礼节，是个人对他人表示尊重的各种表现。所谓"发乎情，止乎礼"，"发"于人性真情之自然流露，"止"于人性需求的行为规范。

礼节是个人行为的具体规范，主要体现在人际交往中人们所遵守的行为准则上，体现了人与人之间相互表达情感的形式，包括动作形式和语言形式。

礼节是礼貌的具体表现，具有形式化的特点，主要指日常生活中的行为举止。

4.礼仪

礼仪即对仪表、仪态、仪式、仪容等礼节、仪式的统称。礼仪是人类为维持社会的正常运转而要求人们共同遵守的最基本的道德规范，它是人们在长期共同生活和相互交往中逐渐形成的，并且以风俗等方式固定下来的行为习惯。

礼仪是律己、敬人的一种行为规范，是表现对他人尊重和理解的过程或方式。礼仪相对于礼貌、礼节来说范围更大，一般认为礼仪是由“礼”和“仪”两部分构成的。礼仪是人们在各种社会活动中，为了体现道德修养和相互尊重，在仪表、仪态、仪式、仪容、言谈举止等方面约定俗成的规范和程序。从广义上看，它泛指人们在社会交往中的行为规范和交际艺术；从狭义上看，礼仪可以具体到人们在交往过程中所遵守的行为规范及表达对对方的尊重的一系列形式。除此之外，这个词历来有着多重含义，归纳起来，大致包括如下几点：

其一，“夫礼，天之经也，地之义也，民之行也”。认为天地万物的生长、世间的秩序和关系都是由礼安排的。

其二，《左传·隐公十五年》曰：“礼，经国家，定社稷，序民人，利后嗣者也。”对统治阶级来说，抓住了礼，就抓住了治理国家的根本；对老百姓来说，守礼就是最大的本分。

其三，清代纪昀有言：“盖礼者理也，其义至大，其所包者至广。”认为凡是国家的法律都可以统称为礼。

5.国外对礼仪的认识

在西方语言中没有与“礼”对应的名词。钱穆先生曾经说过：“正因为西语中没有‘礼’这个概念，西方只是用风俗之差异来区分文化，似乎文化只是其影响的地区的各种风俗习惯的总和。然而在中国，不管各地风俗如何变化，‘礼’是一样的。‘礼’是一个家庭的准则，也是一个政府的准则。”① 《牛津高阶英汉双解词典》中与“礼仪”相关的词条有四个：ceremony，etiquette，rite，protocol。ceremony的含义是：典礼、仪式，礼节、礼貌、礼仪；etiquette的含义是：礼节、礼仪、规矩、成规等；rite的含义是：（宗教等的）隆重的仪式或典礼，习俗、惯例等；protocol的含义是：草案、草约，礼仪，外交礼节等。四个词的具体含义各有侧重。

ceremony指宽泛的礼仪；etiquette侧重正式的规范，带有浓厚的官方色彩，接近于汉语中的“礼制”；rite主要的是指礼仪中的仪式部分，特别是隆重的仪式，侧重指宗教活动和民间的习俗，相当于汉语中的典礼、仪式；protocol则多指外交礼节及其文书礼仪。与风俗对应的名词有custom；与礼俗对应的有etiquette，custom。

① 转引自邓尔麟.钱穆与七房桥世界[M].北京：社会科学文献出版社，1995：7.

英语中没有与汉语礼制对应的名词，相近的是制度，常用system或institution表示。system的含义是：系统，组合装置；（思想、理论、原则等的）体系，体制、方法、方式；制度、步骤、条理等。institution的含义是：由来已久的风俗、习惯或团体（如俱乐部或会社）。从这几个英语单词的解释来看，它们也是既有联系又有区别的。这几个单词与汉语的不同表现在“礼制”这个词上，中国是将礼与政治紧密结合的，而且将“礼”制度化并加以论证和运用，礼与制度几乎具有同等的地位；在西方，礼只是被融入到制度和日常生活之中，并没有等同于制度的强制性特征，这是中西礼仪文化最重要的区别之一。

二、礼貌、礼节、礼仪关系辨析

礼貌、礼节、礼仪都属于礼的范畴，礼貌是表示尊重的言行规范，礼节是表示尊重的惯用形式，礼仪则是由一系列具体表示礼貌的礼节构成的完整过程。

礼仪的内容涉及了人类生活的各个领域，在社会道德准则中，礼仪是衡量人们道德行为的一个重要标准。

礼貌、礼节、礼仪三者尽管名称不同，但本质上都是强调要尊重、关心他人，三者相辅相成，密不可分。如果只有礼貌而不懂礼节，往往容易失礼；谙熟礼节却流于形式，充其量也只是客套、作秀，并非一个高素质、有教养的人之所为。

知仪不知礼的鲁昭公

公元前537年（鲁昭公五年），鲁昭公去晋国朝拜晋平公。从郊劳（晋国在郊外举行的欢迎仪式），直至馈赠等所有繁复的外交仪式，鲁昭公都做得非常到位。

晋平公不禁对鲁昭公刮目相看，他对晋国大夫女叔齐说：“鲁国国君这不是很知礼吗?”不料，女叔齐却不认可晋平公的说法。他说，鲁昭公擅长的只是仪式，而不是周礼，“是仪也，不可谓礼”。女叔齐解释说：“礼所以守其国，行其政令，无所失其民者也。今政令在家，不能取也。……公室四分，民食于他。思莫在公，不图其终。为国君，难将及身，不恤其所。礼之本末，将于此乎在，而屑屑焉习仪以亟。言善于礼，不亦远乎?”女叔齐这段话的意思是，礼是用来守卫国家、执行政令、争取民心的东西。现在，鲁国国君的大权旁落到了士大夫的手中。鲁国公室被季孙氏、叔孙氏、孟孙氏三大政治家族分成了四份。由于大权旁落，老百姓现在都不怎么关注国君的处境了。身为国君，祸难就快降临到自己身上了，还不赶紧想办法解决，却还在学习礼仪。这哪里算得上是知礼呢?

女叔齐的说法切中肯綮，礼的核心精神绝对不是掌握各种仪式的细节，而是要通过礼达到协调人事关系、巩固政权、安定世道人心的目的。以此考量，鲁昭公确实是不知礼的。《史记》记载："昭公年十九，犹有童心"，"居丧意不在戚而有喜色"，可以说，他是一个情商很低的人。正是在鲁昭公五年，季孙氏、叔孙氏、孟孙氏三大政治家族将鲁国分成四份，其中，季孙氏占两份，叔孙氏和孟孙氏各占一份，形成了"三桓专权"的局面(因季孙氏、叔孙氏、孟孙氏三家都是鲁桓公的后代，故称"三桓")。后来，鲁昭公于公元前517年联合一些与季孙氏结怨的贵族攻打季孙氏，试图收回大权。结果，季孙氏、叔孙氏、孟孙氏三家联手，打败了鲁昭公的部队，并将鲁昭公驱逐出国。其后，鲁昭公多次计划返国，均失败，最后只能客死他乡。

鲁昭公知"仪"而不知"礼"，他熟悉外交礼节，却在治国上犯错，这就叫"小事明白，大事糊涂"。作为一国之君，若不能很好地治理国家，而只是把精力用在学习外交仪式上，无疑是舍本逐末。

需要说明的是，像鲁昭公这样对待文化、看待礼仪的人从来就不在少数。他们简单地以为，礼就是出席各种场合时懂规矩、不丢份儿，乐就是有点音乐才艺，能演奏乐器，会唱歌。其实，这些想法是非常肤浅的。孔子就曾感慨："礼云礼云，玉帛云乎哉?乐云乐云，钟鼓云乎哉?"意思是，礼难道就仅仅是指用来送礼的玉和帛吗?音乐难道就是会撞钟、会敲鼓吗?玉帛只是用来表达敬意的礼物，不是礼本身，礼的核心精神是"敬"，用现在的话说就是要"心存敬畏"。钟鼓是乐器，不是音乐本身，音乐的核心理念是"和"，即协调各种关系，使之和谐、优美。这才是礼乐文化的实质。若不能把握住这个精髓，学礼也好，学乐也罢，就难免学成鲁昭公那样，光知道学"术"，不懂得悟"道"。

仪是礼的外在表现，而礼则是仪的本质。礼仪是人的全部行为规范的总结，是由礼貌、礼节构成的，它涉及更深的层次、更广的内容。

三、礼俗与礼仪的关系辨析

根据上述种种说法，我们可以认为，礼先于仪，有了礼的道德规范，才能用仪这种形式表现。礼与仪常常密不可分。礼仪常伴随着社会群体的产生而出现，并且随着社会群体的变化发生相应的变化，随着历史文明的进步而升华。因此可以说，现今社会认定的礼仪是经过几千年的文明洗礼积淀而成并日臻完善的。

"礼出于俗，俗化为礼"。礼仪中一般采用顺时针的顺序，因为人们认为顺时针的顺序比较吉利，有时光在前、大家共同发展的寓意。但是，也有两种场合采用逆时针的顺序，第一种场合是运动会入场式，这是沿用古代奥林匹克的习惯；第二种场合是追悼会或遗体告别仪式，逆时针的顺序表示我们追忆往昔的时光。

孔子在礼学思想中，没有对礼与俗进行区分，他将礼与社会、政治联系起来，推动了我国以礼治国的文化特征的形成。在后来的礼文化发展过程中，风俗与礼制的明显区别在于是否得到官方认可而制度化，礼在朝廷就是礼制，在民间就是风俗，礼俗则是介于二者之间的一个概念。

四、礼制的作用

在日常生活中，人们更愿意和懂礼、知礼的人相处。相反，那些蛮横不讲礼的人往往让人讨厌，由此足以说明礼的重要性。古人云："不学礼，无以立。"这表明：做人都应懂说话、办事的规矩；要从别人的角度去思考问题。时尚礼仪更是提倡要做一个懂礼、守礼、感恩图报的人。

礼制是通过礼仪定式与规范塑造人们的行为与思想的，它通过法律的惩罚维护礼法的绝对权威。所谓制度，是"在一定历史条件下形成的法令、礼俗等规范"，有制定法规、规定、制作、规模样式等多层含义。制度是人类社会的伴生物，也是人类文明的具体体现。

礼制是衡量社会文明程度的重要标志，只有拥有规范的礼制，社会民众才能够有遵礼合法的行为。制度都是人定的，所以在一定程度上人与制度是相互作用的关系。

有观点认为：人类文明分为两个层面，即物质文明与非物质文明(或称物质文化和非物质文化)。人类创造出来的一切有人工痕迹的东西都应该属于物质文明的范畴。非物质文明或文化层次理论亦可分成两类，即制度文化和精神文化。

（1）制度文化。制度文化是人类为了满足自身生存、社会发展的需要而主动创制出来的有组织的规范体系。主要包括国家的行政管理体制、人才培养选拔制度、法律制度和生活中的礼仪俗规等内容。制度文化是人类在物质生产过程中所结成的各种社会关系的总和。社会的法律制度、政治制度、经济制度以及人与人之间的各种关系准则等，都是制度文化的反映。

（2）精神文化。精神文化包括哲学、美学、诗歌、音乐、舞蹈、戏剧、美术、宗教等上层建筑或精神层面的内容。

从中华民族有了部落，形成氏族、方国之时，制度和精神文化就开始对人的行为产生制约。特别是进入夏、商、周这些等级（阶级）分化的社会以来，制度的作用逐渐凸显。国家的形成需要秩序，秩序的形成离不开制度。大到国法，小到家规，从政策法规到乡规民约均是制度的体现。

"民俗也是制度吗？"答案是肯定的。民俗是约定俗成的，既有区域性，也具备广泛性，是制度的别样形式。这样的形式同时也决定了制度的隐形特点，且更具有约束性。人们的行为习惯促进了制度的形成。

《弟子规》，原名《训蒙文》，为清朝康熙年间秀才李毓秀所作。其内容参考了《论语·学而篇》第十六条。《弟子规》中的很多篇章都涉及人们日常生活中应遵守的礼节，比如“弟子入则孝，出则悌，谨而信，泛爱众，而亲仁，行有余力，则以学文”，列述弟子（或孩子）在家、出外、待人、接物与学习上应该恪守的守则和规范。后经清朝贾存仁修订、改编，并改名为《弟子规》，这使得我们学“礼”时更加有章可循。

五、礼和天性的关系辨析

“天神生礼说”这种观点来源于春秋以后兴起的一股思潮，虽然不一定科学，但却反映了有关礼仪起源的某些历史现象。有人认为：“当礼仪还没有正式出现在人们生活中的时候，广大民众对于神鬼的膜拜都是通过信仰说教形式来进行的。天地既与人有制约关系和统一性，又具有高于人事的主宰性。”这种鬼神崇拜的观点将礼、天性和人进行了主次排序。

儒家则认为礼从人的天性中产生，所以只有将人的天性和礼相结合，才能够制约人的行为。孔子以仁释礼，一方面把礼作为处理人际关系的总则，另一方面把仁当作礼的心理依据。克己以爱人，就是仁；用仁爱之心正确而恰当地处理好人际关系，就是礼。提出这一学说的目的，在于解决人和环境的矛盾。孔子提出“克己复礼”的观点，就是因为看到了人和环境的矛盾，他提出：解决这种矛盾的方法是克己，只有通过礼来规范、制约人的行为，人们才能够做出正确的事情。

六、讲究礼貌、礼节的意义和原则

1.讲究礼貌、礼节的意义

礼仪是个人美好形象的标志。礼仪是个人心理安宁、心灵净化、身心愉悦、加强修养的保障。礼仪的核心是倡导人们修睦向善。当每个人都抱着与人为善的动机为人处世，以文明人的准则约束自己时，所有的人都会感到心底坦荡、身心愉悦。

礼仪是家庭美满和睦的根基。家庭是以婚姻和血缘为纽带的一种社会关系。家庭礼仪可以使夫妻和睦、父慈子孝、家庭幸福。

礼仪是人际关系和谐的基础。社会是不同群体的集合，群体是由众多个体组成的，而个体的差异性是绝对的，例如：性别、年龄、贫富、尊卑等。礼仪是社会交往的润滑剂和黏合剂，它能使不同群体之间相互敬重、相互理解、求同存异、和谐相处。

礼仪是各项事业发展的关键。职业是人们在社会上谋生、立足的一种手段。讲究礼仪可以帮助人们实现理想、走向成功，可以促进全体员工团结互助、敬业爱岗、诚实守信，可以增强人们的竞争实力，从而推动各项事业的发展。

礼仪是社会文明进步的载体。要继承、弘扬优秀的文化传统。加强社会主义精神文明建设，文明礼仪宣传教育是其中一项重要内容。

在社会生活中，人们往往把讲究礼貌、礼节作为一个国家和民族文明程度的重要标志；对个人而言，礼貌、礼节则是衡量道德水准和教养高低的标准。因此，讲究文明礼貌具有特殊的意义。

讲究礼貌、礼节是体现文明行为的一个重要途径。它反映着人类社会的发展和进步，标志着人类生活摆脱了野蛮和愚昧，是人类社会精神文明的表现。在人类文明史上，奴隶社会、封建社会、资本主义社会都有其特有的文明标志。而如今，我们讲究礼貌、礼节，是为了适应社会主义现代文明的需要，培养有理想、有道德、有文化、守纪律的高素质公民，提高整个中华民族的思想道德素质和科学文化水平。在精神文明建设中，特别要加强全民族范围的思想道德、社会公德、职业道德建设与纪律教育。

讲究礼貌、礼节是体现人性的行为。我们应当鼓励和发扬崇高的人性观念，建立人与人之间的和谐秩序。礼貌、礼节是社会公德的一部分，是思想道德与职业道德建设的基础，也是纪律教育中必不可少的方面。

2.讲究礼貌、礼节的原则

在人际交往中，为了表示尊重与友好，我们必须遵循以下原则：

（1）以我为主、尊重他人，诚以律己，以诚待人。在人际交往中，以我为主，是以我国的礼貌语言、礼貌行动、礼宾规程为基本准则，使他人，特别是外宾觉得中国不愧为礼仪之邦，在此前提下，可适当运用外宾的礼节、礼仪，表达严于律已、以诚待人的善意，以示对宾客的尊重和友好。

（2）中庸之道，不卑不亢。不卑不亢，不偏不倚，自尊自爱，乃中庸之道也。在接待朋友或外宾时，特别要注意维护国格与人格，既不盛气凌人、狂妄自大，也不低三下四、妄自菲薄；绝不做玷污我们伟大祖国的光辉形象和崇高声誉、有损自己人格的事情，尊重自己就是尊重别人。

（3）己所不欲，勿施于人。自己不喜欢的，不要强加给别人。待人要一视同仁，对他人的关心要真诚。在与人交往中，要满腔热情地待人，不能有任何厚此薄彼的做法；己所不欲，勿施于人，应本着真诚和关心的态度，以实事求是和坦诚的态度取得他人的信任。

（4）“得理也得让人”。在人际交往中，有时会有一些人提出一些无理甚至失礼的要求，我们应冷静而耐心地加以解释，绝不要穷追不放，把他人逼至窘地。否则，会使他人产生逆反心理，不但不会承认自己的错误，反而还会引起更大的纠纷。“得理也得让人”，就是说要有容人之量，要学会宽容别人，给他人体面地下台阶的机会，以保全他人的面子。当然，宽容绝不是纵容，不是无原则的迁就，对于那些违法乱纪行为和无端滋事者，应根据事实真相，采取有理、有利、有节的方式处理问题。

七、文明礼貌与修养

修养是指个人在政治、思想、道德品质和知识技能等方面，经过长期锻炼和培养所达到的一定水平。文明礼貌修养，指一个人在待人处事的礼貌素质和能力方面，经过不断地学习和磨炼所达到的较高水平。

1.加强礼貌修养

有一种良好的习惯比有一种熟练的技巧更实用。在社交场合，有礼貌的人待人真诚有礼、自然大方，遇事应付自如，给人以豁达潇洒、谈吐不凡、博学多才的好印象，有助于工作的开展。有些人待人处事时怯生别扭，很不自在，这说明他们的礼貌修养还不够；也有些人孤陋寡闻，缺乏礼貌修养，只能机械模仿，甚至还会把粗俗当高雅，洋相百出，令人耻笑。所以，一个人能否做到礼貌待人、是否受人欢迎，是和自身礼貌修养程度密切相关的。古语“玉不琢，不成器；木不雕，不成材”讲的也是这个道理。因此，任何人都必须重视文明礼貌与修养。

2.良好礼貌修养的形成

良好的礼貌修养是经过长期有意识的学习、实践、积累而逐渐形成的。

（1）努力学习知识，使自己博闻强识。一个人知识越广博、越深入，文化底蕴越深厚，他在人际交往中就越容易被他人接受。作为历史悠久的礼仪之邦，我国的各种文献典籍中有着丰富的礼貌、礼节知识，值得我们学习、借鉴与传承。因此，加强对国内外礼貌、礼节知识的学习，对自己的礼貌修养的提高是十分必要的。

（2）广泛涉猎科学文化知识，使自己见多识广、知识丰富。现代人必须懂得更多的科学文化知识，接触更多情趣高雅的艺术作品，这是提高自身修养和人际交往能力的需要。一般来说，有修养的人都是科学文化知识丰富的人或文化水平、学历较高的人。这种人思考周密、分析问题透彻、处理问题得当、欣赏力强、注重自己的仪表，在人际交往中，能显示出个人的魅力；相反，科学文化知识少的人，往往在人际交往中给人以浅薄的印象。

因此，要把自己培养成为懂礼貌、讲礼节的人，就一定要努力学习科学文化知识。

（3）自觉加强思想道德修养，是形成礼貌修养的基础。一个人有了思想道德素养，就会用它能动地指导自己的行为，自觉地讲求礼貌、礼节。一个对自身职业充满敬重与热爱、有着强烈事业责任心的人，一定会注重自身的礼貌、礼节；一个从内心深处尊重别人、热情诚恳、道德高尚的人，待人也一定会真诚和蔼、表里如一，一定会全心全意地为他人服务。因此，我们要真正地礼貌待人，而不是做表面文章。要做到这一点，就必须以高度的思想道德修养作为基础。

当然，善于学习不能只限于学习书本上的理论，还应包括向周围一切讲文明、懂礼貌的人学习，我们要不断地充实自己，自觉地提升自身的礼貌修养。

（4）勇于实践，是形成礼貌修养的根本。在形成礼貌、修养的过程中，善于学习只是强化了礼貌与修养的意识基础，关键还在于实践，使意识见诸行动。离开实践，修养就成了无源之水、无本之木，“纸上谈兵”式的方法是无法成功的。因此，要以主动、积极的态度坚持理论联系实际，把自己学到的礼貌、礼节知识应用于社会生活实践的各个方面；要在学校、家庭、社交、工作等场合中，时时处处、自觉地从大处着眼，从小处着手，从我做起，从现在做起，以较高的标准来规范自己的言谈举止。培养良好的礼貌修养，就要勇于实践，不要怕出洋相，也不要怯懦自卑，通过各种人际交往活动不断锻炼、提高自己，尤其是在文明气氛较浓的环境中接受熏陶，更有利于培养良好的礼貌习惯。

（5）贵在自觉磨炼，养成讲文明、懂礼貌的习惯。总之，提高礼貌修养是一个自我认识、自我养成、自我提高的长期渐进的过程，它必然要涉及人们的思想与道德、认识与情感、意志与行为等诸多方面。当今，有些人不但连许多最基本的文明礼貌习惯都没养成，还沾染了一些不文明、不礼貌的坏习气、坏习惯。这就要求我们在提高礼貌修养的过程中，自觉地以现代社会的道德和礼貌的标准荡涤那些不良习气，净化思想、陶冶情操，不断完善自身修养。只要自觉、严格地要求自己，身体力行，从点滴做起，坚持不懈、持之以恒，好的习惯是可以养成的。一种相当稳定的好习惯在不同人身上会反映出不同的特点，形成不同的风格，这是礼貌修养达到较高水平的一种反映。

八、时尚礼仪

1.时尚

时尚是时和尚的结合体。所谓时，乃时间；所谓尚，指崇尚。

人们对时尚的理解不尽相同。有人认为时尚是一种流行风气；有人认为时尚即是简单、朴素或原生态，与其奢华浪费，不如朴素节俭；有人追求时尚只是为了标新立异。所以，时尚的标准是相对的。正因为相对，所以其适用范围也不尽相同。

2.时尚礼仪

时尚礼仪在社会交往中的作用越来越重要，这既是社会物质文明与精神文明高度发展的体现，也是人的心理需求的最高层面——自我价值实现的需要。作为一种新兴文化形态，礼仪的目的是装饰、美化、塑造个体形象，提升人的整体美感，实现有效沟通，从而获得他人信任、收获成功。实际上，美化个体形象也就是美化群体、美化整个社会。时尚礼仪为社会精神文明所需要，是人类文明发展的必要追求，这是从大量社会实践中得出的结论。随着人们对文化和生活质量的不懈追求，时尚礼仪这门年轻的学科将会得到更快的发展，时尚礼仪的知识和技巧将被更多的人所理解、接受和运用。

时尚礼仪是通向成功的桥梁。安德鲁·卡内基曾经说过："一个人的成功，15%是靠专业知识，85%是靠人际关系与处事能力。"斯坦福研究中心曾经发表的一份调查报告的结论也指出：一个人赚的钱，12.5%来自知识，87.5%来自关系。这里的人际关系也就是近年来所提到的人脉。人脉体现了人的人缘、社会关系。有人将人脉解释为"经由人际关系而形成的人际脉络"，人脉一词常被用于政治或商业领域，但其实不论做什么都需要人脉。

在好莱坞流行一句话："一个人能否成功，不在于你知道什么(what you know)，而在于你认识谁(whom you know)。"卡耐基训练区负责人黑幼龙指出，这句话并不是叫人不要培养专业知识，而是强调"人脉是一个人通往财富、成功的门票"。学习、掌握时尚礼仪，有助于我们建构自己的人脉，对个人幸福感的确定、事业的成功等具有不可替代的作用。

时尚礼仪是近年来时尚前卫人士倡导的现代礼仪的一部分，一般用于各种社交场合，如商务、休闲场合等。

时尚礼仪的建立和延续必须基于它的合理性和传承性。只有合理，才能成为千万民众的共识；只有不断传承，才能显示出文化底蕴深厚。因此时尚礼仪具有六大特点：时代性、地域性、合理性、具体性、可操作性、理智性。

（1）时代性。时尚礼仪是现代礼仪的一部分，因此必须具备时代特征，符合时代要求，得到民众、政府机构、媒体等的共同认可。

（2）地域性。不同地域在自然环境、社会结构、传统文化等诸多方面存在着差异，具有多姿多彩的地域风情和礼仪文化。传统文化在一定的地域环境中与当地的人文环境相融合，深深地打上了该地区的烙印，从而形成了该地域独有的传统文化风情——地域文化风情。

民族地域文化的形成离不开地域环境、自然条件、历史遗风、先辈祖训、生活方式、民俗礼仪等自然和文化要素。正是这些要素构成了文化的民族性、地域性。

文化的地域性差异在时间与空间的不断交汇中，铸造出了不同地域内特有的文化习俗、文化性格、文化精神、文化趣味以及文化风貌，这是时尚礼仪形成的基础和兴盛的土壤。

（3）合理性。时尚礼仪是一门学科，专门研究如何由表及里地美化人的形象，从而体现出人的道德修养和内涵；时尚礼仪不仅包含美化形体、容貌、社交技巧，也包括提升风度、个性气质、审美层次、文化道德素养等的方法。因此，时尚礼仪必须与人们的审美情趣、审美评价以及传统文化内涵相契合，也就是要具备合理性和广泛性。只有这样，礼仪文化才能够得到延续、传承，才能够发扬光大。

（4）具体性和可操作性。时尚礼仪可以对人物素质或整体形象进行“再塑造”，所以它必须具备可操作性，才能为广大民众所认同。所谓“再塑造”，并不是要完全脱离个体本身塑造出一个与其毫不相干的形象，而是要发掘个体的内在潜质，结合外部形象特征，并考虑其职业或环境因素的影响，通过掌握各种不同的场合中的风度气质、礼貌礼仪、社交技巧、动态或静态语言，塑造出尽可能完美的形象，这才是时尚礼仪的重要目的之一。

因此，时尚礼仪如同形象设计一样，既是一门综合学科、一种设计理念，也是一种技能实践，是一个对人物整体形象的再设计、再创造、再提升的过程。

（5）理智性。既然时尚礼仪是提升人物形象的一个方面，那么在任何场合、任何环境、任何情绪下，都应该保持有教养、懂礼貌的完美、儒雅形象。因此，时尚礼仪必须具备理智性特征。

3.时尚礼仪的基本原则

在交际应酬中，每一位参与者都必须自觉、自愿地遵守礼仪，以此规范自己在交际活动中的一言一行。应遵守的时尚礼仪原则，就是对行为主体提出的基本要求，更是人格素养的基本体现。只有遵守礼仪规范，才能赢得他人的尊重，确保交际活动达到预期的目标。

时尚礼仪的基本原则有以下几点：

（1）平等原则。平等原则是礼仪的基础，体现了平等互利的关系。在人际交往中，双方均有获得尊重的需要，亦即对任何交往对象，都必须以礼相待、一视同仁，给予同等程度的礼遇。其表现形式为不骄狂、不我行我素、不自以为是、不厚此薄彼、不目中无人，更不能以貌取人，或以职业、地位、权势压人；应该时时处处平等、友好待人，与交往对象互谦互让、互尊互敬；要常存敬人之心，处处不失敬于人，不可伤害他人的尊严，更不能侮辱对方的人格。同时，也要善于理解对方在具体条件下的一些行为需求，不应过多地挑剔对方的行为。

在人际交往中，既要尊敬他人，又要尊敬自己、维护个人乃至组织的形象。不可损人利己，这也是人格、品德问题。

（2）互动原则。互动原则是交往双方合作得以继续的根本原则，即和交往对象进行互动时，既要倾诉又要倾听，最后通过交流达成共识。这就需要双方在认识上保持一致，在行动中协调，在策略上配合，通过共同努力，达到共同追求的目标。

（3）诚信原则。诚信原则要求人们在运用礼仪时务必诚信无欺，言行一致，表里如一，待人以诚。诚信是对人、对事的一种实事求是的态度，是待人真心真意的友善表现。人际交往是人与人之间传递信息、交流情感、沟通思想的交际过程，要遵守诚实守信、不说谎、不虚伪、不做作、不骗人、不侮辱人的原则，即“言必信、行必果”原则。如果缺乏诚信，既不可能达到预期目的，更无法保证交际效果。所谓“骗人一次，终身无友”。

（4）宽容原则。宽容原则要求人们在交际活动中运用礼仪时，既要严于律己，更要宽以待人，即允许别人自由行动或做出判断，耐心而毫无偏见地容忍与自己的观点或公认的观点不一致的意见。宽容也是豁达大度、有气量、不计较和不追究的表现，是一种胸襟，也是一种容纳意识和自控能力。

（5）自律原则。自律原则要求人们遵循法度，按照礼仪规范严格要求自己。在没有人监督的情况下，通过自己要求自己，变被动为主动，自觉地遵循法度，拿它来约束自己的一言一行。知道自己该做什么、不该做什么是礼仪的基础和出发点。学习、应用礼仪，最重要的就是要自我要求、自我约束、自我对照、自我反省、自我检查。

自律并不是让一大堆规章制度来层层地束缚自己，而是用自律的行动创造一种井然的秩序，为我们的学习、生活争取更大的自由。

（6）适度原则。应用礼仪时要注意技巧、合乎规范，要特别注意把握分寸、认真得体。根据具体情况、具体情境而使用相应的礼仪，既要彬彬有礼，又不能低三下四；既要热情大方，又不能谄谀奉承；要自尊但不能自负，要坦诚但不能粗鲁，要信人但不能轻信，要活泼但不能轻浮。

礼仪有着一定的程序规定，而程序自身就是一种“度”。无论是表示尊敬还是表达热情都应有一个“度”的问题。不“适度”，就可能表现为阿谀奉承、奴颜婢膝，施礼就可能进入误区。

（7）沟通原则。沟通是时尚礼仪的保证。沟通是人与人之间、人与群体之间思想与感情的传递、反馈的过程，其目的是保证思想的一致和感情的通畅。沟通是为了一个目标，使信息、思想和情感在个人或群体间传递，并且达成共同协议的过程。

沟通时力求用准确的语言和方式来表述，使对方更容易理解和支持。沟通时用语态度要诚恳、亲切；声音大小要适宜，语调要平和沉稳；要尊重他人，不批评、不责备、不抱怨、不攻击、不说教，不说不该说的话。

(8) 从俗原则。由于国情、民族、文化背景不同，在人际交往中，必须入乡随俗，对客观现实要有正确的认识，不要自大，要与绝大多数人的做法保持一致。切勿目中无人，自以为是。从俗就是指交往时应了解并尊重对方的风俗、习惯，尤其要注意禁忌，如果不注意禁忌，就会在交际中引起麻烦。

九、时尚礼仪与时尚元素的有机构建

对一个人来说，礼仪是其思想道德水平、文化修养、交际能力的外在表现；对一个社会来说，礼仪是一个国家社会文明、道德风尚和生活习惯的反映。随着社会的进步，人们对美的追求已不再是盲目地模仿与追赶潮流，已不再是仅仅关注一张脸，而是讲究从发型、化妆、服饰到仪表、社交礼仪的整体性修饰，并且更讲究内在的气质风度、文化道德修养、个性风格及生活态度与外部形象的和谐统一。

同时人们也希望利用各种最新的时尚元素，包括流行的服装与饰品、新潮的发型和护发用品、时尚的化妆手法与最新的护肤技巧，以及个人的生活态度、信念、道德、气质风度等，通过形美（外在美）、神美（韵美）、质美（内在美）的和谐统一，更充分地展示自己独特的性格魅力、个性风采，创造一个有自己个性特色的、不落俗套的、尽量不与他人雷同的新时尚形象。因此，将时尚礼仪与时尚元素完美、有机地结合起来，则可以形成一套完整的时尚礼仪理念。

十、时尚礼仪释义

时尚礼仪是一种以现代人文和谐为最高境界的时尚行为科学。要全方位、多维度地美化个体，提高个体乃至整个民族的文明素质，时尚礼仪是一门重要的必修课程。人类文明的发展，在一定程度上是由礼仪的发展所体现的。而良好的个体文明素质应体现在外表形象美、生命活力美和时尚造型因素美等方面。和谐统一的个性和气质风度美等众多因素构成了最完美的整体形象，进而取得美化群体、美化社会、美化生活的最终效果，这就是这本《时尚礼仪教程》放在“时尚形象设计专业”系列中的意义所在，具体分述如下：

1.本能的目的

做一个魅力十足的“职场丽人”为人青睐，当一个帅气十足的“翩翩绅士”受人爱戴是很多人向往的事情。生活中的礼仪影响着人的形象，决定着人的前程和命运。“爱美”是人的本能，表现“美”则是时尚礼仪的职能。注重礼仪形象是为了强调整体素质美或个体形象美的程度，而美好的形象可以更好地展现个人魅力，有益于事业、有益于家庭、有益于美化整个社会。因此，每个人都应注重自身礼仪，只有将礼仪看作生活中不可缺少的一部分，才能使自身成为一个有道德、有修养、懂礼貌的现代文明人。

2.传递信息

中国传统教育总是特别重视品德、文化教育以及心灵的修炼与提升，人们普遍认为“内在美”比“外在美”重要得多。但是在高度重视速度的现今社会，情况已经有了很大的改变。个体形象的信息传递体现出商品和服务的价值观念，这是飞速发展的现代社会独有的信息效应，也是人文价值的具体体现；另外，它还可以体现道德价值、精神文化价值，成为一定的道德评价和判断标准。

在人际交往中，人们往往习惯于通过外在形象、行为来判断一个人的年龄、身份、学识、爱好、个性、社会地位等，并从这些最初得到的信息中决定自己的好恶取向，这种判断取向常常与从众心理无关。试想，在现代社会生活中，尤其是在商场如同战场、时间就是金钱的情况下，大家都在为自己的生活、事业、家庭奔忙，一般不太可能花费宝贵时间去慢慢挖掘或品味另一个人的气质、内涵修养，尤其是对于一个初识者。人们如果不重视自己的外在形象和礼貌、礼仪，就容易在社交场合中被别人忽略或否定，从而导致失去机遇。因此，社会越是向前发展，人们对自身礼仪和素质再塑造的需求就越迫切。

时尚礼仪，犹如无声的语言，向他人展示一个完整的自我。事实上，人类对美化个人形象的不懈追求客观上推动了生产力的发展，有利于社会交往，形成和谐的人际关系；主观上体现了自我价值，可以增强自信心，提高成功率。社会愈发展，分工愈明确，人际交往就会愈频繁，而一个既有外在形象美，又懂礼貌、举止儒雅的人可以从一开始就给对方留下良好的印象。掌握时尚礼仪有助于消除思想障碍，有助于更加准确地向对方传达真实的自我信息，有助于事业的发展和兴旺。

3.适应社会需求

21世纪是生产力飞速发展的时代，随着社交活动的日益频繁，人们越来越重视自身素质，对自身的要求也越来越高。今天，市场竞争的激烈、工作压力的加大，都促使人们更加重视突出自我、展示自我。人们更需要在整体形象塑造中寻求强调个性美的空间，在平常中寻找亮点，在普通中创造新奇，在平凡中突出自我，这样才能尽快地立足于社会。

随着新一代年轻人文化程度的大幅度提升、社会生活质量的提高，在科技发达带来的众多时尚元素的冲击下，时尚礼仪将得到更快的普及和发展。

4.个性素质的展现

尽可能完美地呈现个性是时尚礼仪的意义所在，包装个性已成为主流趋势。个性反映了个体的性格特点。突出个性是多数人的愿望，他们希望在群体中尽快地突出自我形象、展现自我优势，希望自己能在公众心目中留下良好的印象、受到别人的尊重。个体在人际交往中不仅要表现个性，还要通过时尚元素，修饰、美化自己的个性和气质特点，更加恰当地展示个人高尚的素质和优雅的风度，从而尽可能多地得到他人的欣赏和尊重。

十一、时尚礼仪准则

莎士比亚曾说过，“即使我们沉默不语，我们的服饰与体态也会泄露我们过去的经历”，这是一句非常经典和富有哲理的名言。我们的文化层次和经历决定了我们的审美能力和审美感受。所以，如何用得体、悦目的形象和礼仪来表达自身优秀的内在素养，是很多人面临的问题。因此，市场在呼唤具有较高专业素质的人才来提升国人的整体形象和礼仪修养。

1.时尚礼仪的原则

（1）时尚性原则，即紧跟潮流、不落伍原则。试想，如果一个作品不具备时尚性，或者不能很好地体现时尚元素，那么这个作品就会是落伍的，不能被称为设计作品。时尚礼仪也是如此，只有更好地掌握时尚礼仪的原则，才能使自身形象永远受人欢迎、永不落伍。

（2）功能性原则，即目的性原则。运用时尚礼仪时应考虑目的与效用，要以功能目的为主要出发点。

（3）经济性原则。经济性原则不仅包括对成本的考虑、对消费者支付能力的预测，更重要的是寻求在现有条件下提高自身的实用审美价值。

（4）艺术性原则。指自身在运用时尚礼仪知识时应考虑到审美功能和艺术品位，给他人以更好的审美享受。

（5）主题性原则。是对运用时尚礼仪的出发点的把握。讲文明、懂礼貌作为对人类文明的继承，其目的是为了个人和整体素养的提升，所以时尚礼仪必须从人出发，把人的物质和精神方面的需求放在第一要素的位置来考虑。

（6）创新性原则。现代时尚礼仪作为创造性文明活动，其创新性是推动现代社交活动不断和谐发展的动力，体现了人类对现代文明的追求。时尚礼仪的创新性原则的基础是传承，目的是进行个性化创新，这是一个使设计策略差别化的过程，是个性化的内涵与独创的表现形式的巧妙统一，同时也显示了个性和礼仪的独创性。

2.学习时尚礼仪初期需要掌握的基础知识

时尚礼仪中必不可少的基础是化妆、发型、服装等。社交礼仪与气质风度都是从每一个局部修饰开始的，譬如肢体语言、动态语言等。它们不是简单、孤立的，而是多方面有机结合的，是对由内向外的各个局部因素进行归纳整合、整体塑造的过程。因此，我们要特别注重学习内容的局部性与整体性的统一。只有根据时尚形象设计与时尚礼仪的专业和实际需要，注重全面发展，注重各种潮流的导向性，注重基础课、专业课、修养课、设计创作课及各种形象礼仪设计的有机结合，并通过不断的项目实践或综合实训认真总结，才能取得良好的学习效果。

第二节　礼仪的起源与演变

一、礼仪的生发

1.礼之溯源

中国是一个有着五千年历史文明的大国，素来就有礼仪之邦的美誉。因此，中国的传统礼仪也有着悠久的历史。可以说，从中华民族的历史掀开第一页起，礼仪就随同人类的生活一起出现了。考古学家、历史学家将礼的产生主要分为两个阶段：第一阶段为原始礼仪阶段，原始礼仪主要是指史前初民生活中的一些有着固定仪式的习惯性行为，也称风俗习惯；第二阶段为文明礼仪阶段，主要是指随着等级制度的形成而逐步完善的礼仪。

我们的祖先在山顶洞人时期，就已经开始懂得将雕刻得十分精致、美观的石珠、蚶壳、砾石，或者狐、獾、鹿等动物的骨头、牙齿等作为饰品在祭祀时佩戴在自己的身上。考古学家在山顶洞人的遗址中发现了大量以赤铁矿末染红的各种石、骨、贝壳类装饰品。早在商周时期的甲骨文中就有“沐”“浴”等字样，《说文解字》中解释说：“沐”，濯发也；“俗”，洒身也。“浴”的字形像人在盆中用水洗澡的样子，我国南方部分地区称“沐浴”为“妆洗”。“斋戒沐浴”常作为大型活动或仪式前必需的准备工作。晋代张华《博物志》载有“禹选粉”“纣烧铅锡作粉”“周文王敷粉饰面以待客”等，这些都反映了礼仪与帝王及时尚潮流之间的密切联系，表现出人类对礼仪的重视程度。

在新石器时代，我国各地不同的风俗已经形成。比如，考古资料显示，考古学家在大汶口发掘古墓时发现，女尸口中都含有石头球或陶球，两侧的臼齿磨损严重，这表明口含石球曾是当地盛行的装殓风俗；从《左传》中可以了解到，直到春秋战国时期还有杀人祭祀的习俗；占卜算卦习俗在龙山时代就已出现，至今还在民间流传。

在原始社会中晚期(约旧石器时代)，出现了早期的礼仪萌芽，一般表现为祭祀活动的仪式、婚嫁仪式，和一些用来在族群中进行等级划分的准则。

礼是稳定社会人伦秩序的重要保证。人类社会的道德秩序的形成离不开礼的作用，即通过礼来规范人的行为，保证社会的稳定发展。人类为了生存和发展必须与大自然抗争，不得不以群居的形式生活，人类的群居性使得人与人之间相互依赖又相互制约。在群体生活中，男女有别，老少有异，这既是一种天然的人伦秩序，又是一种需要被所有成员认同、保证、维护的社会秩序。人类面临着的各种内部的或与外界的关系必须妥善处理，这就需要有章可循、有法可依。因此，人们逐步制定出一系列“人伦秩序”，这就是最初的礼，也是现今社会伦理学的前身。

礼起源于人类寻求满足自身欲望与努力实现欲望之间的动态平衡的需要。人在成长的过程中，总免不了对某一事件或事物产生强烈的欲望，但常常不能放任这种欲望发展，否则将会扰乱社会秩序。社会矛盾加剧时，必须依靠礼或礼制来规范、遏制一些人的欲望以规范人类行为、缓解社会矛盾。这些礼法与制度涉及政治、经济、文化等多个方面，限制或规范人们的日常生活。

这个时期的文化还不发达，人们的思维模式与态度相对虔诚，社会还不具有阶级性。因此，这一时期的礼仪活动形式也较为简单直接。

2.周公与古代礼仪制度的建立

公元前11世纪，周王朝建立，文王称帝。鉴于对殷朝列王为政失败的分析，周公开始思考“如何才能长治久安”。他提出要“明德慎罚”，实施“德政”，组织、建立起一套全新的维护“德政”的政治制度，为统治者制定出系统的行为规范。

周公非常重视礼仪。他还在朝廷设置礼官，让其专门掌管天下礼仪，并制定了一系列礼制，使我国古代礼仪更为完备。周公的礼乐制是建立在古代中国精神文明的基础之上的，维护的是统治者的利益，但不可否认他对中国古代礼仪作出的杰出贡献。

西周统治者用周礼来巩固、加强其统治。相传“周公制礼”，即在周公的主持下，对以往的宗法习惯进行了系统的整理，制定出一整套以维护宗法等级制度为中心的行为规范，以及与之相对应的典章、礼节、仪式。为了与这套礼制相适应，西周统治者在政治、法律、思想方面所实行的就是以“亲亲”“尊尊”为基本原则的“礼

图1-1 《道德经》

治”，其基本特征是“礼不下庶人”“刑不上大夫”。在思想文化方面，尽管提出了“以德配天”学说，但“君权神授”的神权思想仍占据着统治地位，整个社会保持着等级森严的统治秩序和礼仪章法。然而，春秋战国时期，传统的神权观念受到了“德”“仁”思想的猛烈冲击、批判，“礼”思想、“法”思想成为社会意识形态的主流，也为中国古代礼仪制度的建立奠定了重要基础。

3.道、儒、法各家对礼仪制度作出的杰出贡献

（1）道家。道家是先秦时期的一个思想派别。道家崇尚自然，同时主张清静无为，反对斗争，其思想中有辩证法的因素和无神论的倾向。道家的创始人是老子（老聃），也是“中国哲学之父”。以老子、庄子为主要代表的道家对礼仪制度的建立作出了杰出的贡献。

《道德经》为老子所作。《道德经》含有丰富的辩证法思想，其深邃的哲学思想与古希腊哲学一起，构成了人类哲学史上的两座高峰。老子所提倡的“道”不仅对我国古代思想文化的发展作出了重要贡献，而且对我国礼教、礼仪制度的建立产生了深远影响（见图1-1）。

图1-2 《孔子行教图》

（2）儒家。孔子（公元前551年至公元前479年），名丘，字仲尼，春秋末期鲁国陬邑昌平乡（今山东曲阜）人，中国古代思想家、政治家、教育家，儒家学派创始人。孔子（见图1-2）是礼仪制度的积极参与者和传播者。为了宣扬礼制，他不远千里，从鲁国到西岐向老子学礼。

面对比政权转换更为困难的风俗转换，孔子提出了“因俗制礼”方略，为保证各国、各地的平稳过渡，他主张一方面尽量保留各地的基本风俗；另一方面，通过推行规范礼的形式来移风易俗，达到儒家所提倡的传播礼仪学说的目的。孔子提出了“仁”学说，即要求统治者能够体察民情、爱惜民力，不要过度压迫人民，以缓和阶级矛盾；其次，他主张以德治民，反对苛政和任意残杀。他要求人们用礼的规范来约束自己的行为，要做到“非礼勿视，非礼勿听，非礼勿言，非礼勿动”；他倡导“仁者爱人”，强调人与人之间要有同情心，要相互关心、彼此尊重（见图1-3）。他的学说成为中国两千多年封建文化的正统。他所著六经——《诗》《书》《礼》《乐》《易》《春

秋》为古代礼仪奠定了厚重的基础，成为中华民族礼仪文化的光辉开端。这是孔子重大的历史功绩。

孔子在周公“明德慎罚”的基础上，提出了以人为本、尊重人性的主张，倡导通过教育来端正人的心志，其核心是“礼”与“仁”。从俗到礼，是中国文明史上一次大的飞跃。春秋末期，诸侯纷争，周王室衰微，社会动荡，周礼受到了一定的冲击。孔子公开提出“克己复礼”的口号支持周礼。在治国方略上，他主张“为政以德”，认为用道德和礼教来治理国家是最高尚的治国之道。这种治国方略也叫“德治”或“礼治”。把德、礼施之于民，实际上已打破了传统的“礼不下庶人”的信条，打破了贵族和庶民间原有的一条重要界限，体现了人道精神。孔子的“礼”的学说体现了礼制精神，即现代意义上的社会秩序和社会制度。

图1-3　《圣迹图》

人道主义是人类永恒的主题，对于任何社会、任何时代、任何一个政府都是适用的，而秩序和制度则是人类建立文明社会的基本要求。孔子创立和提倡的这种人道主义和秩序精神是中国古代社会政治思想与礼教、礼仪制度的精华。

图1-4　《屈原卜居图卷》（局部）

孟子把礼解释为“对尊长和宾客严肃而有礼貌”，即“恭敬之心，礼也”，并把 “礼”看作是人善性的发端之一，“礼者，人道之极也”。荀子把“礼”作为人生哲学思想的核心，把“礼”看作是做人的根本目的和最高理想，他认为缺乏了礼的制约，人类就不能生存下去，事情就不能完成，国家也将会混乱。图1-4为清代黄应谌所作的《屈原卜居图卷》的局部图，展现了二长者于屋外执礼相见的情景。

孟子、荀子、墨子等学者的进一步发挥使得“礼”的体系逐步形成。“五礼”就是一整套涉及社会生活各方面的礼仪规范和行为标准。古代的礼制典籍亦多撰修于这一时期，如周代的《周礼》《仪礼》《礼记》就是我国最早的礼仪学专著，这些礼仪学专著为之后社会的礼仪制度的建立和完善奠定了坚实的理论基础。

战国时期是我国学术文化的一个快速发展阶段，各学派的兴起使得礼仪成为他们表述各自主要思想的形式。以孔子为代表的儒家学派认为礼是治理国家、保证社会安定、人民生活的一个必不可少的内容。

秦朝历时不长，因为盛行阴阳神仙术，故秦礼多承袭传统之礼。

汉武帝时期，“废黜百家，独尊儒术”的治国方略使儒家所提倡的礼仪成为主流，中华礼仪得以定型，且赢得了至高无上的社会地位。

（3）法家。以管仲、商鞅为首的法家对礼制的建立作出了不可磨灭的贡献。他们竭力鼓吹周王的“普天之下，莫非王土；率土之滨，莫非王臣”（出自《诗经·小雅·北山》）思想，认为“礼乐征伐自天子出”。

二、礼仪的演变

1.玄学、佛道二教对礼仪发起挑战

魏晋南北朝时，在知识分子间开始盛行起玄学。玄学是起源于魏晋、盛行于隋唐时期的主要哲学思潮，是道家和儒家思想融合而成的一种新的文化思潮，是当时一批知识精英跳出传统的思维方式(修齐治平)，对宇宙、社会、人生所作的哲学反思，在正统的儒家信仰发生严重危机后，致力于为士大夫重新寻找精神家园。

玄学是一种思辨性很强的哲学，注重探讨抽象理论。如果用一句话概括玄学特色，那就是“隋唐精神，魏晋风骨”。因此，玄学既有神秘深奥的一面，所研究的幽深玄远的问题可以对一些抽象内容以生动的方式进行解说，同时也具有满足精神世界、慰藉心灵的作用，更对中华文化产生了深远影响，是中国先秦之后又一次思想碰撞与融合的结果。

与此同时，佛、道两教也异军突起，成为意识形态的一部分。人类社会能有序地向前发展，一个很重要的原因就是社会道德规范在起作用。社会在进步，观念在不断更新，佛、道两教所提倡的“非道德化”放任态度的流行，使一些不愿循规蹈矩的人对传统礼仪、礼教嗤之以鼻。礼仪、礼教处于崩溃的边缘。

面对世风日下的状况，一部分人是看不惯的，他们退而致力于在家庭中对自己的后人进行礼仪教育。《三字经》《百家姓》《千字文》合称“三百千”，是著名的古代启蒙教育教材，中华礼仪由此得以保留。

2.隋、唐、宋代为礼仪注入强大活力

隋唐时期，由于民族的强盛，中华民族的礼仪文化显现出开放态势。进入唐代，社会和国家空前繁荣、富强。西汉礼学家戴德和他的侄子戴圣所编选的《礼记》即是中国古代一部非常重要的有关礼仪典章的书籍（见图1-5）。

图1-5　《礼记集解》

戴德选编的八十五篇本叫《大戴礼记》，后戴圣择重点选编的四十九篇本叫《小戴礼记》，即我们今天见到的《礼记》。这两本书侧重和取舍之处不同，各有特色。东汉末年，著名学者郑玄为《小戴礼记》作了出色的注解，后来这个本子便盛行不衰，并由解说经文的著作逐渐成为礼仪经典，到唐代被列为“九经”之一，到宋代更是被列入“十三经”之中，成为士者必修之书。

唐初仍然沿用着隋代礼仪。唐太宗李世民命人在此基础上又增补了大量内容，后世称其为《贞观礼》。阎立本之《步辇图》（见图1-6）以贞观十五年文成公主嫁给吐蕃王松赞干布的历史事件为题材，描绘了唐太宗李世民坐步辇接见吐蕃使者的情景。李世民的威严、吐蕃使者的恭敬、宫女的娟秀和有序侍奉让人一览无余。周舫的《簪花仕女图卷》（见图1-7），描绘了唐贞元年间贵族仕女在春夏之交的庭院里嬉游的情景，画中的贵妇衣着华贵、高髻簪花、体态优雅。两图一并描绘出当时讲究礼仪、注重服饰的风尚。

图1-6　阎立本《步辇图》（局部）

图1-7　《簪花仕女图卷》（局部）

唐高宗显庆三年，长孙无忌等人进一步增补了《贞观礼》的内容，后世称其为《显庆礼》；开元盛世，唐玄宗又组织了大规模的整理工作，完成了《大唐开元礼》。

隋唐还在总结、整理前朝经验教训的同时强化法制建设，将礼仪与法律分离开。由于法律制度的独立，礼仪得以摆脱从前的重负，顺利发展下去。

宋代兴起了理学。理学是指宋代以后的新儒学，又称道学。嘉祐治平年间（1056—1067），理学获得了极大的发展，形成了以王安石（荆公）的新学、司马光（温公）的朔学、苏轼的蜀学、二程（程颢、程颐）兄弟的洛学（含张载的关学）为代表的理学四大派。理学家提出“存天理、灭人欲”口号，一方面维护着人伦关系，另一方面极端地对个人的独立价值作了否定。此时儒家将注意力转移到了民间，着力于礼仪、礼俗的规范化，也预示着此后的礼仪将与朝廷的典章制度分道扬镳。

3.元、明、清代礼仪命运多舛

元代，蒙古人入主中原，一统天下。他们虽然沿袭了宋代礼制，但内心蔑视汉儒，元代贵族仍坚守着蒙古族的礼俗。忽必烈虽曾改革旧俗、推行汉制，但也仅能在朝廷的礼制上做点改动。因为民族矛盾复杂，所以改革难以推行，中华礼仪处于停滞阶段。

明代基本沿袭了汉代的传统，且特别注意礼制。这个时代对衣食住行的贵贱等级规定得非常细致、严格，例如：各个等级阶层的庐舍的大小、酒具、桌椅木器漆的颜色，以及仕女的装束和仪态标准、民众的行礼规范等均有严格规定，违者将受到法律制裁，百姓无不畏惧礼制。

明代，儒家在推行礼仪时更注重教化功能，主张从儿童教育入手。然而，大致在明代嘉靖年间，由于朝廷法制松懈，而社会生产逐步发展，人们的财富增加，庶民越礼情况频繁出现。

清代，封建专制得到强化，中国传统礼仪历经几番挫折，又一次得到了重视。

清康熙年间，西方天主教耶稣会进入中国传教，与西方传教士的“到底以谁为中心”的纷争，引发出一场焦点为“中国礼仪是否是一种宗教”的“中国礼仪之争”。在这期间，随着西方文化侵入中国，我们的传统礼仪一统天下的局面被打破了。

4.新旧交替时代新礼仪应运而生

辛亥革命标志着中国封建社会的终结，剪辫子成为礼仪改革的先声。清朝人通用的“叩拜”“请安”等旧礼逐步被废除，新的见面礼、称呼方式等出现。

1919年，新文化运动在俄国十月革命的影响下向封建礼教开刀。“打倒孔家店”的口号彻底颠覆了儒家礼教的地位，新礼与旧礼并存，民间礼仪处于放任自流的状态。

据说早在20世纪20年代，中国名校——南开大学就非常注意校风和学生的礼仪塑造。20年代的南开校训是：“面必净，发必理，衣必整，纽必结；头容正，肩容宽，背容直；气象勿傲，勿暴，勿怠；颜色宜和，宜静，宜庄”。南开大学当时的领导者不仅注意对学生外在形象的塑造，更注重对学生个性、气质及心理修养层次的提高，其对学校校风及注重学生礼仪形象的重视程度可见一斑，堪称中华礼仪的典范。

中华人民共和国成立后，新型的人际关系呼唤新的社会秩序，移风易俗被列入新中国改革的议事日程。从20世纪50年代后期起，中国礼仪建设走了不少弯路。起先，人们因为受“左倾”思潮的影响，认为讲礼仪是“假斯文”，全盘否定传统文化，要“打倒孔家店”，将传统美德与“四旧”糟粕混淆在一起并予以扫除。改革开放后，中国的国际地位逐日提升。物质文明与精神文化呈现出的严重不和谐现象使得建立新时期的新秩序、新风尚的需求应运而生，文化强国、复兴礼仪又一次成为时代和民族的强烈需要。

第三节　礼与乐

一、礼与乐的关系

礼乐是中国古代文明的重要组成部分。中华礼乐文化奠定了中国成为“礼乐之邦”（又称礼仪之邦）的基础。经夏、商两代的发展，到了周代，礼乐文化已经达到了一个极为辉煌的时期。礼乐文化在中华文明史上占有重要地位。虽然现代文明过分重视物质利益，使得传统的礼乐文化受到商业世俗文化的冲击。但是，传统的礼乐文化在今天还是能起到提升人的道德素养的作用。

早在夏商周时期，古代先贤就通过制礼作乐形成了一套颇为完善的礼乐制度。礼，礼节；乐，音乐，统治者将它们推广为道德伦理上的礼乐教化，用以维护社会秩序中的人伦和谐。礼乐文明对数千年的中华文明发展史产生了重大而深远的影响，至今仍有强大的生命力。

礼乐文化主要包含古之六艺，指的是礼、乐、射、御、书、数六项技艺。

礼，礼节（今指德育）。古谓五礼：吉礼、凶礼、军礼、宾礼、嘉礼。

乐，音乐。古有六乐：云门、大咸、大韶、大夏、大镬、大武。

射，射箭技术。五射是指：白矢、参连、剡注、襄尺、井仪。

御，驾驭马车的技术。五御包括：鸣和鸾、逐水曲、过君表、舞交衢、逐禽左。

书，书法（书写，识字，文字）。六书是指：象形、指事、会意、形声、转注、假借。

数，算法（计数）。九数即九九乘法表，是古代学校的数学教材。

周代贵族阶层的生活集中体现了礼乐文化的精神。贵族文士的言谈举止之间充满了优雅的气质、高贵的风度。宴请时所使用的青铜器、玉器、席子等则体现了他们积极的审美追求和较强的审美意识。周人创造的礼乐文化为诸子百家之学的蓬勃兴盛提供了足够的文化资源，也为中国传统文化的形成与发展打下了坚实的基础，在中华文明的发展史上具有重要意义。

《礼记·乐记》中写道："乐由天作，礼以地制。""乐者，天地之和也；礼者，天地之序也。"这说明乐与礼的关系是密不可分的。孔子认为"兴于诗，立于礼，成于乐"，任何一个民族，在文明发展到一定阶段时都将产生音乐。音乐的功能，初期阶段是娱神和娱乐，主要用于表达人类的内心情感和对神的尊崇。后来，古人又赋予音乐以教化功能，提出了长盛不衰的"礼乐教化"的观点。

对于儒家所提出的"音乐"二字，不能简单地将其解释为由有组织的乐音来表达人们的思想感情、反映现实生活的一种艺术方式，应将其分成声、音、乐三个层次来理解。"声"处于最低层，指发自内心的情感之声。至于音、乐理念，《乐记》中已有说明："凡音者，生人心者也。情动于中，故形于声。声成文，谓之音。""夫乐者，与音相近而不同。""乐者，非谓黄钟大吕，弦歌干扬也，乐之末节也。"儒家认为，乐为"德之华"，只有合乎道的音乐才能被称为"乐"。唯有这样的音乐，才可以奏于庙堂，传于民间，也是最能打动人心的一种艺术形式。

古代有帝王定期到各处巡视的制度，地方官在君王来到时，都要展示当地的流行民歌，这是述职的重要内容之一。因此，《吕氏春秋·适音》中有"凡音乐通乎政""故有道之世，观其音而知其俗矣，观其政而知其主矣"之说。君王通过倾听民歌、民乐，可间接考察民风趋向及地方官员"以德为政"的政绩。所以，听其乐可以知其政。

自古以来，在如何治理国家这一问题上，政治家所提出的方案林林总总，唯有儒家所推崇的德治主张曾战胜过其他主张，由此，德乐之音盛行一时。那个时期，凡勤劳爱民、造福人类、扬善除恶的君王，都有专门歌颂他的乐章。当然制礼作乐不是普通人有资格做的事，每个朝代都有专门的掌管礼乐的部门。

礼部是中国古代官署之一，南北朝之北周时开始设立，掌天下礼仪、祭享、贡举之政令。礼部下设四司，明清皆为：仪制清吏司，掌朝廷诸礼仪式、宗室封赠、贡举、学校等嘉礼、军礼及管理学务、科举考试事务；祠祭清吏司，掌吉礼、凶礼事务；主客清吏司，掌宾礼及接待外宾事务；精膳清吏司，掌筵飨、廪饩牲牢事务。受中国传统文化影响，朝鲜半岛的高丽王朝时代和越南古代也设有礼部。

乐与礼相互支撑，乐的功能重在引导人们的内心，使其由德行支配；礼的作用是防范人的出格行为。我国古代的读书人均以琴棋书画作为净德修身的方式，且把琴放在首位，要求弹琴前一定要净手、焚香、平心静气，说明音乐最重要的功能是陶冶人的情操。

在儒家理论里，礼乐应充盈天地，规范人类社会的一切活动。当然，儒家在倡导音乐的教化功能时，并不排斥用适当的政刑手段管制那些不愿接受教育的人。

二、乐理的发展

没有规矩不能成方圆，这说明了制度对于事物发展的重要性。音乐也不例外。正是因为有制度保证，音乐文化才能长盛不衰。任何一种音乐文化，其本体中心特征(律、调、谱、器)，都是在人们的长期探索过程中形成的。一旦确定下来，就会成为人们遵循的依据（图1-8 ①）。

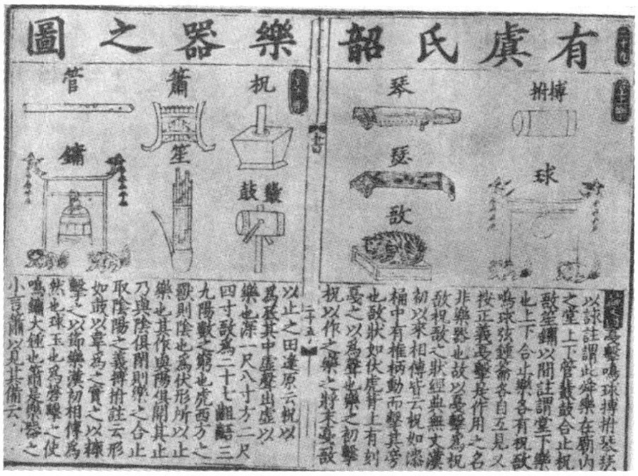

图1-8　《有虞氏韶乐器之图》

远古时代，当人们经过长期的探索，对声音的认识达到一定的高度并创造出一定形式的音阶结构后，这种音阶结构就会被一直沿用下去，这即是制度的具体体现。

社会在其发展过程中总会经历一个创造稳定的阶段，也就是说，当人们产生了一定的构造性思维，并将其付诸实践时，规则就产生了并将得到稳定发展。一个阶段之后，人们会打破以往的思维观念、制度，新的制度又会形成。有些制度可以传承、延续，有些制度则随着时代的结束而终结，社会正是在不断结构与解构的过程中发展的。

研究中国音乐史，必须从多层面上关注结构与解构的关系。制度规范了音乐，使得音乐有了音阶、音调、乐器、乐谱等内容，这些都是每一首乐曲所需要具备的要素。

乐理，是音乐领域中的制度规范，是随着音乐的发展而形成的一个被人们认可的规则。所以乐理一旦形成，就会成为人们遵守的规范。乐理在其发展过程中的特点可以概括成两个词，即普遍性和一致性。

三、古乐风貌

雅，正也。雅乐，即典雅纯正的音乐，是一种古代的汉族宫廷音乐，指帝王朝贺、祭祀天地等大典所用的音乐。雅乐的体系在西周初年确定，与法律和礼仪共同构成了贵族统治的内外支柱，以后一直是东亚乐舞文化的重要组成部分。

宫廷雅乐在中国已经失传，而在韩国、日本及越南尚保留活态。

雅乐的发展是经历过一番争议和曲折的。西周时期，雅乐被认为是统治者巩固其统治的工具，而在殷礼中，雅乐只是一种在祭祀中所用的仪式，并不存在任何划分等级的内容。

礼乐结合的这种现象被自觉利用是从西周开始的。西周雅乐有两大特点：其一，与周

① 张岱年.中国文史百科[M].杭州：浙江人民出版社，1997：496.

的礼制一样有严格的等级规定；其二，各种礼仪所用的音乐，主要为“雅乐”。冯洁轩先生就西周雅乐的第二个特点又给予了详细的阐述：通过相关文献的记载，周代颁定的各国礼仪所用的音乐——雅乐，是就特定的“周畿音乐”的意义而言的。周初推行雅乐，在客观上对国家的统一和发展是有利的，其作用是巩固周王室的统治，并不像商代乐舞那样以祭祀鬼神为主要目的。

在西周的发展过程中，其雅乐的发展只是在技术上继承商乐，这主要是由于周武三夺取中原以前，商和周的音乐文化分别处于不同的发展阶段。西周长时期没有接受商的音阶形式，只是以有利于周人的种族统治为前提，吸取了商的一些先进技术，但在意识形态上则没有继承商乐。

周朝统治者在各诸侯国颁行雅乐和实行禁止各地音乐“淆乱”雅乐的政策，使西周成为雅乐风行的时代。虽然雅乐在西周的贵族阶层中盛行，但在平民阶层中还是始终推行民间的传统音乐。雅乐真正盛行的时代是春秋时期。

图1-9　编钟

编钟是中国古代大型打击乐器，兴起于西周，盛于春秋战国直至秦汉。中国是制造和使用乐钟最早的国家，由青铜铸成的大小不同的扁圆钟按照音调高低的次序排列起来，悬挂在一个巨大的钟架上，用丁字形的木锤和长形的棒分别敲打青铜钟，能发出不同的乐音。因为每个钟的音调不同，按照音谱敲打，可以演奏出美妙的乐曲（见图1-9）。

在周代还有一种音乐比较流行，即郑卫地方音乐。郑卫之音的音乐水平在当时已高于别国，它具备了更细致、更深刻地反映生活的能力。在《诗经·国风》中，郑卫音乐合占60篇，达总数的三分之一。这种数量和质量上的优势，是它后来能广泛流传的重要原因，也是继承商乐的较高水准音乐传统的结果。根据《韩非子·十过》《说苑·修文》《淮南子·泰族》《汉书·礼乐志》中的相关记载，我们认为商乐得以在郑卫地方音乐中发展的原因为：朝代的更替使得社会秩序大乱，一些宫廷乐师也因此流落民间，进而在民间发展了商乐。

雅乐和郑卫之音在发展的过程中，一个衰落一个兴盛，这是历史发展的结果。在春秋伊始、诸侯纷争这个大背景下，西周雅乐制度根本的等级规定已遭到了破坏，加上雅乐作为“周畿音乐”的概念也渐渐被“古正之乐”的概念所代替，越来越多的地方音乐兴起，从而取代雅乐的地位，使西周雅乐一统上层社会的局面被改变。

孔子的“郑声淫”一语，专指已被用于礼仪场合（即应该用西周雅乐的场合）的郑国地方（民族）音乐，并不是泛指郑国的民间音乐。根据对一些史料的分析，我们可以了解到郑卫之音的发展和曾经的兴盛程度，同时也可间接得知那个时期各地区音乐的发展过程和风貌。

第四节　礼与古代华服

“华服”本意指华丽的服装（见《新华字典》关于“华”字详解中的“华服”词条），现专门指代中国传统民族服饰。汉服、汉装即汉族的传统民族服饰，主要是指从约公元前21世纪至公元17世纪中叶（明末清初）的近四千年中，以华夏（汉代之后又称汉民族）民族文化为基础，通过自然演化而形成的具有独特华夏民族文化风貌，区别于其他民族的传统服装。或者说，汉民族传统服饰（汉服）是从夏商周时期到明朝，华夏（汉）民族所着的、具有浓郁华夏（汉）民族风格的一系列华夏（汉）民族服饰的集合。

“华服”一词从广义上解释，泛指中华各民族共同创造的服饰；单从“华”字上解释，有华贵、华丽、华美的含义。“华服”并不是凭空冒出来的，而是随着中华文明的产生、绵延而不断发展的。“华服”从五千年前初步建立起体系，到形成一整套衣冠服饰礼仪，满载着中华民族的文化和智慧。

一、服饰色彩

服饰研究名家黄强先生在总结古代文献中有关服装色彩与当时礼仪、礼制的论述后得出结论：“在中国古代，社会非常重视色彩的社会影响力和象征作用。殷代尚白，周代尚赤，秦代尚黑，汉代尚红，魏代尚黄。自此后，黄色渐渐成了帝王的象征。”并且指出：“色彩意识的增加和以色彩来营造美的生活的做法，表明了中国古人的主观能动性……并与国力强盛、生活安定有最直接的关系，它与时代精神以及文明进程有着密切的关联。时代造就了色彩特点，文明推进了色彩体系的形成。”

中国古代社会的礼仪、礼制十分重视色彩的变易。当然，那时候的色彩与国家政权更替密切相关，蕴含着更多的政治、历史、文化内涵。中国历史上以颜色作为政治的象征的传统由来已久，帝王承天革命，必改正朔，易服色。古人把服色视为与国体、国运、体制相关的大事。不同人、不同场合下采用何种颜色有了专门的规定，形成了一套完整的颜色等级制度。颜色崇尚在服饰礼制中具有“表贵贱，辨等别”的功能，虽说单一颜色崇尚自汉代以后就基本不存在了，但礼仪、礼制中颜色的贵贱等级制度却一直持续到清王朝终结。大体上黄色为最高统治者专用，非特许不准擅用；朱紫之色为尊，所谓“满朝朱紫贵，不是养蚕人”；青色为低级官员所用，所谓“座中泣下谁最多，江州司马青衫湿”；白色、黑色为平民、小吏所用，故古人称百姓为“白衣”“白丁”，称小吏为“皂吏”等。

秦汉隋唐时期是中国服色发展的一个重要阶段，阴阳五行思想渗进服色思想中。唐代服饰最明显的特点是双轨制：在大的祭祀场合，穿汉人的传统衣服；而在平时，唐人的常服属于胡服（即鲜卑装）系统，但仍以袍为典型服装样式，分为曲裾和直裾两种，袖也有长短两种样式。

二、先秦服饰与礼

先秦包括夏、商、周、春秋、战国五个时期，属于中华服饰的奠基时期。

商周已经进入上衣下裳、束发右衽、顶冠蹑履的华服时代。西周的礼法森严，从周公开始，逐渐建立起以血缘家族为基础的宗法等级制度，商代就已存在的服饰等级差别意识在这个时期被制度化，服饰规范被纳入维护宗法社会的制度中。等级不同，穿着不同；礼节仪式不同，服饰不同，甚至对服饰的色彩也做了严格的规定。

由于纺织技术的改进，战国以后的服装由上衣下裳的形式，演变为连身的长衣。关于男子服饰，秦始皇规定的大礼服是上衣下裳同为黑色祭服，并规定衣色以黑为最上，又规定三品以上的官员着绿袍，一般庶人着白袍。关于女子服饰，秦始皇喜欢宫中的嫔妃穿得漂亮华丽，以美艳贵气为上。

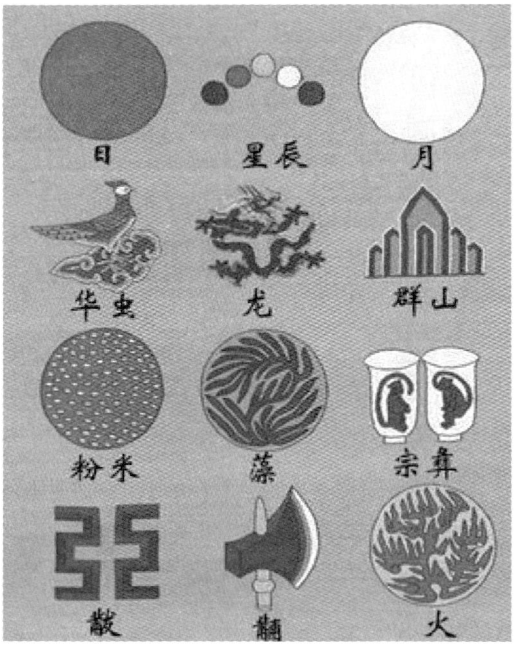

图1-10　十二章纹样

《周礼·春官宗伯第三》曰：“惟王建国，辨方正位，体国经野，设官分职，以为民极。乃立春官宗伯，使帅其属而掌邦礼，以佐王和邦国。”这句话的意思是：王建立国都，辨别方向并确定宗庙和朝廷的位置，划分都城和郊外的界线，分设官职，用作民众的榜样。于是设立春官宗伯，让他率领下属，掌管天下礼事，以辅佐王，使天下各国和谐。

那时，帝王头上戴着的冕冠是君权神授的象征，是帝王参加祭祀典礼时最尊贵的礼冠。当时帝王的吉庆礼服分为九种，受“五行学说”的影响，其颜色也不尽相同。按照典礼的隆重程度、庆典的大小，礼服所用冠冕也不一样。如祭祀时，由冕冠和礼服组成的冕服，一般要求腰带与红色的鞋子相互搭配；礼服的上玄衣（上衣）采用青黑色面料，下裳采用赤黄色，亦即《易经》所云“天地玄黄”；冕服的上衣、下裳各绣有六种不同纹样，合称“十二章纹”（见图1-10），纹饰花样繁多，广取自然景物，分别是：日、月、星辰、群山、龙、华虫、宗彝、藻、火、粉米、黼、黻。

弁服所表示的隆重性仅次于冕服，不加章彩纹饰，所戴的冠及其颜色也与冕服不同。

商周时期，服饰形式主要为上衣下裳，衣用正色，即青、赤、黄、白、黑等五种颜色；裳用间色，即以正色调配而成的混合色。服装以小袖为多，衣长通常在膝盖部位，腰间则用条带系束。在战国时期，胡服的产生打破了服饰的旧样式。胡服的短衣、长裤和革靴设计，便于骑射、活动，故十分盛行，“胡服骑射”成为佳话。

“胡服之制，冠则惠文，带则贝带，履则靴，裤则上褶下裤”。自战国赵武灵王的“胡服骑射”改革之后，裤褶传入中国，历代皆以为戎服，或用其冠，或用其履，或用其衣服及带，或三者全用。晋代民间，始偶用之。南北朝之时，北朝将胡服定为常服，南朝系汉族统治，胡服仍为戎服。及至隋唐，帝王将其定为田猎之服，或上下公服，民间则为时服，流风最盛。胡服由传入至兴盛，由军用至民用，历史悠久，变化复杂。只是唐代胡服何以特盛，向来无人研究，想来不外以下三个原因：（1）唐代胡人杂居内地，为数众多；（2）贵族阶级废古之席坐，而为胡人倚坐；（3）朝臣侍从弃车而尚骑马。①至于百姓，有的会穿比较短的袍子，长度大约是遮住小腿，以便于工作。

宗法礼教制度在西周已经高度完善了，中国人在这个时期处于严密的思想束缚之下，裸体被看作极度失礼之事。

春秋战国时期，出现了一种名为“深衣”的新型连体服饰。深衣的出现，改变了过去单一的服饰样式，故深受人们的喜爱，不仅被用作常服、礼服，且被用作祭服。深衣（长袍）取代了上衣下裳，其最大的特点是前襟长出一段，穿的时候，从前往后绕，裹住身体，再用带子系住（见图1-11）。女人的深衣，曲裾更长些，因为当时的服饰礼制规定女人不得露出内衣和身体。深衣对后代影响很大，汉代贵妇的礼服、唐代的袍下加襕、元代的腰线袄子等，都是这种服饰的变形和发展。后来，随着战国七雄的争霸，束革带、穿革靴的“胡服”流行开来。

图1-11　深衣

先秦服饰的颜色基本上是夏尚黑、殷商尚白、周尚赤，材料主要为蚕丝、裘等。人们

① 黄现璠.古书解读初探：黄现璠学术论文选[M].桂林：广西师范大学出版社，2004.

的服装式样虽然比较简单，但饰品琳琅满目。

从商代玉石人像看，当时的男人总把头发编起来平盘在头顶；周代以后，男人在戴冠之前，必须把头发束在一起并盘在头顶，使之成为高高的发髻，然后插上笄、簪（先秦叫笄，汉代起叫簪）。上古女人是不戴冠帽的，礼制规定“十五而笄”。“编”是指用假发制作的发髻等各种发型装饰，女人使用“编”装饰头部，说明古代人很注意女人头发的美丽程度。

腰带是中华先人必不可少的衣着组成部分，最早的系带方法是系扣。后来，为了方便和美观，人们又发明了实用性饰物——带钩。带钩的作用更加广泛，不仅可以固定腰带，还可以佩挂饰物以显示身份；带钩因其自身的精美花纹、奇特造型而成为美物（见图1-12）。

这个时期的人都喜欢用玉石做的手镯、耳佩、发簪、发冠，这不仅是因为玉石的美润，也是出于对其品质的认同（见图1-13、图1-14）。人们对玉的钟爱显示出其对高尚德行的推崇，孔子在教导学生子贡时也说过德行和玉的关系，大意为：玉石温润有光泽，是仁；紧密坚实，是智；不刺伤人，是义；悬挂在身，是礼；敲击而声音清亮，是乐；本质美好，但不遮掩疵点，是忠；光彩四射，是信。

图1-12　带钩

图1-13　春秋玉耳佩

图1-14　商青玉弦纹镯

三、秦汉、魏晋服饰与礼

1.秦汉时期

秦汉时期是中国服饰发展的一个重要阶段，由于推翻了周朝统治，周礼大多也被否定了。秦国按照五行循环的说法，尚黑色，官吏们一年四季都穿黑色的袍服。周朝传统的冕服本有六种，可秦始皇在参加祭祀活动时只穿一种黑色的玄冕。文武官员的品级高下，主要是通过佩戴的冠和腰间的绶带来区别的。

秦汉时的统一，促进了经济的繁荣，纺织工艺也有了极大发展。汉锦开始用多色的丝线纺织，刺绣作品手工精巧、色彩鲜艳，人们均爱穿领、袖、襟边绣着华美纹饰的衣服。

汉代政治安定、国力强盛、经济繁荣，人民生活富裕，穿衣的风气也走向华丽。中国完整的服饰制度是在汉代确立的。汉代染织工艺、刺绣工艺和金属工艺发展较快，推动了服饰的变化。汉代流行的服装以连身的袍为主，样式以大袖为多，袖身宽大部分为“袂”，袖口紧小部分为“袪”，外形有些像深衣。从肩部下垂到脚踝的直筒长袍，是汉代人的典型穿着（见图1-15、图1-16）。

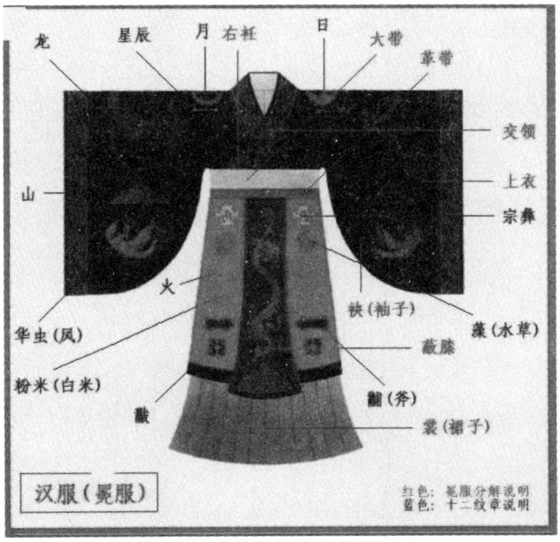

图1-15　汉服（冕服）

图1-16　汉服（常服襦裙）

汉代，不仅活人追求衣着华美，死者的服饰也开始讲究华贵。贵族丧葬，除了要穿锦绣外，还要做套在头、脚上的玉罩。后来，又发展为身穿金缕玉衣。金缕玉衣是汉代规格最高的丧葬殓服，大致出现在西汉文景时期。据《西京杂志》记载，汉代帝王下葬都用“珠襦玉匣”，形如铠甲，用金丝连接。这种玉匣就是人们日常说的金缕玉衣。当时人们十分迷信玉能够使尸骨不朽，更把玉作为一种高贵的礼器和身份的象征。

至于百姓，有的会在生活中穿比较短的袍子，长度大约到小腿，以便于劳作。

2.魏晋时期

魏晋时期的相当一部分文人在玄学的影响下，蔑视礼法，纵情任性。加之受道教、玄学影响，他们希望长生不老，多服丹药，常觉身体发热。因此，他们喜欢上身着宽敞衣衫、袒露肩背，发式不一而足。

魏晋时期人们佩戴的冠帽也与汉代不同，此时出现了一种体积小到只能盖住头顶的“小冠”，有的人还用笼巾装饰小冠，成为笼罩，男女皆可佩戴。因为小冠是由黑漆细

图1-17　漆纱笼冠

纱制成的，所以也被称为“漆纱笼冠”，简称“笼冠”，是魏晋南北朝时期的主要冠饰。小冠多为平顶、似圆形“套子”，两边有耳垂下；戴时必须罩于冠帻之外，下用丝带系缚。这种冠帽最早产生于汉代。河南洛阳画像砖墓的彩绘武卫、山东沂南汉墓石刻武士都戴有漆纱笼冠。湖南长沙马王堆西汉墓出土的漆奁中，发现实物一具，顶部略呈圆形，与魏晋南北朝的形制有所不同。陕西乾县唐章怀太子李贤墓壁画上，亦有戴漆纱笼冠的文吏（见图1-17）。

生活在魏晋时期的女子，喜欢上身穿襦衣，大袖翩翩；下身穿层层叠叠的长裙，当风飘逸。裙的下摆集中有一些用丝织物制作的装饰，从围裳中伸出来的飘带较长，走起路来随风飘荡，很是迷人。在这个时期，女子戴假发也颇为流行，发式有盘叠髻、高椎髻、回心髻、结椎髻、堕马髻（见图1-18）等。

图1-18　各种古代发髻

从严装整肃到宽衫乱发，再到淡装淡容，是魏晋时期服饰变化的三个阶段。

四、隋唐服饰与礼

1.隋朝时期

在隋朝统治的短短37年中，女子服装值得一提。短襦长裙是隋朝女子的常服样式。短襦指上衣，上衣短且均用小袖；下裙长且均为紧身，裙腰一般都系在腰部以上，甚至在腋下，穿起来显得俏丽修长、文静内敛（见图1-19）。

图1-19　隋朝的短襦长裙

2.唐朝时期

图1-20　唐韦顼墓石刻胡服女子像

“唐代是中国民族大融合的鼎盛时期，文化兼容并蓄，广纳各民族之精华，呈现出开放、包容、博大的特质，因此唐代也是中国服饰尤其是妇女服饰发展的一个巅峰。”[①]

强大的大唐帝国在中华大地上维持了近300年的统治，引进、吸收、革新的态度造就了那个时代个性发展、充满活力的文化氛围。“唐人大有胡气”是对唐服深受西北少数民族服饰影响的一种形容。唐代建立后，海内外各民族交往频繁，西北少数民族迁移到内地居住的不少，服饰文化交流密切，唐朝对此采取兼容并蓄的政策。唐初，时人以胡服为尚，或短衣裤褶，或窄袖袍衫，百官士人以此为常服；唐代一些女子也以穿胡服男装为时尚，不少历史画作中都有这种景象（见图1-20）。

《中华古今注》记：“至天宝年中，士人之妻，著丈夫靴衫鞭帽，内外一体也。”《新唐书李石传》记：“吾闻禁中有金鸟锦袍二，昔玄宗幸温泉与杨贵妃衣之。”由此可以看出，当时女子仿制男装、穿着男装的现象相当普遍。

文化融合之时，等级森严的官员服饰制度也在不断完善，最终规定有四服，即祭服、朝服、公服、常服，其纹饰和色彩均被严格区分开来。

① 黄强.中国服饰画史[M].天津：百花文艺出版社，2007：79.

女人的服饰由简朴逐渐往奢华、袒露方向发展。唐代女装概括来说有两个特点：一是兼收并蓄，吸收了西域少数民族服饰特点，借鉴了国外服饰的款式与风格；二是开放性强，注意到了女性服饰的性感特征。妇女不仅喜欢穿裙，裙、衫、帔统一，还出现了袒胸露臂的形象。欣赏唐代仕女图可以使我们对“粉胸半掩疑暗雪”“坐时衣带萦纤草，行即裙裾扫落梅”有更形象的理解。盛唐时，开始流行渐宽的衣裙，裙腰下移，颜色艳丽；中晚唐时，衣裙更加宽松，宽袍大袖、纱罗披帛，风吹仙袂般的衣裙颇受追捧（见图1-21）。

图1-21　《簪花仕女图卷》（局部）

唐代贵妇的礼服，从周代王后的六衣简化为三衣，即袆衣（祭服）、鞠衣（其色如桑叶始生，又谓黄桑服，春时服之）、钿钗礼衣（包括礼服及发髻上的金翠花钿，以钿钗数目明确身份地位）。

中晚唐时期，服装中增加了华夏的传统审美元素，开始崇尚复古，从显出女子身材为主逐步恢复到秦汉时期宽衣大袖、飘逸如仙的风格。服装款式越来越肥大，这种风格一直影响到晚唐后期。华夏女装的基本理念是宽松、随体、肥大，这自然也在后来成了礼教的要求之一，即柔和自然、无形无欲。

中晚唐女装华丽大气，一般类似于礼服，她们里面直接穿抹胸。抹胸原本是内衣，在唐代和裙子结合为一体，不系腰带，宽松自然，也是中晚唐女装向古代礼仪服饰复古过渡的进一步证明。这种款式的礼服一层叠一层，层数繁多，厚重拖摆，穿起来很麻烦，行动起来也很不便。

五、宋辽金服饰与礼

1.宋辽时期

宋代实行“偃武修文”国策，崇尚礼制。在重视沿袭传统的同时，偏理性、朴素成为宋服的主要特征，比如，虽恢复了大裘冕制度（大裘冕为帝王祀昊天上帝的礼服，为冕与中单、大裘、玄衣、纁裳配套。纁即黄赤色，玄即青黑色，玄与纁象征天与地的色彩，上衣绘日、月、星辰、山、龙、华虫六章花纹，下裳绣藻、火、粉米、宗彝、黼、黻六章花纹，共十二章），但对材料进行了适当改进，使冬夏都可以穿；女装趋向平民化，女性在穿使胳膊和粉颈若隐若现的服装的同时，均爱在飘带上挂一个玉配，目的是将飘散的裙子压住；“笑不露齿、行不露足（缠足）”是宋代礼教对女性的规范，之后流行开来的细长窄瘦的常服背子，显示出宋人内敛、含蓄的文化心理。

宋代的朝服是朱衣朱裳，各等级官员的朝服样式基本一致。通天冠是级别最高的冠帽，绛纱袍仅次于冕服，相当于百官的朝服。皇太子参加重大典礼时，也穿绛纱袍，只是所戴的帽子与皇帝不同。

宋代中期，从初期的简朴逐渐过渡到奢侈，这一方面是由于受到社会经济发展的影响，另一方面也说明了统治阶级的日益腐朽。宋代的服饰特点明显地反映出少数民族的影响力。宋代时常有较新奇的冠帽、衣裳以及鞋履，不时有“服妖”的指责，这正好说明宋代的服饰处于一个不断变化的过程，有着鲜明的时代特征。朱熹在谈到宋代服饰的渊源时明确指出：“今世之服，大抵皆胡服，如上领衫、靴鞋之类，先王冠服扫地尽矣。中国衣冠之乱，自晋五胡，后来遂承袭。唐接隋，隋接周，周接元魏，大抵皆胡服。”（《朱子语类》）其实这种影响是长期以来民族交往和民族融合的结果，民族之间的文化交流起到了丰富人们的物质和文化生活的作用。

《蚕织图卷》（见图1-22）为南宋人作，此图将江浙一带的蚕织户自“腊月浴蚕”到“下机入箱”为止的养蚕、织帛的整个生产过程细致地描绘了出来。该卷由二十四个场面组成，用长房贯穿，每个场面下有楷书小字注明内容。全卷场面宏大，共绘七十四人，翁媪长幼，皆着宋装。图中人物的神态举止，惟妙惟肖；桑树、户牖、几席、蚕具、织具等，极具写实之风，表现了那时的江南织女劳作的场景。宋人服饰特征可见一斑。

图1-22　《蚕织图卷》（局部）

唐末兴盛起来的契丹、党项两大民族是北宋的劲敌。五代时，契丹占领了后晋割让的燕云十六州，遂立国称“大辽”。宋辽之间既存在尖锐的民族矛盾，又在经济、文化方面有一定交流。

契丹族不论贵贱、男女，都以穿圆领、窄袖的长袍为主。与汉服明显的不同在于，契丹族习惯于将衣襟向左面掩上。长袍里面一般穿有衬衫袄（长袍掖在腰间），下身是套裤，套裤塞在靴内，形象粗犷彪悍。长袍制作的精致度是判断地位、财富的重要标志，手感颇好的锦袍是臣子们的首选。皇帝总会根据祭礼的规模、等级穿上不同的祭服，或着白色绫袍，或穿红缂丝龟纹长袍；戴金冠或硬帽，配以红腰带、鱼形状的饰品等。

宋朝开始出现的缠足陋俗，说明了当时封建礼制的腐朽和妇女地位的低下。

2.金国时期

金国是女真人（满族先祖）建立的国家，它由原始的渔猎部落一跃成为北方强国。为方便统治，它首先继承了辽国的官吏、礼仪制度，而后逐步规范出一整套完备的服饰制度。据《金史·熙综本纪》记载，“天眷二年，百官朝参，首先穿用了统一的朝服。天眷三年，正式宣布了冠服制度，将皇帝、皇后及官臣的礼服、朝服式样都做了明确规定。皇统七年，规定了臣子的祭祀礼服。大定三年，又规定了臣僚的公服式样”①。

女真人属于游牧民族，尚武，善射。女真人的“金盘领”衣窄袖，盘领，长至小腿。其最大特点是，颜色与所处环境、季节相近，如冬天的白色、春天的杂花卉色等。

六、元明清服饰与礼

1.元代时期

南宋年间，蒙古族在成吉思汗的率领下崛起，建立元朝。初期，处于游牧时期的蒙古人衣着简朴，无论男女都喜欢穿窄袖、紧身、交领、下摆宽大的右衽袍，戴圆筒毡帽、高筒毡帽，以便于骑马。元统一中国后地域空前辽阔，在交际过程中，服饰技术进一步发展。

元代的丝织品中以织金最有名，被称为“纳石失”，也叫“织金锦”。一般指以片金线或圆金线为纹纬的锦或缎，是一种用金线组成花纹从而呈现金光灿烂效果的织锦。元代服饰的特点是织金丝绸织物的大量应用，“纱、罗、绞、縠，无不加金”。元人把这种金光闪闪的织锦称为波斯金锦，它是最华贵的衣料，由它制成的服饰又叫一色衣，上衣连下裳，衣式紧窄，下裳较短，有精粗之分。元代贵族妇女一般穿貂皮袍。这种袍比较宽大，上多左衽，袖口较窄，袍长曳地。有的女袍，用大红织金、吉贝锦、蒙茸加工制成，极尽华贵。元代贵族服装喜欢大量用金，织金锦衣是当时财富和地位的象征。

元代是中国历史上民族融合的时代，服饰也体现出这一特点。元代中叶之前，蒙古族男子除了爱穿长袍，还喜欢一种产生于金代的“编线袄子（腰线袄子）”。这种袄子圆领、紧袖、下摆宽大、腰间的细褶紧密且用红紫色丝带紧束，既有中原地区深衣服饰的味道，又方便射骑。编线袄子起先流行于身份低下的侍从、仪卫中，后来一般的侍臣也喜欢穿它。那时

① 赵超.衣冠五千年[M].济南：济南出版社，2004：184.

的平民女子则喜欢身着襦裙半袖，所谓“半袖”，类似现今的短袖衣，这是一种短衣外穿的时髦打扮，元代的襦裙半袖深受隋唐五代和宋代的影响（见图1-23）。

图1-23　半臂穿戴

图1-24　元代顾姑冠纳石失

图1-25　纳石失局部彩

半臂穿戴这种服饰早在初唐即已出现，不仅在中原地区流行，西北地区妇女也同样喜欢襦裙的半臂穿戴。半臂是从短襦延伸出来的一种服饰，一般都用对襟，穿在胸前结带。也有少数用“套衫”式的，穿时从上套下，领口宽大，呈坦胸状。半臂的下摆可以显露在外，也可以像短襦那样束在裙腰的里面。从传世的壁画、陶俑来看，穿着这种服装，里面一定要衬内衣（如短襦、抹胸），不能单独穿。

一直到元代中叶，元仁宗才下令在保持蒙古人固有服饰风格的基础上建立服饰等级，完善服饰制度。元代统治者自恃清高，将百姓分为四级，蒙古人为第一等，色目人为第二等，其次是汉人、南人。服饰也在吸收汉文化的同时突出表现了蒙古服饰的特点，质孙服、顾姑冠就是代表（见图1-24、图1-25）。

质孙服是天子、百官穿的蒙古服式样的冠服，它是一种袍服，衣式偏窄，腰间有很多细密的褶子，根据衣料和颜色来区分穿着人的身份及时节和场合。皇帝仅冬质孙服就有11种，不同颜色、衣料搭配不同的帽子。顾姑冠使用桦木做骨架，包裹红绢，用金帛做顶，随身份高低装饰不同，贵族多爱将珠宝串悬挂于冠顶，平民则多用野雉羽毛作为装饰。

2.明代时期

据史料记载，传统观念“存天理，去人欲”的思想禁锢，在明代就已经被打破了。对于适度开放甚至暴露的另类性感服饰，古代女性早就运用得非常巧妙了。

明朝极为重视汉族服饰礼仪，上采周汉、下取唐宋，比如男子的服装以袍衫为主，袍前的颜色和图案用以区别官职、地位；女子大多模仿唐宋人习惯，喜穿一种无袖、无领的对襟马甲（见图1-26、图1-27），名曰“比甲”。在南北朝出现、隋唐流行的霞帔也成为时人争相拥有的时尚服装款式。

图1-26　明代比甲

图1-27　图为穿比甲的妇女（《燕寝怡情》图册局部）

明装与唐装相比，主要是衣裙比例明显改变，由上衣短下裳长，逐渐变为拉长上装、缩短露裙的长度，衣领也从宋代的对领变成以圆领为主。明代女装上衣是三领窄袖，身长三尺有余，露裙二三寸，即所谓“花冠裙袄，大袖圆领”，在扬州流行一时。明朝制度较森严，对服饰的规范也相对严格。明代有一种特殊式样的帔子，由于其形美如彩霞，故得名“霞帔”。这种帔子出现在南北朝时期，隋唐时期得名，宋代将它收入礼服之中，明代已经普遍使用。它的形状宛如一条长长的彩色挂带，每条霞帔宽三寸二分、长五尺七寸，使用时绕过脖颈，披挂在胸前，由于下端垂有金或玉石的坠子，因此越发显得挺拔高贵。虽说后妃和百官夫人都可以穿霞帔，但霞帔上的绣样却因品级等第而不同。官家女子的霞帔上可以绣云霞纹；平民女子只有在出嫁时才可着霞帔（见图1-28、图1-29）。

图1-28　凤冠

图1-29　戴凤冠、穿霞帔的明代皇后

明代男装以方巾圆领为代表形式，儒生所着襕衫与当今舞台上京剧书生的服饰极为相似。其特点是宽袖、皂（黑）色缘边，青圆领、皂绦软巾垂带。

明朝服饰在明代初年用色偏浅淡明快，崇祯时期提倡白色裙，裙边有一二寸绣边。明初裙宽为六幅，明末时发展为八幅、十幅。裙褶十分盛行，有细密褶纹，也有大褶纹。褶纹装饰十分讲究。有一种名为彩条裙，每条选用一种颜色的缎，在每条色缎上绣出花鸟纹饰，带边镶以金线，可成为独立的条带，将数条这样的彩条拼合在腰带上，就成了彩条飘舞的裙子，名为“凤尾裙”；有的还将整块缎料用手工做出细褶纹，取名“百褶裙”，还有一种二十四褶裙，取名“玉裙”等。

粉饰太平是明朝的一大特点，表现在服饰上，就是提倡在服装上绣吉祥的图案。

3.清代时期

满族建立清朝后，其服饰虽有自己的特点，但未脱离中华服饰的整体框架。清代男子服饰主要有袍服、褂、袄、衫、裤等。当时的马蹄袖是游牧民族最显著的特征。

（1）清代服饰。清代妇女服饰分为满汉二式。一类是满族妇女着“旗装”。其中，皇族和命妇等上层社会女子的服装式样与男子官服类似，只是冠饰和纹饰有所不同；普通满族女性日常主要着长袍，袖口平而较大，较长的袍可掩足。长袍往往加罩一件坎肩，也称作马甲、背心，长短皆有。具有中国古典特色的“旗袍”，主要由清代皇室女服演变而来。另一类是汉族妇女服装，“十从十不从”规矩的第一条就是男从女不从。因此，清代男子一律着满服，而女子则可沿袭明朝习惯，以上身着袄、衫，下身束裙为主。初期还保留各自的原有形制，乾隆以后，汉族妇女的服装款式吸收了满族女服的一些特点，渐肥渐短，袖口日宽，再加上云肩，花样不断翻新。汉族妇女服饰经过不断演变，终于形成了自身的特色：凡后妃命妇，用凤冠、霞帔；普通妇女除婚嫁及入殓时可“借穿”一下这种服饰外，其他场合均以披风、袄裙作为礼服。而满族女装一般是窄而瘦长的，主要装束为袍衫（旗袍），穿时大多要在外面加件坎肩。因此，清代满族妇女的服饰受到汉族的影响，体现了民族文化的大融合（见图1-30、图1-31）。

图1-30　清代服装

图1-31　清代女子旗头

男装就大不一样了，比如为了消除明代的影响，清代要求男人剃头易服，即剃去顶发，留长辫子，穿上袍褂。然而，服饰上的“牡丹、梅花、寿桃、八宝”等图案仍是从前朝沿用下来的，十二章纹仍然套用在皇帝的礼服上，金黄色仍是皇家的专用颜色，儒家的传统服饰——儒袍、巾子仍是雍正、乾隆父子的日常穿着。①

满式服饰呈盒式结构，扣子密布，细节纠缠，这和闭关锁国的社会现状有着紧密联系。马蹄袖是满族服饰所独有的，也叫“箭袖”，本是武士射箭时穿的防护服的衣袖。它被移用到清人的开衩袍上，平时翻起，行礼时便需放下。两臂交错、抚下袖口、甩下箭袖是清代官员行礼时的常见动作。

清朝中期，满服吸收了汉族袄式服装元素，改进成旗袍。旗袍从宽腰筒式逐渐演变到紧身合体的曲线式。

清代后期，扎绳的紧腿裤基本代替了裙，女装改向夸豪斗富的方向发展，镶嵌重叠、配色刺眼、做工板滞，这一切似乎预示着封建社会即将灭亡。

（2）关于等级制度。以禽兽纹样来区分官员等级的方法最早源于唐代武则天时期。在此之前的官服多采用佩印绶制和色制，是以佩饰的数量和服装的颜色等来区分等级的。武则天把饰有动物纹样的绣袍赐给文武官员，以此区分其品级、官位。这种创意一改朝服的形象，使人一看便知其身份地位。

清代官服是礼仪、礼制历史中极具特点的服饰之一。明代官员的常服、清代文武官员的补服，都在服饰的前胸和后背正中缀饰一块方形（或圆形）的绣有飞禽或走兽的图案的绸料，称“补子”，以不同的图案代表不同的官阶。它又因丝绣的技巧、染工的技法而成为艺术珍品。至清早期，只有武官为补服制，而补子可随意缀织于朝衣、短褂、皮褂、马褂之上。顺治九年，补服的制作有了改变，几乎全盘承袭了明朝的样式，只有个别纹样有所删改。各级官员的补服为石青色，款式也一致，为圆领、对襟、平袖过肘、身长过膝，区别仅在于补子的形状和纹样（见图1-32）。

清朝官员的补子具体列表如下：

文官的补子图案均为飞禽。文官一至九品的图案依次为：一品鹤、二品锦鸡、三品孔雀、四品云雁、五品白鹇、六品鹭鸶、七品鸂鶒、八品鹌鹑、九品练雀。

武官的补子图案均为走兽。武官一至九品的图案依次为：一品麒麟、二品狮、三品豹、四品虎、五品熊、六品七品彪、八品犀牛、九品海马。

① 马大勇．华服美韵[M]．北京：文物出版社，2009：193．

一品文官鹤补服

二品文官锦鸡补服

三品文官孔雀补服

四品文官云雁补服

五品文官白鹇补服

六品文官鹭鸶补服

七品文官鸂鶒补服

八品文官鹌鹑补服

九品文官练雀补服

一品武职麒麟补服

二品武职狮补服

三品武职豹补服

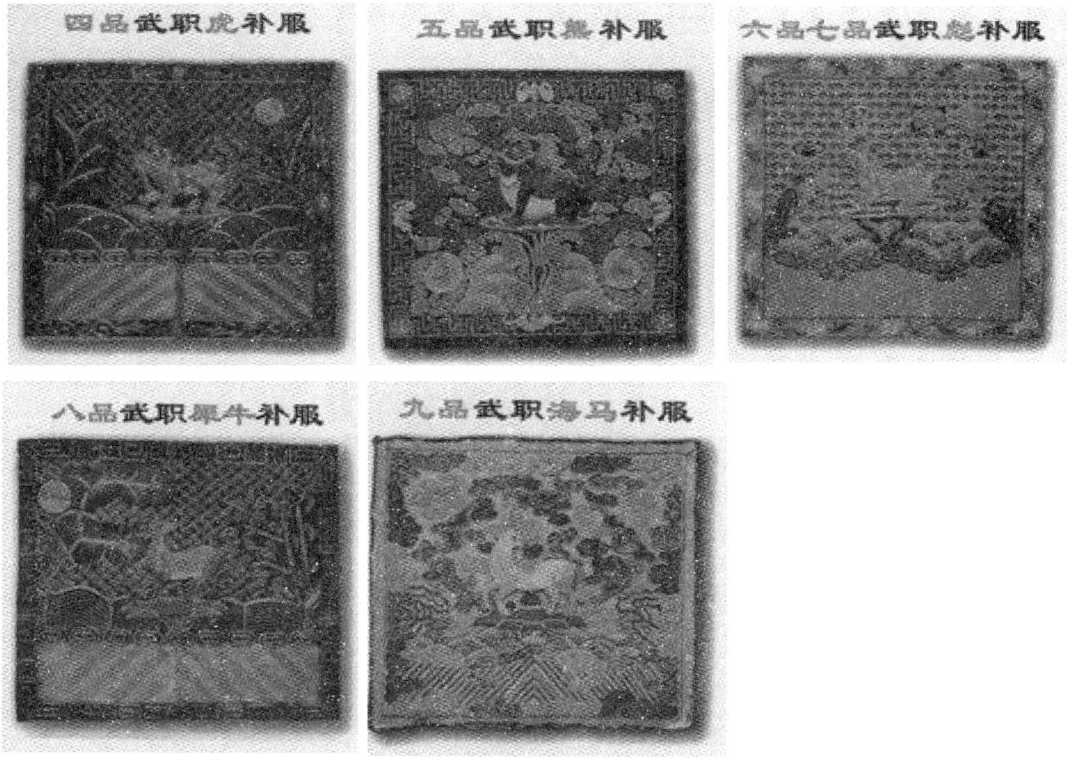

图1-32　清代官员的补子

七、近代服饰与礼

时至近代，服装不论款式、色彩均有了很大的发展，服装色彩开始注重多样性、流行性、寓意性，款式开始注重实用性、便利性、时尚性，服装材料也向功能性和舒适性发展。

尤其是20世纪末至今，在一些时尚青年中开始流行的新汉服潮流，更是试图追寻历史悠久的民族服饰文化轨迹、寻找一种古老的民族传承理念。

思考与练习题

1.名词解释：礼、礼俗、礼义、礼貌、礼节、礼仪、礼制。

2.试阐述礼貌、礼节、礼仪三者之间的关系。

3.礼仪与礼俗有何区别?

4.试论儒家眼中礼与乐的关系。

5.中华民族最初的“礼”是如何产生的?

6.孔子关于中华礼仪的主要观点与贡献是什么?

7.试阐述从先秦开始各朝代的华服特征。

第二章 中华古代的“五礼”

本/章/重/点/与/难/点/提/示

一、重点

1. 中华古代的“五礼”
2. 吉礼祭祀的对象和意义
3. 各项嘉礼的意义及注意事项

二、难点

1. 古人重视吉礼、凶礼的原因
2. 军礼和宾礼的特点

《礼记·中庸》中有“礼仪三百，威仪三千”的描述，礼仪即经礼，谓典礼制度，有三百条之多；威仪即曲礼，谓行事进退的仪式，有三千条之多。正因如此，中国才被称为礼仪之邦。中华古代礼仪几乎涉及社会的每一个层面，名目繁多。

《周礼·春官·大宗伯》中有“吉、凶、宾、军、嘉”五礼之说；《礼记·王制》提出了“冠、昏、丧、祭、乡、相见”六礼；《大戴礼记·本命》提出了“冠、婚、朝、聘、丧、祭、宾主、乡饮酒、军旅”九礼；而《礼记》更是把礼分成十七种。

由于《周礼》在汉代已经取得了权威地位，并广为流传，所以《周礼·春官·大宗伯》中将礼仪分为吉礼、凶礼、军礼、宾礼、嘉礼五种的分类法，为社会普遍接受。①

第一节 吉礼

一、吉礼祭祀的对象

吉礼为古代五礼之首，亦称五礼之冠，包括祭祀天神、地祇、人鬼等礼仪活动。如郊天、大雩、大享明堂、祭日月、大蜡、祭社稷、祭山川、籍田、祀先蚕、祭天子宗庙、祫禘、功臣配享、上陵、释奠、祀先代帝王、祀孔子、巡狩封禅、祭高禖等。历朝历代对吉礼兴革不一，统治阶级极为重视。其主要内容有：

（1）祀天神。以禋祀祀昊天上帝；以实柴祀日月星辰；以槱燎祀司中、司命、风师、雨师。

（2）祭地祇。以血祭祭社稷、五祀、五岳；以狸治祭山林川泽；以疈辜祭四方百物（即诸小神）。

（3）祭先王。以肆献裸享先王；以馈食享先王；以祠春享先王；以禴夏享先王；以尝秋享先王；以烝冬享先王。②

关于对天神的祭祀，早在虞舜和夏禹时期已经出现，那个时候祭天的典礼被称为“类”。天神分为三等：第一等，昊天大帝，也称天皇大帝，是天神之首；第二等，日月星辰，就是天之明；第三等，是除五十二辰、二十八宿之外有功于民的列星。对这三种天神的祭祀方式，有同有异。相同点是：都要堆积、燃烧柴薪，使烟气上升，送天神闻之。不同点是：要依据天神的尊卑采用不同的祭品，有玉、帛、全牲之分。

商代的时候，祭天被看作对上苍的祭祀，这时候的上苍并不是孤零零的存在，而是和其身边的日、月、星、辰、风师、雨师共同存在着的，并且上苍和日月星辰等天神之间存在着统治与被统治的关系，这和商代等级制度的完善与严格有关。到了周代，殷商的“上帝说”逐渐被“天帝说”所代替，天帝的形象逐渐朝着人的形象演变，周王也成为天帝降到凡间统治尘世的代表，被称为“天子”。自周代之后，封建统治者都自称为“天子”，这给自己的统治增加了神秘色彩。

地祇的重要性，早在远古时期便已经在人们的脑海中形成了。古代曾有“父天母地”的说法，因此古人对土地的祭祀十分重视。对地祇的祭祀也分三个等级：第一等是社稷五祀、五岳，用血祭祭祀，即用祭牲的血浇在地上；第二等是山林、川泽，用狸沉之祭，就

① 彭林.中国古代礼仪文明[M].北京：中华书局，2004：23.

② 张金平，昝风华.中国传统文化十六讲[M].济南：山东人民出版社，2005：135.

是将祭牲、玉帛埋入地下，或沉入川泽；第三等是四方百物，用疈辜之祭，就是剖祭牲之胸，将剖过的牲体进一步分解。根据释读出来的甲骨文，我们可以了解到古代时将掌管土地的神称为“社”，祭祀时的仪式称为“宜”。至于对河流山川、农作物收成等的祭祀更是屡见不鲜。

图2-1　先农坛祭祀图

人鬼在先秦时期并不像后世这样有很多的恐怖色彩，先秦时期的人鬼（祖先）是被当成家族的保护神来进行祭祀的。那个时期，士以上的贵族阶级都会在家庙中对祖先进行祭祀，而天子对祖先的祭祀则更为隆重。后世对人鬼的祭祀不限于先祖，还包括历代帝王、先圣、先师、贤臣、先农（见图2-1）、先蚕、先火、先卜、先医等。[①]

二、吉礼祭祀的方法

我国古时的祭祀礼节有很多的讲究，不同的祭祀对象，其祭祀的时间和方式都是不同的。《周礼·春官·大宗伯》中除了对祭祀对象进行说明以外，还介绍了不同种类的祭祀：“以禋祀祀昊天上帝；以实柴祀日月星辰；以槱燎祀司中、司命、风师、雨师；以血祭祭社稷、五祀、五岳；以狸沉祭山林、川泽；以疈辜祭四方、百物；以肆献祼祼享先王；以馈食享先王；以祠春享先王；以禴夏享先王；以尝秋享先王；以烝冬享先王。”在这段话中，一共提到了12种祭祀，分别为：禋祀、实柴、槱燎、血祭、沉、疈辜、肆献祼、馈食、祠春、禴夏、尝秋、烝冬。有关吉礼的祭祀方法有很多，本书特选择其中较为典型的几种方法进行陈述。

首先，圜丘祭祀是祭祀天神时最常使用的一种祭祀方法，一般来说，祭祀天神的时间多是在一年的开始，例如周代祭祀天神便是在每年的冬至这一天。

① 张岱年.中国文史百科[M].杭州：浙江人民出版社，1997：484.

图2-2 乾隆皇帝的龙袍

所谓的圜丘祭祀是一种十分形象的祭祀，圜丘就是一个圆形的祭祀台。到祭祀天神的这天，祭祀台上摆满猪、牛、羊等牺牲及玉帛、黄玉等，君主和臣僚都盛装来到这个圆形的祭祀台进行祭祀。祭祀之时，君主的衣服外为大裘，内为衮服，绣有祥云、龙等图案（见图2-2）。祭祀完毕，所有的贡品都会被燔燎（烧掉）。值得注意的是，先秦时期有以“尸”代替祭祀对象的习惯，到了后世才逐渐衍生出了神牌。

其次，“以土为社”的祭祀方法在中国古代也比较常见。这种祭祀方法多用于对土地神的祭祀。一般来说，祭祀土地神的时间多在夏至之时，这个时候人们会在国都附近的水泽中央构筑方形的祭台，祭祀土地神的仪式和祭祀天神的仪式大致相同，只是最后处理贡品的方式变成了掩埋。当然，一些水系不发达的国家也会在国都之内设置祭台。例如在中山国灵寿城内的居住区便发现了夯筑台的遗迹。考虑到没有在这个夯筑台中发掘出生活用品，并且这个夯筑台离百姓生活的地方较远，我们推断这个夯筑台应当是祭祀台。

最后，还有在宗庙祭祀祖先的祭奠人鬼的方式。自商代开始，在宗庙祭祀祖先便已载于文献之中，但是对于庙堂的建筑地点，商代却和后世有着很大的不同。从《礼记·孔子闲居》中记载的殷商祭祀习俗可以得知，“殷人吊于圹”，也就是说，当时的人喜欢在墓地进行祭奠。更有一些学者通过对考古发现的研究，发现商代习惯在陵墓之上建造祭祀的庙堂。而到了周代，这种在祖先陵墓上建造庙堂进行祭祀的方式大大改变了。《礼记·曲礼上》曾经记载：“适墓不登垄，助葬必执绋。”这句话就表明了登上祖先的陵墓是一种极度不尊重先人的行为。受这种思想的影响，后世都不曾有在祖先的陵墓之上修筑庙堂进行祭祀的情况。

第二节　凶礼

在我国儒家思想中存在着“事死如事生，事亡如事存”的意识，死者之事与生者之事同等重要。由于受“死者为大”思想的影响，在《仪礼》之中，《士丧礼》《既夕礼》《士虞礼》这三篇比较复杂难懂，却是整个《仪礼》中的精华所在。

一、士丧礼

“士丧礼”是在士的父母刚刚死去到宾客进行吊唁这一段时间内所进行的一系列的礼仪活动。在先秦时期，“士”是世代承袭的，也就是说士的父亲是士，士的儿子仍旧为士。且若父母离世，儿孙得“丁忧”，即三年不得入仕为官，在家守孝三年，方为“孝子”，朝廷才可以重用。

《仪礼·士丧礼》中有一篇对于治丧的具体过程和礼节进行了详细介绍，治丧的环节有：为死者招魂（拿着死者的贴身衣物在东面屋脊上站立，朝着北面大声地呼喊三次：“某复”）；为死者覆盖衣被（招魂完毕，将招魂时所用的衣服盖在死者的身上）；楔齿缀足（用角柶插入死者的上下牙齿之间，并且用燕几将死者的脚束缚住）；乃赴于君，君使人吊唁、赠衣（向国君禀告死者去世的消息，国君派人前来吊唁并赠送衣服）；死者亲属、僚友吊唁并赠衣（大功以上的亲属吊唁、赠衣不需要向主人通报，而小功以下的亲属吊唁、赠衣则需要知会主人）；为死者建铭（将死者的名字写在其生前所用的旗子上，书曰：“某氏某之铭”），陈袭事（陈放死者的衣物、为死者穿衣），饭含（往死者的口中塞饭），小殓，大殓等。

士丧礼主要涉及的是死者刚刚去世到大殓这段时间的礼节。

二、既夕礼

《既夕礼》的内容实际上是承接《士丧礼》的。实际上《士丧礼》和《既夕礼》共为一篇，因内容较多，加之先秦时期尚未发明纸张，记载这篇文章的简册沉重，不易阅读或携带，所以这一篇便被分成了两部分。

《既夕礼》的名字由其篇首的“既夕哭，请启期，告于宾”而来。既夕的“既”字在这里表示“已经”的意思，《既夕礼》讲述的是死者去世第二日既夕哭之后到葬间一日的礼节。这些仪式大致包括以下几个环节：请期（夕哭之后，有司向主人请示启殡的日期）；启殡(盥具、奠物陈放如同大殓之时，商祝发出三声“启”的口号之后，众人开哭)；迁柩朝祖（用棋轴把灵柩迁移到祖庙）；设祖奠（祖奠时间的确立一般由有司向主人请示得来，时间大约为黄昏时分）；助葬、助祭（国君遣使赠物助葬，宾客赠物助祭）；出殡（明器、陪葬之物准备好之后来到圹的过程）下葬及葬后反哭于庙等。

图2-3　西汉人物帛衣

《既夕礼》主要讲述了送葬的礼节，也就是将死者由家宅送到墓地下葬过程中的礼节。图2-3中的西汉人物帛衣[①]，出土于1972

① 国家文物局.中国文物精华大辞典：书画卷[M].上海：上海辞书出版社，1996：120.

年长沙马王堆1号墓葬，为西汉长沙相轪侯利仓之妻墓。帛画为导引死者升天的幡引，又称非衣，呈“T”形，分段描绘天上、地下、人间的现实生活与神话传说中的景象，如日月、天门、女娲、扶桑、贵族、仆婢、鼎壶列食、地下黄泉、水族神怪等。

三、士虞礼

丧礼就是围绕着怎么处理死者的尸体和灵魂这两件事情展开的。相较于上文所描述的送葬之礼“士丧礼”和“既夕礼”，士虞礼主要是迎接灵魂归来、进行祭奠的礼仪。

在儒家的思想里，灵魂是死者的精气和神明，人死而灵魂不灭，通过对死者灵魂的祭祀，一方面可以将亲人的思念之情传递给死者，另一方面可以祈求死者的保佑。对此，郑玄曾经说过：“虞，安也。骨肉归于土，精气无所不之，孝子为其彷徨，三祭以安之。朝葬，日中而虞，不忍一日离。”

关于士虞礼的环节大致有：立尸（古代的祭祀中，只要是成年人去世，就必须要有替代其接受祭祀的“尸”）；阴厌（刚开始祭奠的时候，还没有将尸迎来）；飨尸（食前祭奠、九饭、酳酒、三献之礼等）；三虞，卒哭（虞祭的时间因等级而不同，士的三虞时间一般为四日，四日之后进行卒哭之祭）；附庙和作主（设立神主牌，按照昭穆顺序迁入宗庙之中）；小祥祭（周年祭）、大祥祭（两周年祭祀）；服丧的一些原则（例如饮食、着装、作息等）。

《仪礼》一书对丧葬之礼进行了大篇幅的介绍，原则和规定之多，可以看出古人“死者为大”的思想。①

由于士虞礼主要是针对死者下葬之后的一些有关死者灵魂方面的礼仪，所以士虞礼还被称为“安魂之礼”。

四、救患分灾的荒礼

《周礼·春官·大宗伯》里有句话说：“以凶礼哀邦国之忧。”这是指凶礼中还包括救患分灾的荒礼等礼仪。

荒礼中的“荒”通常是指人们所说的荒年，也包括疫病流行造成的灾难。《礼记·曲礼》中说：“岁凶，年谷不登，君膳不祭肺，马不食谷，驰道不除，祭事不县，大夫不食粱，士饮酒不乐。”当邻国出现灾荒、民不聊生之时，本国应该以一定的方式表达同忧之情或者直接贷粮给饥民。

关于救患分灾的礼仪还有吊礼、恤礼。吊礼、恤礼主要是指当邻国遭遇自然灾害时，

① 张岱年.中国文史百科[M].杭州：浙江人民出版社，1998：323.

本国应该派出使者去吊问，并采取救灾、赈灾行动的礼制。

第三节　军礼

所谓军礼，是指军队之中操练士兵、行军打仗之时对士的行为加以约束和规范的礼制。《周礼·春官·大宗伯》中有“以军礼同邦国”之语，就是说军礼对于那些不服从的诸侯有很强的约束力。据统计，古代的军礼大致有大师之礼、大田之礼、大役之礼、大均之礼、大封之礼等。

一、大师之礼

“师”是军队的意思，大师之礼也就是军队征伐之时所秉持的礼仪(见图2-4)[①]。大师之礼包括的内容有：军队出师时的祭祀、誓师仪式、军中的赏罚制度、军队凯旋时的仪式、论功行赏以及军队失败而回之时的仪式。

图2-4　秦俑一号坑秦兵马俑军阵

军队出师时的祭祀方法是不同的，它根据是否是天子亲征而有着很大的差别。一般来说，军队出征之前的祭祀活动主要包括对天、地、祖先和军神的祭祀。

在对天神进行祭祀的时候，场地一般是都城的郊外，以干柴焚烧牺牲、币帛等进行告天的仪式。祭祀土地之神表示士兵们征伐是为了保卫国土，祭祀的方式是掩埋祭品。祭祀祖先的活动主要是在宗庙前面进行，原本是在考庙之前，后代改为太庙之前。向祖先告祭一方面是祈求祖先的庇护，另一方面也有受命于祖先的意思。

祭军神主要是祭军旗，军旗代表皇帝和蚩尤。

誓师是在祭祀结束之后，对军队进行的一项战前教育和动员，主要内容是将出征的目的、敌人的情况和军队应当保持的纪律告诉士兵。

军队的刑赏是指根据军法对士兵的行为进行奖赏和惩罚。军队凯旋的时候会奏凯歌和凯乐，有些时候君主还会亲自到郊区迎接。此外，还会在祖庙前对将士进行封赏，获胜的队伍需要有献俘之礼。

① 张岱年.中国文史百科[M].杭州：浙江人民出版社，1998：471.

对战败的军队来说，他们归国之时所受的是丧礼，国君戴丧冠、穿丧服，痛哭迎接。

二、大田之礼

图2-5 郎士宁《弘历南游狩猎图》（局部）

大田之礼是指一种狩猎的礼仪。在古代，田猎活动被看作是一项富有军事意义的生产活动，和祭祀有着十分密切的联系（见图2-5）[①]。

殷商的甲骨文中有许多关于田猎的记载，文中提到所猎得的动物便会作为祭祀之物。由此得知，随着时代变迁、社会生产力的发展和进步，狩猎已经不再是人们果腹、生存的唯一方式了。

殷商之后的封建王朝对农业更加重视，形成了以农业生产为主的农业经济思维，这时候的田猎活动具有新的意义：猎物可作为祭祀宗庙的祭品，满足军事战争的需要，保护农作物的安全。

《周礼》上记载，周代的制度为四时田猎：春蒐、夏苗、秋狝、冬狩。这四时的田猎并不是任意安排的，而是在遵循一定礼法的基础上进行的。礼法规定田猎的时候不能追捕年幼的小兽、不能捕杀怀孕的野兽、不能伤害还没有长大的动物、不能掏取鸟蛋、不能损坏鸟巢穴等。此外，在围猎的时候可以围捕动物但是不能够全部围上，要留有一定的余地。这种做法的宗旨就是不能斩尽杀绝，要保护自然的生态平衡。

三、马政

除了上文谈到的大师之礼和大田之礼，我国古代的军礼中还有一项专门针对战马的礼仪和规范，也就是马政。“马政”一词并不是后人所造，而是出自《周礼·夏官·校人》中的“掌王马之政”一语。在《周礼》之中，介绍马政的内容很多，大致分为：养马的礼仪，马生活的牧地设置，马的交配，如何驾驭马，如何对马进行医疗以及祭祀马等。[②]图2-6为金时赵霖所绘的《昭陵六骏图卷》（绢本）局部图。画中骏马是唐太宗出征时的坐

① 张岱年.中国文史百科[M].杭州：浙江人民出版社，1998：287.

② 国家文物局.中国文物精华大辞典：书画卷[M].上海：上海辞书出版社，1996：189.

骑，中过箭伤。

关于马的祭祀一般是一年进行四次，春天的时候祭祀马祖，也就是天驷星；夏天的时候祭祀养马始祖；秋天的时候祭祀马厩之神；冬天的时候则祭祀会给马带来伤害的神灵，祈求神灵保佑马的平安。

图2-6　赵霖《昭陵六骏图卷》（局部）

关于马的祭祀并不仅仅出现在先秦时期，纵观我国整个古代社会，马匹都是人们打仗的必备良器，受到统治者的高度重视。

第四节　宾礼

宾礼就是天子、诸侯接待宾客的礼仪。古时，天子与诸侯之间一般都有亲戚关系，为了联络感情，定期安排礼仪性会见是十分必要的。

宾礼主要运用于朝聘场合，例如周天子款待四方来的诸侯时，或者四方的诸侯派遣使者向周天子请安时。简而言之，宾礼就是一种待客的礼仪，即待客之道。

一、聘礼

“聘”的意思是访问，聘礼也就是访问之时的礼仪（见图2-7[①]）。依仗，仪仗也。在古代，由于交通等限制，诸侯和周天子之间、诸侯和诸侯之间不能时常见面，所以他们会定期派遣卿大夫互相联络感情，这个时候卿大夫便需要对聘礼进行详细了解，从而更好地完成联络感情的任务。

对于周天子和诸侯之间的访问细节现在已经无从考证，但是诸侯之间聘礼的流程还是可以查阅到的，分别是：访问前的准备、到达访问国的礼仪、回国前的宴请、回国后的回禀及祭祀。

① 国家文物局.中国文物精华大辞典：书画卷[M].上海：上海辞书出版社，1996：487.

图2-7　依仗图

访问之前的准备，包括任命使臣、宗庙祭祀、使臣受命出发等。到达访问国家后的礼仪，主要是指使臣及其出使的国家有很多的礼节需要注意，例如入境的检验、礼品的检验、向国君和夫人献礼、国君回礼；除了国君之外，还有卿大夫、上大夫、中大夫、下大夫等和使臣的互动（互赠礼物）。使臣回国之前，国君需要宴请使臣，并且去使馆送别，这一环节是两个诸侯国之间友好关系的展现。使臣回到自己的国家后的礼仪，包括向国君回禀以及到宗庙祭祀。

在访问过程中，有几个方面需要特别注意：首先是谦辞，使臣必须要多用谦辞，因为这是彰显其谦逊品质的重要表现；其次是要对方位敏感，在古代，方位代表着尊卑，例如东面表示高贵，而北面则暗示败北称臣，因此使臣在选择方位的时候既不能目空一切，也不能使国家受辱；最后，拜礼要适当，一般来说，出使的卿大夫代表的是自己的国家，他在向受访国家的国君行拜礼时便代表着其国君在向受访国家国君行拜礼，这个时候出于礼尚往来的原则，受访国家的国君也会向使臣行拜礼，但是基于等级的差异，使臣是不能接受该拜礼的。

二、士相见礼

《仪礼》在《士相见礼》这一章里讲述了士阶级的君子相互交往时的礼节和仪式。《士相见礼》中，首先介绍了两位士第一次见面时在相互介绍、赠送礼物、问答之时的应对、约定再相见等方面的各项礼节，接着又介绍了士和大夫之间的相见、两位大夫之间的相见以及士、大夫见君主时的礼节和仪式。

《士相见礼》作为人和人之间相处的礼仪介绍，对人际交往中的伦理道德十分推崇，指出：不管交往（相见）的对象有什么样的不同，都应当秉持着厚德劝善的目的。其中的内容并不局限于对士之间相见的各项礼节的介绍。既然《士相见礼》（见图2-8）涵盖了这么多的内容，那么为什么要以士命名呢？清代的张尔岐对此进行了解释："皆自士相见推之，故以士相见名篇。"

士相见时需准备礼物，冬季用雉（鸡）或雁，夏季用干雉或干雁，且执雉或雁的手势、说辞及主人的答词均有严格规定。至于下大夫相见礼仪、第一次叩见国君、私见国君时的礼仪，亦均另有严格规定。甚至谈话内容也有规定：与君谈话，所言应着重于君与使臣之礼；与卿大夫谈话，所言应着重于臣事君的尽忠之道；与老者谈话，所言着重于行使弟子之规；与年幼者谈话，所言着重于孝亲敬长之节；与众人谈话，所言着重于忠信、慈祥、善之德行；与做官的人谈话，所言着重于忠君诚信之义等，甚至写文章也应遵循八股之规，此处不再赘述。

图2-8　士相见礼

第五节　嘉礼

一、冠礼

冠礼在古人的成长过程中占据着十分重要的地位。《礼记·昏义》曾载："夫礼始于冠，本于昏，重于丧祭，尊于朝聘，和于射乡，此礼之大体也。"再比如《五经要义》记："首服既加，而后人道备，故君子重之，以为理之始矣。"

冠礼起源于父系氏族社会的成丁礼。古代男子（国君、诸侯除外）在20岁之前不能戴帽子，满20岁时需要举行加冠仪式，即俗称的成人礼。冠礼是十分隆重的一项礼仪，其仪节、仪程十分复杂，所需服装、器皿等都十分重要。

举行冠礼之前需要做充分的准备。首先，筮日，即冠礼前十天通过占筮来确定加冠的日期。占筮要在庙门前进行。主人（一般为加冠者的父亲）头戴玄冠、身穿朝服、束淄带、系白蔽膝面西而立，待筮人筮日。若日吉，则定于那日行加冠礼；若不吉，则筮远日。如贾疏曰："《士冠礼》亦于上旬之内预筮三旬，不吉则更筮后月之上旬。"其次，戒宾、筮宾。《仪礼·士冠礼》明确记载，通过占筮定下行冠礼的正式日期之后紧接着需要进行的就是戒宾，即把确定的日期告诉宾，让他届时来主持冠礼。主人从僚友、众士之中，筮取吉者为加冠之宾，即为筮宾。最后的准备工作即为宿宾、为期。主人亲自去请宾，以示敬冠重礼。冠礼正礼前一天黄昏时分，还要将行正礼的具体时间确定下来，并通知亲友。

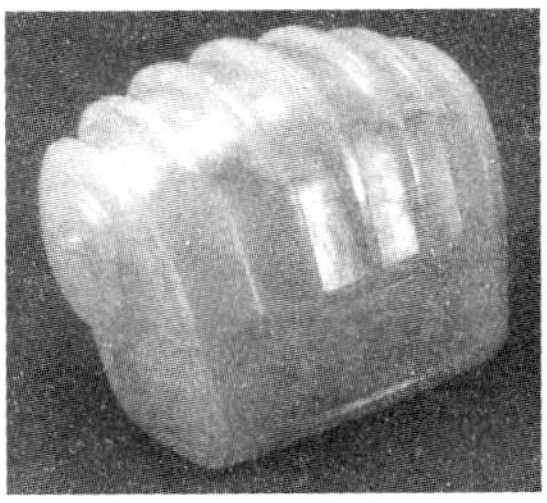
图2-9　玉冠

加冠时，首先要陈服器，服器包括洗、水、篚、梳和衣服。衣服包括三套：爵弁服、皮弁服、玄端服（按贵贱自北而减）。之后是三次加冠（见图2-9[①]）。男子加冠之后就表示其成人了。

加冠后男子必须面朝北去拜见其母，由于男尊女卑的原因，母亲需要行拜受礼和拜送礼。拜见母亲之后，宾要为男子取字，从加冠的这一刻开始，男子就有了对外的正式称谓，至于他原来的名字只能用于自我称呼，除了君王和长辈，别人是不能直呼其名的，否则就是不尊重了。如荀子名况字卿，他自称“荀况”，别人则称他“荀卿”。他的学生称他“荀子”，这是对老师的尊称。取字后，冠者的父亲敬酒恭送宾，并馈赠帛、鹿皮等作为报酬。宾走后，冠者则脱去爵弁服，换上玄冠、玄端服去拜见国君，之后再拿着礼物（通常是野鸡）去拜见乡大夫、乡先生。如果父亲已去世，还要祭祀父亲的亡灵，表示在父亲面前成礼。祭祀后，拜见伯父、叔父等长辈，然后大宴宾客。这样的三个程序之后，“冠礼”才算真正结束，男子才算正式成年。

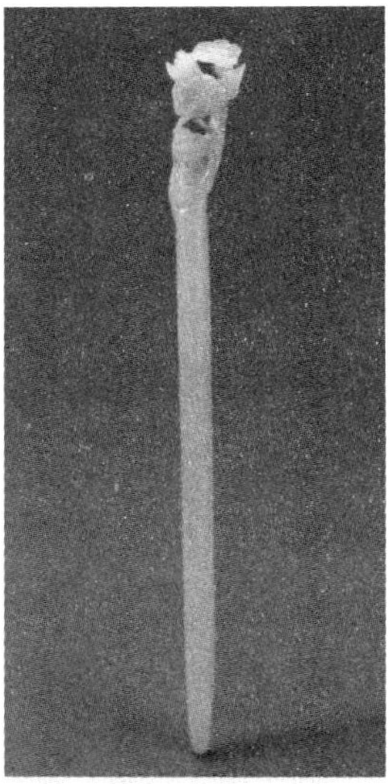
图2-10　发簪

相较于男子冠礼的隆重，女子的成人礼——笄礼（即及笄）则举办得较为简单。笄礼是中国古代女性的重要成年礼，“笄”就是发簪，在笄礼中，女子要将头发梳成发髻并插上发簪（见图2-10[②]），盘在头顶，以区别童年时代的发式，表示已经成年。笄礼的作用与男子的冠礼一样，在程序等安排上大体和冠礼相同。

由于古代男尊女卑思想严重，关于笄礼的介绍寥寥无几，只在一些文献中有零星记载。如《礼记·曲礼》说：“子许嫁，笄而字。”是说女子在许嫁之后举行笄礼、取表字。《礼记·杂记》云：“女子十有五年许嫁，笄而字。”这是说，许嫁的年龄应是十五岁。《礼记·内则》中的郑玄注则曰：“其未许嫁，二十则笄。”如果女子迟迟没有许嫁，应是可以变通处理的。《通典·女笄》说：“笄女礼犹冠男也，使主妇、女宾执其礼。”由此可知其

① 薛贵笙. 中国玉器赏鉴[M]. 上海：上海科学技术出版社，1997：238.
② 同①：244.

应当与冠礼相似。

无论是男子的冠礼还是女子的笄礼，都是成人的标志，具有重要的意义。它使人开始正容（端庄严肃的容颜、仪态）、慕道（渴慕正道、追求真理）、尊序（凡事尊序改进，不可强求），从而使个人的社会礼义齐备。人们在这些仪式中获得生活的安定，也从这些制度中感受到秩序的存在。于是，君有君道，臣有臣道，父有父道，子有子道，一切变得井然有序。

二、射礼

《礼记·射义》说："故射者，进退周还必中礼。内志正，外体直，然后持弓矢审固；持弓矢审固，然后可以言中。此可以观德行矣。"又说："射者，仁之道也。射求正诸己，己正而后发。发而不中，则不怨胜己者，反求诸己而已矣。"孔子曰："君子无所争，必也射乎。揖让而升，下而饮，其争也君子。"

射礼又被称为乡射礼，是对古代人们的体育活动进行规范的礼仪(见图2-11[①])。

图2-11　射礼

先秦时期，射礼十分兴盛，每年的春秋两季都会举行乡射仪式。射礼开始是由各个乡的乡大夫所组织的，他们以主人的身份对卿、大夫和学子发出邀约。

射礼分为四种：一是大射，是天子、诸侯祭祀前选择参加祭祀的人员而举行的射祀；二是宾射，是诸侯朝见天子或诸侯相会时举行的射礼；三是燕射，是平时燕息之日举行的射礼；四是乡射，是地方官为荐贤举士而举行的射礼。射礼前后常有燕（同"宴"）饮，乡射礼也常与乡饮酒礼同时举行。

射礼的主持人并不依照官位而定，而是选择德行良好的没有官职的人来担当。在举行射礼的时候，箭靶被称为"候"，树立在距离大堂三十丈之外正南方的空地上。

整个乡射礼要进行三轮比射，每一轮的比射，射手都可以射四支箭。这三轮比射并不都是为了测试准头，而是在每一轮射箭之中都有不同方面的侧重。

第一轮射箭并不是真正的射箭比赛，而是射箭练习，不管射箭者有没有射中箭靶都

① 引自百度百科中有关射礼的内容。

是不计入成绩的。第二轮射箭便属于正式比赛了，在这一轮中，会根据射箭的成绩来区分胜负。这一轮比赛中，射手轮流开弓射箭，每射中一支箭，便会有工作人员来“释”（古时举行乡射之礼时，以射中鹄的为获。用筹记数，左右两队所得筹多者称为贤获。《仪礼·乡射礼》云：“司射复位，释获者，遂进取贤获，执以升。”郑玄注：“贤获，胜党之筭也。齐之而取其馀。”贾公彦疏：“取贤获，以筭为获，以其唱获，则释筭，故名筭为获。左右数齐，有馀则贤获。”）。等到射完三支箭的时候，便开始计算胜负，失败的一方需要向胜利的一方恭贺，同时还会被罚酒。

奥林匹克运动起源于公元前776年的古希腊，与中国乡射礼普及的年代相近，但两者所体现的文化却有着明显不同。在古希腊人的理念中，人的精神与肉体是分离的，精神由诸神管理，儒家则认为人的精神与肉体都是由人自己主宰的，他们特别注重人的全面发展。

三、婚礼

图2-12　清溥仪皇帝妃文绣婚服像

婚礼是男女双方成婚的仪式。在我国古代，男子行了冠礼、女子行了笄礼之后便可以成婚（见图2-12[①]）。婚礼的流程主要有：纳彩、问名、纳吉、纳征、请期、亲迎。其中，纳彩被视为婚礼的起始。

所谓纳彩就是“纳其采择之物”，也就是男方派遣使者到女方家中求亲。值得注意的是，在纳彩之前媒人已经到女方家中提过亲了。纳彩的礼物应当是大雁，大雁在古汉语中的意思为“挚”，表示男方有一片诚挚之心。问名和纳吉经常被当作是同一个步骤，问名就是询问女方的名字，纳吉则是在获得女方名字之后，由男方到祖庙中进行占卜，看看两者是否合适。获得吉兆之后，男方便派人到女方家中告诉女方占卜的结果。纳征就是男方于纳吉之后往女方家中送布帛、钱币等聘礼，两家缔结婚姻关系。

《士昏礼》明确记载：“请期，用雁。主人辞，宾许告期。如纳征礼。”请期便是男方到女方家中询问结婚的时间，这时礼物仍旧为大雁，女方家需要推辞一番，然后将早已想好的日期告诉男方。

① 张岱年.中国文史百科[M].杭州：浙江人民出版社，1998：180.

四、乡饮酒礼

乡饮酒礼最早出现在周朝，它主要是作为乡人的一种聚会方式出现的。随着儒家学说的出现及发展，乡饮酒礼中被加入了儒家“尊老敬贤”的思想，目的是让乡人在饮酒聚会的时候能够受到道德的教化。

《周礼·地官·乡大夫》载有：“三年则大比，考其德行、道艺，而兴贤者、能者，乡老及乡大夫帅其吏，与其众寡，以礼礼宾之。”根据这段话，郑玄将乡饮酒礼的意义归纳为四个方面：一是选拔贤能；二是敬老尊长；三是乡射，即州长习射饮酒；四是卿大夫款待国中贤者。

《仪礼·乡饮酒礼》中的孔颖达疏记载的乡饮酒礼的环节主要有：谋宾（想要召开聚会的主人到先生那里筹划请客的名单，将宾客分为宾、介和众宾三个等级）、迎宾（主人拟定好宴请的名单之后便回家着手准备食材，待食材准备好之后按照名单上的名字宴请宾客）、献宾（主人向宾献酒称为“献”；宾回敬主人称为“酢”；主人先自饮，再劝宾一起饮，称为“酬”，三者合一，称为“一献之礼”）、乐宾（为宾客演奏音乐助兴）、旅酬（是一种自上而下的劝酒方式，主要是尊者向位卑者劝酒）、无算爵乐（不再计较喝酒的爵数，主人和宾客可以随意举杯喝酒，同时还有音乐助兴）、宾返拜（宴会的第二天，宾客需要到主人家答谢）。这样的饮酒方式是一种充满文明和礼节的饮酒形式，体现了《仪礼》期望建立有序、文明社会的目的。

五、飨燕饮食之礼

古人的饮食礼仪是中华礼仪体系中的一个重要方面。《礼记·曲礼》中有“共食不饱，共饭不择手，毋抟饭，毋放饭，毋流歌，毋咤食，毋啮骨。毋反鱼肉，毋投与狗骨。毋固获，毋扬饭，饭黍毋以箸，毋嚃羹，毋刺齿。客絮羹，主人辞不能烹。客歠醢，主人辞以窭。濡肉齿决，于内不齿决。毋嘬炙。卒食，客自前跪，撤饭齐以授相者，主人兴辞于客，然后客坐”的记载。这其中讲到了几项规定，如：吃饭的时候不能狼吞虎咽，不能将自己吃过的饭再放到食盘之中，不能表现出吃不够的样子，吃饭时不能发出吧嗒嘴的声音，不要专门去啃骨头，等等。这些都是古人在餐桌之上的忌讳。

飨燕饮食之礼的“飨”主要发生在太庙，诸侯用烹杀太牢等方式来宴请宾客，但举行宴会的目的并不在饮食方面，而在于人们的礼仪往来方面(见图2-13）。[①]

① 国家文物局.中国文物精华大辞典：书画卷[M].上海：上海辞书出版社，1996：144.

图2-13 顾闳中《韩熙载夜宴图》（局部）

“燕”是“宴”的通假字，该礼主要是在君主的寝宫举行，在这里没有了朝堂和太庙的拘束感，主人和宾客可以放开畅饮，宾主尽欢。

飨燕饮食之礼对后世有着深远的影响，如今古代有关礼仪的阐述仍旧影响着我们的现代生活，从人们之间的日常交流、民俗节日的饮食习惯上都可以看到古代礼仪的影子。

第六节　其他传统礼仪

我们已经知道，礼仪是人类为维系社会正常生活而要求人们共同遵守的最起码的道德规范，它是在人们几千年来的共同生活和相互交往中逐渐形成，并且以风俗、传统等方式固定下来的。所以，我们还应知道中国古代其他一些传统礼仪。

一、九宾之礼

九宾之礼是我国古代最隆重的礼节，是周天子专门用来接待天下诸侯的重典。当时，周王朝有800个诸侯国，周天子按照与其关系的亲疏，分别赐予各诸侯王以不同的爵位。爵位分公、侯、伯、子、男五等，各诸侯国内部的官职又分为三等：卿、大夫、士，诸侯国国君则自称为“孤”。“孤、公、侯、伯、子、男、卿、大夫、士”合称为“九仪”或

“九宾”。周天子接待“九宾”时所用的礼节，就叫“九宾之礼”。

九宾之礼是很隆重的。先是各位来宾从殿内向外依次排列，九位礼仪官员迎接宾客时则高声呼唤，上下相传，声势威严。按古礼，九宾之礼只有周天子才能用，但到了战国时代，周朝衰微，诸侯称霸，九宾之礼也为诸侯所用，演变为各个诸侯国接见外来使节的一种最高的外交礼节了。《史记·廉颇蔺相如列传》中的“设九宾之礼”就是指此典故。

二、跪拜礼

跪拜礼早在原始社会就已产生，但那时人们仅仅是以跪拜的形式表示友好和敬意，并无尊卑关系。进入阶级社会后，情况就不同了，特别是在封建社会里，跪拜是一种臣服的表示，“拜，服也；稽首，服之甚也。”即使是平辈跪拜，也有彼此恭敬的意思（见图2-14）。

图2-14　跪拜礼

跪拜礼的表现形式多样，但主要有以下几种：

（1）稽首。是臣拜君之礼，或小辈拜长辈之礼。拜的人应头着地，并停留较长一段时间。

（2）顿首。即叩首、叩头。头一触地就起，是一种用于平辈间的，或现代小辈拜长辈的比较庄重的礼节。古人或现代一些注重国学的人就常常在书信的开头处或结尾处书以“顿首”二字，以表敬意。

另外，还有空首、再拜等。

三、揖让礼

揖是作揖，指双手抱拳打拱，身体向前微倾；让表示谦让，这是一种大众化的礼节，一般用于宾主相见时，或平辈间相见的、比较随便的场合。打躬作揖既用于引见，也表示一种寒暄问候。这一礼节，最能体现中华民族谦让的美德，至今一些注重国学的人依然经常使用。揖让礼主要包括三种不同规格的揖礼。

1.周揖礼

周揖礼盛行于周、汉、三国、两晋、南北朝时期。它的行礼手态是：左右手食指、中指、无名指、尾指四指并拢，左掌抚托右掌背交叉或平叠，掌心朝内，左右拇指相扣，两手合抱，拱手为礼。这种礼节多用于文官。

女子的揖礼有所不同：双手叠抱于左腰前，右手在上，手心向内，欠身约20度。

图2-15　沈周《京江送远图》中的揖礼

周揖礼可分为三种：

（1）天揖。在正式礼仪场合，如祭礼、冠礼等行此礼；对尊长及同族中人行此礼。行礼时要求身体肃立，双手抱圆，左手在上，手心向内；俯身推手时，手微向上举高、齐额；俯身约60度，起身时自然垂手或袖手。

（2）时揖。在同辈日常见面、辞别时行此礼。行礼时要求身体肃立，双手抱拳，左手在上，手心向下，从胸前向外平推，俯身约30度，起身，同时自然垂手或袖手。

（3）土揖。又叫下礼，用于长辈或上司还礼。行礼时要求身体肃立，双手抱拳，左手在上，手心向内，俯身约30度，推手稍向下，起身，同时自然垂手或袖手。

2.叉手揖礼

叉手揖礼也叫交手礼，是唐、宋、辽、金、元时期的一种行礼方式。宋人的《事林广记》记载道："凡叉手之法，以左手紧把右手拇指，其左手小指则向右手腕，右手四指皆直，以左手大指向上。如以右手掩其胸，手不可太着胸，须令稍去胸二三寸，方为叉手法也。"很遗憾，这段文字目前还没有实图可考证。

叉手示敬，是古代拱手揖礼中的一种姿势。唐代柳宗元诗曰："入郡腰恒折，逢人手尽叉。"所以一般认为在唐代开始流行这种见面礼。在唐以后的五代、宋代也盛行这种礼，五代顾闳中的《韩熙载夜宴图》上绘有作叉手礼的人物形象。

3.抱拳揖礼

抱拳揖礼源于古代军礼，《汉书·周勃传》曰："至营，将军亚夫持兵揖曰：'介胄之士不拜，请以军礼见。'天子为动，改容式车。使人称谢：'皇帝敬劳将军'成礼而去。"因为右手拿着武器(持兵)，所以在行军礼时，可将左手抱盖于握着武器的右手背上。

抱拳揖礼手态简单，后来随着军队作战和转移慢慢地也传到民间，于周初在民间流行，盛行于明、清、民国时期。

抱拳的标准姿势是：左脚上前一步，右脚跟上；并步的同时，两手环抱胸前，右手握拳，拳面外向左手，拳顶对着左掌中指下端；左手四指伸直，或左手四指并拢，自然覆裹右拳上，左手拇指扣右手虎口，拇指弯曲，两手手心朝胸，向外前平推出。

此礼左掌掩右拳相抱，表示"勇不滋乱""武不犯禁"的意思。抱拳揖礼直到现代还在使用，特别是在武术行当，它已经被赋予了新的涵义：学武术要讲武德。

四、袒臂礼

这种礼节大约产生于春秋战国时代，又叫左右袒，是一种特定场合下的特殊礼节。所谓左右袒，是指露出左手臂或右手臂，以表示拥护哪一方面的意思。它一般用于事态严重的场合，通过袒臂表示拥护谁，借以解决争端。相当于今天的举手表决。

五、虚左礼

古人一般尊崇右，故以右表示较尊贵的地位，但乘坐车辆时，却恰好相反：车骑以左为尊位。如《信陵君窃符救赵》中有："公子车骑，虚左，自迎夷门后生。"后来经过演变，虚左就表示对人的尊敬。在"待客"或"给某人留下官位"时，常谦称"虚左以待"。"虚左以待"的行为，也成为尊重他人的一种礼节（见图2-16）。

图2-16　《信陵君窃符救赵图》中的虚左礼

六、国学称谓[①]

（1）初见面之人问姓，曰"贵姓"；问名，曰"台甫"。自称姓曰"敝姓某"，名曰"草字某某"。

① 陈光谊.现代实用社交礼仪[M].北京：清华大学出版社，2009：28.

（2）有亲戚世交者，应各以其名分彼此相称。称人曰“先生”或“某兄”，自称曰“弟”；称老者、长者曰“老先生”，自称曰“后学”“晚辈”，或称自名。

（3）称人之父曰“令尊”，母曰“令堂”；向人称自父母，曰“家严”或“家慈”；见朋友之父，称“老伯”，朋友之母称“伯母”，自称“晚”或“侄”。

（4）称人之祖，曰“令祖公”，祖母曰“令祖太夫人”；向人称自祖曰“家祖”，自祖母曰“家祖母”。见人之祖父、祖母，称“太老伯”或“太伯母”。自称己名即可。

（5）称人之兄弟，曰“令兄”或“令弟”；向人称自兄弟，曰“家兄、舍弟”；称人之姊妹，曰“令姊、令妹”；向人称自姊妹，曰“家姊、舍妹”；见人之兄弟，称“几先生”或“几兄”，自称“小弟”；见人之姊妹，统称“几姐”，自称“小弟”（书款则称“侍”）。

（6）称人之妻，曰“令正”或“尊夫人”，向人称自妻，曰“拙荆”“内人”或“贱内”；见人之妻称“嫂”或“嫂夫人”，自称己名（女子可自称“妹”）。

（7）女子称人之夫，曰“尊府某先生”，向人称自夫，曰“外子”；见人之夫称“某先生”，自以避免称呼为佳，如必要时，只称“本人”即可。

（8）称人之子，曰“令郎”或“公子”，称人女曰“令爱”或“女公子”；向人称自子，曰“小儿”或“犬子”，女曰“小女”；见人子称“世兄”，自称“弟”，称女曰“世姐”，自不称。

（9）称人之孙及孙女，曰“令孙”或“令孙女”；向人称自孙及女孙，曰“小孙”或“小女孙”；见人之孙及女孙，称“几公子、几小姐”。

（10）称人或称自之已故上辈，统加一先字。如称人之故父母，曰“令先尊、令太夫人”；称自之故父母，曰“先严、先慈”之类；称人已故下辈不必另加字，只云“以前某兄”即可；称自故下辈，但加一亡字，或云“以前某某”亦可。

（11）称人之姑丈、姑母，曰“令姑丈、令姑母”。向人称自姑丈、姑母，曰“家姑丈、家姑母”；见人之姑丈、姑母，称“老先生、老太太”；交厚者，可称“老伯、老伯母”。

（12）称人之舅父、舅母，曰“令母舅、令舅母”；向人称自舅父、舅母，曰“家母舅、家舅母”；见人之舅父、舅母，称谓仿前。

（13）称人之岳父母，曰“令岳、令岳母”；向人自称岳父母，曰“家岳、家岳母”；见人之岳父母，称谓仿前。

（14）称人之内侄，曰“令内侄”；称人之甥，曰“令甥”；称人之婿，曰“令婿”；向人称自内侄、甥、婿，曰“敝内侄”“舍甥”“小婿”。

（15）称人之亲友，曰“令亲”或“贵友”；向人称自亲友，曰“舍亲、敝友”。

（16）称人之师生，曰“令师”“令高足”；向人称自师，曰“敝业师”；称自生曰“敝徒”；自称师，曰“夫子”“吾师”；称自曰“受业”，或曰“门生”。

（17）称人之长官，曰“贵某长”（院部厅局等）；称人之属员，曰“贵部下”或“贵属”；向人称自长官，曰“敝某长”，称自属员，曰“敝同事”或“敝属”，称其某姓某职亦可。

（18）称人之主人，曰“贵上”；称人之仆，曰“尊纪”；向人称自主人，曰“敝上”；称自仆，曰“小价”。

在称谓中使用敬语和谦语是中国自古以来重视礼节的表现，人们通过敬语和谦语表示尊敬、礼貌、问候、祝颂等。

思考练习题

1. 吉礼祭祀的对象分别是什么？
2. 凶礼中除了丧礼之外，还有一类重要的礼仪内容是什么？
3. 军礼中为何还有一项专门针对战马的礼仪和规范？
4. 试论述宾礼的意义和特点。
5. 飨燕饮食之礼中所列举的人们吃饭的禁忌有哪些？
6. 试述几种主要国学称谓。

第二编

国际礼仪常识

在人类历史上，阶级、社会的分化促进了国家的形成。在社会科学和人文地理范畴中，国家是指被人民、文化、语言、地理区别出来的领土；被政治自治权区别出来的一块领地。有了国家，也就有了国家与国家之间的交往。国与国之间充满了矛盾、争斗甚至战争，而同时，又不断有谈判、议和、结盟、互派使节、互通贸易、缔结条约协定等国际行为发生。国际交往也需要有一定的规范与准则，于是就产生了国际礼仪。

国际礼仪是国际交往中的一种行为规范，它较之一个国家内的礼仪规范又发展了一步，并逐步为大多数国家所接受。

现代国际礼仪就其内容而言，包含国际交往中的日常交际礼节、典礼仪式、外交礼仪与豁免等多方面内容。它们中有的已形成国际公约，例如《维也纳外交关系公约》所涉及的有关内容已具有法律效力，在国际上有约束力。而其余大部分则是相互交往中“约定俗成”的，逐步成为国际惯例，为各国普遍承认和接受，起着一定的规范作用。

在全球化的世界格局中，中国在国际舞台上发挥着越来越重要的作用。随着国际经济、文化交流的进一步加深，中国人民与世界各国人民打交道的机会越来越多。熟悉并了解各国的风土人情、尊重当地的风俗礼仪是人际交往中必不可少的一个重要组成部分。一个国家的领导人、公职人员、涉外工作人员在涉外场合的行为举止，不仅仅是一种私人行为，更会产生一定的对外影响。一个企业、社会团体的代表在对外场合的言谈行为，不仅关系到本公司、本社团的形象，影响到交易的成败，有时甚至会影响到国家的荣誉。

国际礼仪与交际礼仪是在各国长期的国际交往中逐渐形成的，受到各国的普遍亘视并被广泛使用。无论在官方还是民间的友好往来中都具有相当重要的作用。当然，在国际上，礼宾与交际活动都有一定惯例，不少国家则保持着各自的传统礼仪形式和礼节，有自己独特的做法，具有民族特色，或根据特殊的需要，灵活变通。

周恩来总理历来很重视对外礼宾工作，重要的代表团的来访接待计划和出访方案他都亲自审阅、过问。他渊博的国际礼仪知识、潇洒的言谈举止、儒雅的政治家和外交家风度更为世人称道，堪称这方面的典范。

在以前，我们由于不了解国外的风俗礼仪而闹出不少笑话，甚至有时还触犯了别国宗教或习俗的重大禁忌，造成了不必要的尴尬与误会。为了树立和维护个人、单位、国家的良好形象，了解、重视并遵守国际上的通用礼节与礼仪规范，学习一定的国际礼宾常识尤为重要。

国际礼仪和交际礼节总的发展趋势是：逐渐简化，更加灵活，更加注重实效。

本部分的两个章节将分别介绍西方主要国家与东方主要国家的风俗习惯、日常礼仪及社交礼仪，并综述各国的地理位置、语言、宗教发展与文化情况，旨在让国人在与外国友人的交流与接触中，树立起良好的形象，成为促进国际交流与合作的使者。

D 第三章
西方主要国家的习俗与礼仪

本/章/重/点/与/难/点/提/示

一、重点

1. 了解宗教对西方礼仪的影响
2. 认识国际礼仪的发展
3. 了解欧洲主要国家的社交礼仪

二、难点

1. 欧洲主要国家的社交礼仪
2. 西方礼仪的发展与变化

第一节　西方礼仪的起源与发展

一、宗教对西方礼仪的影响

1.西方宗教的发展历史

西方宗教大致可以分为基于古希腊的多神教、基于地中海的犹太教以及由犹太教衍生出的基督教与伊斯兰教。

（1）多神教。多神教是指同时信仰和崇拜多位神灵的宗教。相对一神教而言，希腊、罗马（罗马与希腊并称为多神教发源地，见图3-1）、北欧以神话为基础的宗教（见图3-2），以及现代日本的神道教、美洲的伏都教和新兴的威卡教等都被认为是多神教。当代多神教主要分布于非洲和南亚等地。

图3-1　罗马斗兽场

图3-2　古罗斯多神教

多神教教徒相信有众多神灵存在，但各神的地位、威力不尽相同，所受的崇拜亦不相等，信者可根据自己的需要选择特定的神灵加以崇拜。

（2）犹太教。犹太教是最早且最古老的宗教，也是世界三大一神信仰（天启宗教）之一。犹太教的主要诫命与教义，来自《托拉》（又名《妥拉》），即《圣经》的前五卷书。犹太教是在公元前2000年西亚地区的游牧民族希伯来人中产生的，也是犹太民族的生活方式及信仰。犹太教信仰耶和华，其最重要的教义在于只有一位神，即无形且永恒的上帝。他愿所有的人行公义、好怜悯。因为上帝按照他的原型造人，所以人都应该有尊严且受到尊敬。犹太人以学习及祈祷来侍奉上帝，同时遵行《摩西五经》上的诫命。犹太教堂所接受的改信者，必须遵照犹太教当局的规定，因为一个人改信犹太教并不只是简单的自我认定的事情。犹太教与基督教的不同之处在于，犹太教并不相信耶稣是上帝的儿子，他们只承认耶稣是大先知（见图3-3）。

（3）基督教。基督教也是信仰耶稣为救世主的世界三大宗教之一，教义是包括新旧约全书的《圣经》，相信人类有原罪，相信耶稣为神子并被钉在十字架上，从而洗清了人类原罪、拯救了人类基督教是一神论宗教（见图3-4）。基督教发源于犹太教，与佛教、伊斯兰教并称世界三大宗教。最早期的基督教只有一个教会，基督教在历史进程中被分化为许多派别，主要有天主教、东正教、新教（也称为基督教，主要由路德宗、加尔文宗、安立甘宗等教派构成）三大派别，以及其他一些影响较小的派别。

图3-3　犹太教

图3-4　基督教耶稣

（4）伊斯兰教。伊斯兰教由麦加的古莱什部族人穆罕默德于公元7世纪在阿拉伯半岛上创立。“伊斯兰”的原意为“顺从”“和平”，伊斯兰教的教义为顺从和信仰创造宇宙的独一无二的主宰安拉及其意志，以求得两世的和平与安宁。信奉伊斯兰教的人统称为“穆斯林”（见图3-5）。

图3-5　伊斯兰教的清真寺

2.教会礼仪

（1）教会礼仪的发展。教会礼仪随着历史的发展而不断变化着。现代学者认为，教会礼仪的发展可以分为两大阶段，以特利腾大公会议①为转折点。在这次会议之前，东西教会在礼仪方面有相似的发展，但此次会议后，西方教会以罗马礼仪为主，统一的语言是拉丁语，而且直属罗马圣部，一切均得经罗马圣部的许可后才能实行。从此东西教会有了不同的特点。东方教会的变化不大，而西方教会则变得更加大胆（见图3-6）。

东方希腊教会和西方拉丁教会在政治、宗教、文化和礼仪方面都有重大分歧。对东方教会来说，信仰生活中的礼节仪式就是活的信德，就是在发挥效用的信德；而对西方教会来说，礼节仪式和教义是可以分开来谈的。对东方教会的信徒来说，改变礼节仪式等于是

① 特利腾大公会议（Council of Trent）是教会第十九届大公会议，从1545年12月13日开始至1563年12月4日为止。特利腾是意大利北部的一座小城。这个酝酿了25年的大公会议召开的目的，除了规定并澄清罗马公教的教义之外，更主要的是进行教会内部的全盘改革。

图3-6 梵蒂冈圣彼得大教堂

改变了信仰，这就是东方教会对于守斋、举行弥撒圣祭应该用发酵还是不发酵的面饼，主持教会仪式的人是否应该留长胡子等细节问题那么重视的原因。东方教会的隐修士和主教过独身守贞的生活，但是一般神职人员是可以结婚的，他们都有家室；而西方教会则要求所有的神职人员独身守贞，已婚男人如果晋升为铎品，就必须放弃婚姻生活。

在教义方面，东方希腊天主教的经文在说到圣神的时候，只说“圣神是由天主圣父而发”，但是拉丁教会则在经文中加上了一句“天主圣子”，成为“圣神是由圣父和圣子所共发”。从神学的观点看，这两句经文在说明和了解圣神的本性和本质上是有微妙区别的。

（2）教会的共同礼仪。东西教会虽有许多差别，但仍有许多相同的礼仪。①

洗礼。病人临终时如果愿意领洗，任何人都可以用普通的水让他受洗，在病人头上倒水并念以下经文：我因父、及子、及圣神之名，给你授洗。

赦罪。病人临终前，神父可以诵读以下赦罪经文：“我因父、及子、及圣神之名，赦免你罪过……”

病人傅油。如需要病人傅油，神父可以用以下经文祝圣：“上主，求你降福这受造之油和领受傅油的病人。”如果时间不足，神父可以用以下经文给病人傅油：“藉此神圣的傅油，并赖天主的无限仁慈，愿主以神圣的恩宠助佑你，赦免你的罪，拯救你，并减轻你的痛苦。”

临终大赦。临终时需要由教宗指定或牧师念经文赦免原罪：“我现在以宗座所授之权，给你全大赦，赦免你的一切罪过。因父、及子、及圣神之名。”

入教。在基督教，入教时要举行“收录礼”。凡有志做基督徒者，通过“慕道收录礼”成为正式的“慕道者”，开始“慕道”（即有系统地学习福音和要理，恒心祈祷，皈依天主，并参加教会生活，学习为主做证）。通常来说，入教的过程可以分为四个阶段，并配合不同的礼仪。

第一阶段：慕道前期。在这个时期有意慕道的人开始探讨信仰，而教会则应该向他们宣讲“福音”，直到有意慕道者有了初步信德，愿意正式加入慕道者行列。“慕道收录

① 辅仁神学.神学辞典[M].台湾：光启出版社，1996；李睿.圣经知识全知道[M].北京：中国华侨出版社，2010.

礼”可在四旬期和复活期以外的主日聚会或弥撒中举行。在基督教，入教时要举行“收录礼”。凡有志做基督徒者，通过“慕道收录礼”成为正式的“慕道者”，开始“慕道”（即有系统地学习福音和要理，恒心祈祷，皈依天主，并参加教会生活，学习为主做证）。

第二阶段：慕道期。这个时期从正式加入慕道者行列时开始，可延续多年，用来讲解福音和教理。慕道者通过圣言、祈祷、教会的生活和见证，皈依天主，直到“候选者甄选礼”当日结束。“候选者甄选礼”经常在四旬期首主日的弥撒中举行。

第三阶段：四旬期。这个时期很短，通常和准备过逾越节及领圣事的四旬期一并进行，是候选者通过特别的神修操练而得到净化及光照的时期，复活节庆典的夜间礼仪中举行“入门圣事”：圣洗、坚振、圣体。

第四阶段：释奥期。此时期持续整个复活期，用来做“释奥”的工作，就是使新领洗者对所领的圣事加深体验和获得实际的效果，同时与教友团体保持更密切的交往，共负责任，承担向世界传递福音的使命。

二、西方礼仪的发展和变迁

在人类历史发展的长河中，礼仪是联系、沟通的纽带和桥梁。在人类发展历程中，使用或出现的礼仪不计其数，加上各民族、各国的历史文化背景各不相同，所以礼仪不仅多种多样，而且随着时间的推移，其形态也发生了巨大的变化。

1.中世纪时期的西方礼仪

西方中世纪宗教文化形态来源于希腊、罗马的古典理性主义文化，基督教信仰主义文化和日耳曼蛮族文化。古典文化为中世纪文化提供了理性资源，运用理性去阐释或论证基督教教义是中世纪宗教文化的典型特征。基督教文化为中世纪文化规定了性质、方向和模式，使中世纪文化在本质上成为一种信仰文化；蛮族文化为中世纪习俗文化提供了重要成分，影响了当时的人们的生活方式和精神特质。

中世纪早期，西欧基本上没有较为完备的行政制度。从12世纪开始，西欧国家开始重建，国家行政制度才有了较大的发展，首先表现为中央行政管理制度日渐走向专门化和正规化。从12世纪，王室成员、官员从只是国王的侍从而非国家行政管理人员，向国家行政管理人员转变。

14—16世纪，欧洲处于文艺复兴时期。这个时期的君主不愿意按照传统习俗行事，他们热衷于变革。因此，在文艺复兴时期的欧洲，国家结构发生了巨大的变化，宫廷生活变得更加活跃，特别是到14世纪末，欧洲的民间舞蹈进入了王公贵族的城堡中。热情奔放的民间舞蹈发展成为宫廷舞蹈，有了庄重和严肃的特点。到了15世纪晚期，宫廷舞已成为奢华庆典的重要组成部分。当时的贵族骑士，不仅要对骑术、剑术十分精通，还必须掌握娴熟的舞步，这是当时上层社会交往活动中的一种必要的社交技巧。

16世纪，特别是英王伊丽莎白一世时期（公元1558—1603年），敷面膏开始流行。人们用水果、蔬菜、硼砂、明矾、蛋壳、杏仁、罂粟的籽粒、牛奶、牛油等作为敷面膏的原料，不厌其烦地仔细保养皮肤。当时的男性还喜欢使用假发套，认为那是一种时尚礼仪。

17世纪末，点痣术在巴黎妇女中流行。点痣术为女性增加了娇柔妩媚的美感。

18世纪初，法国国王路易十四为了追赶时尚礼仪潮流，居然剃光了美丽的金色卷发，戴上了当时非常时髦的假发套，脸上还抹着各种颜色的香粉，一时间，王公贵族纷纷效仿；而女性则喜欢用小块的丝织花布来修饰脸部及掩饰脸部的缺陷。女性不仅刻意整理眉毛，她们还要在眼皮上涂抹一种具有高光泽度的物质，以增强眼部轮廓的立体感；他们喜欢穿极为华贵的服饰，佩戴假发或戴上缀有蕾丝花边的各式软帽，驾驶六匹马拉的豪华马车出行，从而引发了个人时尚礼仪的一次新革命。

从中世纪开始，欧洲宫廷中的贵族们就在不断寻找各种神武的兵器。当时贵族们的武器主要有两种：一种是用于实战的功能性武器，另一种则是用于公众活动和骑士比赛的礼仪性武器。礼仪性武器成为显示贵族政治和社会力量的工具，而这种内涵在15世纪后30年到16世纪末这段时间达到顶峰。从武器的装饰中还可以看出国王的信仰、审美习惯、推崇的美德以及文艺复兴时期所崇尚的古希腊、古罗马风范。

当时还有一种礼仪习惯，就是贵族少年往往被送到宫廷里，长大后便留在那里当侍从或骑士。他们不仅要在那里学习文雅举止和军事技能，还要学习一些音乐和诗歌的基本知识。

宫廷还设置礼仪教习，专门为廷臣传授宫廷礼仪，诸如官场上的礼数、称谓等，特别是皇帝或皇太后召见内外大臣时，大臣们的觐见、奏对更要遵守礼仪制度，例如如何说话、如何笑、如何沉默、如何走路，甚至如何撒谎。廷臣应当在唱歌、跳舞、骑马、打网球和伺候用餐中显示出他的天赋、温柔、礼貌和文雅。例如一起用餐时不能高声说话、不要夹盘子里最好的菜、不要让嘴唇发出响声、不要张大嘴喝酒、不要在席间剔牙、不要用餐巾布擦嘴、不要弄出令人生厌的声音等。廷臣有他的“身体语言”，比如从步态、骑马、做事和跳舞的姿势上，就能识别他的廷臣身份。

2.工业革命后的西方礼仪

18世纪中期，英国人瓦特改良蒸汽机之后，一系列技术革命引起了从手工劳动向动力机器劳动转变的重大飞跃。这一时期在历史上被称作工业革命时期。工业革命是以机器取代人力，以大规模工厂化生产取代个体工场手工生产的一场生产与科技的革命。第一次工业革命促进了西方近代城市的兴起，使得城市进程加快、人口迅速增长，人们的生活方式和思想观念发生了改变。19世纪的欧洲各国形成了各自的风俗礼仪。其中共同的礼仪主要有以下几种：

（1）脱帽礼。脱帽礼源于中世纪的欧洲，系下级对上级或同级之间的礼节。当时的战争中，战士都要戴厚重的铁制头盔，所以到了安全地带首先要把头盔摘下，以减轻沉重的负担。这样一来，脱帽就意味着没有敌意。这种习惯流传下来，就形成了脱帽礼。这种礼节在欧美各国广为流传。

行礼时需脱帽，右手（如右手持物，可用左手）握住帽前檐中央将帽子取下，右手垂下后身体对正，用立正姿势，双目注视受礼者，身体上部略向前倾斜约15度，然后恢复站立姿势（见图3-7）。

图3-7　脱帽礼

在公共场合行此礼时，男子摘下帽子向对方点头致意即可。若相识者已擦身而过，双方亦可回身补问“您好”，并将帽子略掀一下即可。当主人进入房间时，客人必须脱帽以示敬意。在庄重场合，人们应自觉脱帽。男女相遇时，通常要将帽边略略提起以示礼貌，学生也用这种方法向老师致意。如果有人向与你在一起的人脱帽致意，你即使并不认识对方，也要脱帽回礼。假如帽子不容易摘下，可以不脱，但要用手触一下以示敬意。

（2）吻手礼。吻手礼是流行于欧美上层社会的一种礼节。和上流社会贵族妇女或夫人见面时，若女方先伸出手做下垂式，男士会将她的指尖轻轻提起并吻之。但若女方不伸手，则不吻。行吻手礼时，若女方身份地位比较高，男士要屈一膝做半跪式后，再握手吻之。英法皇室最重视此项礼节（见图3-8）。

图3-8　吻手礼

（3）亲吻礼。亲吻是源于古代的一种常见的礼节，人们常用这个礼节来表示对爱情、友情、亲情的尊敬和爱护。据文字记载，公元前，罗马与印度已流行公开的亲吻礼。行此礼时，往往与一定程度的拥抱相结合。行亲吻礼时，亲吻部位因身份的差异而不同。一般而言，夫妻、情人之间，宜吻唇；长辈与晚辈之间，宜吻面颊或额头；平辈之间，宜贴面。在公开场合，关系亲密的女子之间可吻脸，男女

图3-9　亲吻礼

之间可贴面，晚辈对尊长可吻额。行亲吻礼时，动作要轻快，勿过重、过长或出声；要注意口腔清洁无异味，不要把唾沫弄到对方脸上、额头上或手背上（见图3-9）。

（4）拥抱礼。拥抱礼与握手礼、亲吻礼有异曲同工之处，即都是通过身体某一部位的接触向对方表示爱意或敬意，从而达到致意、沟通、交流的目的。但因国家的不同、民族性格的差异，拥抱的方式和热烈程度也不尽相同，具体可分为热烈拥抱、拥抱肩头或脸颊、象征性拥抱和礼节性拥抱。在迎宾、祝贺、感谢等场合中，多用礼节性拥抱。所谓礼节性拥抱，即两人相对而立，右臂举起，扶着对方的左后肩，左手搂着对方的右后腰，两人头部及上身先向左互相拥抱、贴面，然后头部及上身转向右拥抱、贴面，再次向左拥抱、贴面，礼毕。这种拥抱虽然十分热情和友好，但属于礼节性的（见图3-10）。

图3-10　拥抱礼

图3-11　握手礼

值得注意的是，并不是所有国家的人都喜欢拥抱，有些国家和民族的人在交往中是不能拥抱的。在印度，人们见面时是绝不拥抱的，男女之间甚至连握手也不行。在芬兰，亲友见面时，别说拥抱，就连靠得太近都不行。日本人不喜欢接触他人身体，所以用鞠躬礼作为见面礼。

（5）握手礼。握手礼是欧美最常见的礼节，在世界许多国家都通行。行礼时距对方约一步，上身稍前倾，伸右手，四指并拢，拇指与之分开，伸向受礼者。行握手礼时，忌讳一脚门里一脚门外地与外人握手，尤其忌讳四人交叉握手。通常不和初次见面的女性握手，行鞠躬礼较妥。和男性握手时，握得越紧表示友情越深，和女性握手时则需轻一些（见图3-11）。

3.当代西方礼仪的变迁和发展

（1）文化的多样性。作为第三代文明，西方从以前的文明，包括最引人注目的古典文明中继承了许多东西。西方从古典文明中得到了很多文化遗产，包括希腊哲学和理性主义、罗马法、拉丁语与基督教。伊斯兰文明和东正教文明也对古典文明有所继承。

全球化进程带来了文化交往范围的扩大。不可否认的是，因为各个国家与民族文化的独特性，他们的很多风俗、礼仪、社会认知是不尽相同的。比如，欧洲人和美国人认为，对成功者而言最不重要的是运气和富有家庭的背景，而人际关系网和教育被他们认为是最重要的因素；中国人与日本人则认为运气、教育和人际关系是成功的三个最重要的因素。在职业操守方面，人们都说南欧人工作是为了生活，而北欧人活着就是为了工作。北欧人一直坚持认为南欧人比较懒散。不同的职业操守是北欧的公司在向阳光明媚、劳动力便宜的南欧发展、扩张时常常遇到的一个文化障碍。

不同国家的潜在社会价值观也不同。北欧人认为南欧人在公共生活中腐败，而南欧人则认为北欧人对家庭的忠诚感已经丧失。对于法律的概念也因国家而异。比如，有人认为法律法规是所有人应当遵守的有关大众与社会利益的约定，而有人则认为法律是自上而下强制执行的显示权威的方式。不管其对象是否同意遵守，多数国家的看法处于这二者之间。

例如在日常活动中，许多西方人认为避免目光直接接触是不诚实的表现。在欧洲人看来，谈判结尾时握手是达成共识的表示，然而其他民族文化背景的人有可能认为这是礼貌的告辞行为。在截止日期前的最后一刻支付账单是某些国家财务经理的标准行为方式，然而在另一些国家这么做则被认为是一种不道德的行为。错过交货日期在有的国家文化中是可以接受的，然而在有些国家则会受到谴责。

对于共识，人们也有不同的看法。有些人注重共识背后的精神，而非逐字逐句的条款，他们会对在情况变化后不愿意变通的伙伴感到不满，而其不愿意变通的伙伴则会认为此人在违约。

（2）国际礼仪的发展。虽然各个国家和民族的礼仪文化各有特点，但现代世界各国都在倡导不同的礼仪文化对话，构建以平等互动、多元共存为基础，以互利共赢、和谐发展为目标，公正合理的国际文化新秩序。国际礼仪开始与经济、政治相交融，越来越显现出其战略性地位，将为世界文化的交流与不同文明的共存作出重要贡献。

构建国际文化新秩序，发展世界礼仪，需要通过不同文化的对话，就一些基本问题达成共识。首先，应该尊重不同文化存在的事实。人类社会的和谐发展取决于健康的文化心态。文化礼仪是一个民族和国家的精神家园，深深地熔铸在民族的生命力、创造力和凝聚力之中。认同、尊重不同文化存在的合法性与合理性，既是对其他民族文化存在的尊重，也是对其他民族文化特色的包容与欣赏。其次，应该建立国际礼仪意识。虽然人类社会已经进入全球化时代，但不可否认的是，各个国家的社会制度与意识形态、经济制度与经济模式的不同依然存在。要实现不同民族和国家之间的互利共赢、构建和谐的国际环境、实现人类和平与发展的共同愿望，就必须超越民族、国家的视野，超越不同社会制度与意识形态的局限，确立一种全球性的文化礼仪意识，不应该片面强调国家利益的排他性、社会制度的差异性与意识形态的对抗性。世界各国在国际合作与竞争中应该取长补短、求同存异、且共同发展。这既是保护各国自身文化的需要，也是各国互利共赢的明智选择。

（3）礼仪在国际交往中的重要作用。当今世界的国际交往，不仅需要国家与政府组织之间的对话与协商，而且越来越多地需要非政府组织之间的沟通与合作。不同组织、不同国家之间要想进行交往与合作，礼仪是不可缺少的元素。在国际交往活动中，懂得、学会一些国际通用礼仪知识是十分必要的。

首先，只有重视礼仪在国际交往中的作用，才能树立良好的国家形象。国家形象是指一个国家在他国人民心中的形象，包括其政府、政治、历史、地理、国民等在他人心目中的形象。一个国家在他国人民心目中形象不好时，其产品就会受到排斥，国家经济利益就会受到影响。因此，树立良好的国家形象是非常重要的。由于语言、文化、历史、信仰、风俗习惯等因素的差异，各个国家的礼仪习俗不同，要想赢得良好的国家形象，就必须了解和掌握国际礼仪。例如，中国有劝酒的礼仪习俗，在一些涉外酒席中，一再劝酒可能会让外国客人难以应付。再比如，如果中国和一个阿拉伯国家有经济贸易往来，就应该先了解该国的礼仪和风俗。例如，上海某集团的女经理为了开展向中东某国的出口业务，潜心研究了该国的风俗礼仪，并且十分尊重阿拉伯国家的习惯，穿上素服，戴上头巾，不露秀发，从而赢得了客户的信任，顺利地打开了市场。在客户应邀来沪谈判时，她又处处注意礼仪，此外还安排客户前往上海的清真寺进行宗教活动。就因为她特别重视国际礼仪，这位客户不但签订了上百万美元的出口合同，而且对中国的印象特别好，双方从此成为长期的合作伙伴。

其次，礼仪的“冷”“热”常常是反映国家与国家之间关系的寒暑表。国际外交公务，如访问、谈判、交涉、发出外交文件、缔结协定、参加国际会议和国际组织以及常驻使节的活动等，其中每个环节都离不开一个“礼”字。而在必要时又可以有意识地通过掌握礼的“冷”或“热”来反映对另一国的态度。比如，握手是人与人见面时最常见的礼节，也是对外交往中最常用的礼节，但它却可以微妙地反映国家与国家之间的关系。

近年来，跨国及跨地区的经贸合作、社会交流已经取得了不少进展，但在人类文化的精神层面上，由于各个利益群体的文化传统与社会发展进程的不同以及社会制度与意识形态的差异，更由于旧的国际文化秩序的存在，话语权掌握在少数发达国家手中，使得现实的文化交流具有极大的不平衡性和不对等性。各个国家都开始在礼仪文化和理念上下功夫，并且进行了多方位的重新整合。对大多数国家来说，要改变以个别国家为价值尺度的国际文化秩序现状，就要融入世界文化的整体格局中，积极参与国际文化事务的管理和国际文化规则的制定；逐渐在这种参与中培养国际礼仪意识、扩大自己的影响，在世界文化舞台上发出自己的声音，进而推进公正、合理的国际交往原则的构建。在这样的国际格局下，每个国家都需要有自己的国际礼仪观，将本国传统文化进行整理和发展，并融入国际交往中。

民族的就是世界的，只有每一个民族的礼仪特征得到充分发展和展示，整个世界才会更加丰富多彩，才会形成和谐的国家交往局面。

第二节　欧洲主要国家的习俗与礼仪

一、欧洲国家礼仪概述

1.欧洲国家语言区的划分

欧洲的国家、民族众多，其分布情况也相当复杂。这也为详细描述欧洲各地的风俗礼仪带来了困难。语言作为文化传播与发展的载体，与文化有着不可割裂的联系，这种联系往往比政治上的国界划分更紧密。有着相同或相近语言的国家或民族往往也具有相近的文化。在欧洲主要存在拉丁语系、日耳曼语系、斯拉夫语系这三大语系。

拉丁语系中包括法语、西班牙语、意大利语、葡萄牙语等。这些语言主要由古罗马帝国使用的拉丁语演化而来，所以比较接近。比利时南部和瑞士部分地区主要使用法语，瑞士还有一部分地区主要使用意大利语和由拉丁语发展而来的罗曼什语。

日耳曼语系主要传承了古代北欧日耳曼部落所使用的语言。其主要成员包括英语、德语、荷兰语、丹麦语、瑞典语、挪威语等。这些语言之间同样有许多类似的地方。比利时北部主要使用荷兰语，瑞士大部分地区和奥地利则使用德语。

斯拉夫语系主要包括俄语、波兰语、捷克语、塞尔维亚语等一些东欧国家使用的语言。

2.欧洲礼仪与中国礼仪的根本差别

除了受前苏联影响比较大的独立国家外（多数东欧国家以及前东德），欧洲多数国家的人际交往都比中国更加直接。欧洲多数国家的人们，在面对面交往时习惯于让目光直接接触，避免目光接触往往被视作不在意、不诚实的表现。这方面和讲究含蓄的交流艺术、常常避免目光直接接触的许多东亚、南亚国家有很大的不同。

以拉丁语系为主要语言的拉丁国家的交流方式比较直接，但在一些不适合直接表达意思的场合（如男女交往等），其交流方式也会比较含蓄。拉丁国家的人与人交往时通常身体间的距离较近。拉丁国家比较看重私人交往，常常公事与私事合而为一，个人关系对公事的决策也能产生相当大的影响。他们时间概念稍弱，家庭观念较强。多数拉丁国家民众的英语水平较低，但这一点在年青一代中大有改善。

在北欧国家，人们的表达方式通常相当直接，中国人则比较习惯于含蓄的间接表达方式。其过于直率的交流方式有时可能会令中国人感到难堪。北欧国家的人与人交往时通常身体间的距离较远。此外，他们讲究规则、公事公办，公私比较分明，注重隐私、注重守时。北欧国家的民众通常可以比较好地使用英语。荷兰、瑞典、挪威、丹麦等北欧国家的人都对炫耀财富持反感态度，以节约为美德，过于慷慨大方的行为会令其感到不安。

二、中欧主要国家的习俗与礼仪

1.德国

（1）生活习俗。德国位于欧洲中部，东接波兰、捷克和斯洛伐克，南连奥地利、瑞士，西临荷兰、比利时、卢森堡、法国，北与丹麦接壤，临北海，隔波罗的海与瑞典相望。德意志人占德国人口的绝大多数，仅有极少数的索布人。德国的首都是柏林，货币为欧元，官方语言是德语。

从总体上说，德意志民族是一个讲究秩序的民族，也是团结、守纪律的民族。他们严肃沉稳，不尚浮夸，勤劳整洁，遵纪守法。有人总结出了德国人的几大特点，它们是：严谨、实在、勤奋、准时、严肃、认真、整洁、守法。他们身上体现出了“人人为我，我为人人”的优良品质。

德国人很喜欢养花，常常将花养在临街的窗口上。

在饮食上，德国人讲究菜肴与酒的搭配，注重菜肴的精致程度，不喜太咸，爱酸甜口味。他们以面食为主，很爱吃蛋糕和巧克力点心；喜欢鸡肉、猪肉、牛肉等肉类。德国人用餐时习惯用刀叉，餐具的使用也很讲究（见图3-12）。用餐时的席位原则是“以右为上”，一般男性要坐在女性和职位较高的男性的左侧。当女士离开饭桌或回来时，男性一定要站起来，以示礼貌。用餐时，应注意身体坐直，且不宜有噘嘴等动作（见图3-13）；喝汤时不能发出声音，一般也不会将餐盘端起（见图3-14）。

图3-12　德国人使用餐具

图3-13　错误的西餐姿势

图3-14　错误的西餐喝汤姿势

在日常穿着上，德国人不注重服饰的花哨、时髦，但注意衣冠的整洁，总体风格以庄重、朴素为主。男士大多爱穿西装、夹克，并喜欢戴呢帽；女士则大多爱穿翻领长衫和色彩、图案淡雅的长裙。出席正式场合时，德国人必须穿戴整齐，衣着多为深色。

德国人认为清扫工是能带来幸福、好运的人，在路上遇到烟囱清扫工，便预示着这天要交好运。德意志民族也是勤劳节俭的民族，在地上捡到一分钱的硬币会被认为将交上好运。

德国的国花是蓝色的矢车菊，象征着德国人爱国、乐观、质朴等特征。他们还十分喜欢白鹳，并视其为国鸟，还把白鹳在屋顶筑巢看成吉祥之兆。

（2）社交礼仪。德国是一个讲究规则和秩序的国家。和其他北欧国家一样，守时在德国是最起码的礼节。见面时的礼仪一般以握手为主。在自我介绍时，介绍自己的姓往往就足够了。在称呼他人时，称呼他们的头衔则非常重要（如××先生、××夫人、××博士等）。与人交流时，手放在口袋里，用食指指着自己的脑袋（表示对方精神有问题）等都是不礼貌的行为。

德国人尊重个人隐私和专业精神，公私分明。在与德国人做生意时，介绍人通常可以发挥很大的作用，常用的介绍人有银行工作人员、工商会工作人员以及受人尊敬的业内资深人士等。此外，在德国办事时务必提前预约。

初次拜访某一组织前，应先附送上自己所在组织的介绍信息，以供对方提前研究、了解，这也是一种尊重对方的行为。

德国是一个极其讲究等级的国家，在举行会议时讲究与会双方应当处于平等的地位。与中国人习惯的随机应变不同，德国人往往力求考虑到问题的各个角度并提前做好准备。因此，为了做好万无一失的计划，其决策速度通常会比较缓慢，而交流过程也显得冗长。德国人的会议之后通常会有商务餐（一般是午餐）。餐后，若你是贵宾，出于德国人的一般礼节，他们不会在你离开之前先离开。

德国人总是会随身携带一样东西，那就是记事本。德国人凡事都记录在本子上，他们的一个习惯性动作就是伸手掏记事本，一个习惯用语就是：请稍候，让我看看记事本。

在送礼方面，德国人不习惯送厚礼，所送礼物大多是价钱不贵但有纪念意义的物品，以此表示慰问、致贺或感谢之情。

德国人主要信奉基督教和罗马天主教，他们忌讳“13”和“星期五”，认为核桃是不祥之物；忌讳四人交叉握手、忌讳打断别人的谈话，认为这些是极其不礼貌的行为；不喜欢蔷薇、菊花，忌讳他人过问自己的年龄、工资、信仰、婚姻状况等私人问题；忌讳在公共场合窃窃私语；对红色以及掺有红色或红黑色的颜色都不感兴趣。

（3）传统节日。德国有丰富多彩的传统节日，据不完全统计，德国大大小小的民间节日有一千多个，平均每天就有三个节日。庆祝的范围小到村镇，大至全国乃至全世界。如全国性的圣诞节、狂欢节、复活节、射手节等；地域性的有慕尼黑啤酒节、巴伐利亚的民族服饰节、行会之间的五朔节、渔民节、牧羊人节、厨师节、葡萄节等。

2.法国

（1）生活习俗。法国的全称为法兰西共和国，现在是法兰西第五共和国，位于欧洲西部。其海外领土包括南美洲和南太平洋的一些地区。主要包括法兰西人、科西嘉人、布列塔尼人。首都在巴黎，官方语言是法语。作为有着丰富文化背景的国家的国民，法国人对自己的语言、文化、历史乃至习俗等有着强烈的自豪感。尊重他们在这方面的感受通常可以有力地增进你与法国人的关系。虽然现在有许多法国人会使用英语，但是一个外国人如果尝试着用一点蹩脚的法语和他们交流，那么就可以得到他们的赞赏。法国人性格浪漫，热爱艺术。

法国人对个人隐私相当尊重。除非有紧急情况，否则最好避免与法国人在休息日谈工作事宜。法国人一方面尊重有专业精神的人，另一方面也欣赏会享受生活的人。他们不鼓励过度工作。

在饮食方面，法国人十分讲究吃，法国人一向以善于吃且精于吃而闻名，法式大餐至今仍名列世界西餐之首。法式菜肴的特点是选料广泛（如蜗牛、鹅肝都是法式菜肴中的美味），加工精细，烹调考究，滋味有浓有淡，品种多样。

法国菜肴的另一个特点就是尤为注重菜品的鲜嫩程度。因此，他们一般都喜欢吃略带生口、极为鲜嫩的美味佳肴。干酪是法国人餐桌上的主要食品之一，他们爱在三明治中夹上干酪或意大利馅，也愿把它当作喝茶的点心。

在穿着上，法国人浪漫爱美，尤其是妇女。对于穿着打扮，她们认为重点在于搭配是否精美得法。在选择发型及手袋、帽子、鞋子、手表、眼镜等饰品时，她们会精挑细选，强调饰品要与自己的着装协调一致。

在颜色上，法国人偏爱蓝色，并视之为忠诚和宁静的代表，对粉红色也较为喜欢，认为其是一种积极向上的色彩，给人以喜悦之感。

此外，法国人还很偏爱公鸡，认为它既有观赏价值和经济价值，还有打鸣报晓的特殊本领，把它看作光明的象征，并视其为国鸟。

（2）社交礼仪。会面时，握手是最常见的礼仪。在亲朋好友间，吻脸礼则更加常见。正式场合及不太熟悉的人之间通常使用姓氏加称谓，私下里以及亲友间则使用名字。大声喧哗、把脚放在桌上等都被认为是不礼貌的行为。

法国人的时间观念很强，他们无论出席什么集会，都习惯准时到达，从不拖延迟到，否则不会被原谅。与法国人交谈时，最好站得近一些，因为他们认为这样才显得更为亲近，也更利于交流和沟通。

法国作为一个典型的资本主义国家，政府在经济等方面起着很大作用。大多法国的公司有着等级分明、权力集中的治理方式，老板通常权力极大。

与法国人见面时，可由第三人介绍，也可以自我介绍。自我介绍时应讲清姓名、身份，或将自己的名片主动送给对方。法国人很重视良好的人际关系。如果被邀请到法国人的家中，就要给女主人送上鲜花或巧克力之类的小礼品。在交谈时要回避个人问题、政治和金钱之类的话题。在其他情况下，初次见面就送礼物会被认为是不善交际，甚至是行为粗鲁的人。

（3）传统节日。除传统西方节日外，法国人还有属于自己的节日。

国庆日为每年的7月14日。1880年议会立法，确定攻克巴士底狱日为国庆日，以纪念法国资产阶级大革命。遗产日是9月的第三个周六和周日。自1984年正式开始，活动最初在9月的第三个周日举办，在当时的文化部部长雅克·朗的推动下，诸多深宫中的历史文化遗产向公众开放，目的是让更多的人了解、热爱进而保护人类历史和文化遗产。遗产日最初的名称为“国家文物开放日”，到1992年，开放时间延长为周六和周日两天。

3.比利时

比利时位于欧洲西部，北靠荷兰，东接德国、卢森堡，南临法国，西隔英吉利海峡与英国相望。首都是布鲁塞尔，货币为欧元。官方语言为荷兰语、法语，弗拉芒人讲荷兰语，瓦隆人讲法语，另有少数日耳曼人讲德语。

（1）生活习俗。比利时人在服饰上比较讲究，喜欢穿质地高贵、色彩柔和的服装，通常是西装笔挺、领带鲜艳。服装款式也多种多样。在发式和首饰上，比利时人也很讲究，男子喜欢较为标准的平头、分头和包头，女子发式种类更多。当地的女子还喜欢佩戴首饰，有的妇女喜戴多种首饰以显示自己的雍容华贵。

比利时人是西方味较浓的民族。他们喜欢说笑并富有幽默感，尽管在正式场合很注意各种礼节，姿态、举止端庄，但表情却不是一副严肃的模样。他们爱打手势语，“ok”手势或竖起拇指是表示赞美之意；“V”形手势是表示胜利和成功之意，常在庆祝胜利和祝贺成功时使用。

比利时人以脾气温和、讲究实际而著称。在比利时，男士尊敬女士，无论是行走还是乘电梯、上车等，都要女士先行；男士要为女士们开门；就餐时，男士征求女士的意见后才入座。比利时人平时以西餐为主，习惯使用刀叉，餐桌上常摆放调味品，一般偏爱土豆和淡菜。传统菜肴主要有海灰虾配番茄、芦笋、布拉帮式的野鸡、根特的鸡汤、比利时干酪屑和烤苣菜等。据说，啤酒是比利时修道院发明的饮料，现在有300多种，五颜六色，让人胃口大开。此外，当地人还喜欢在品尝啤酒时加一块干酪，吃法独特。

比利时人非常喜爱虞美人花，因其色彩缤纷、观赏价值比较高，被人们尊为国花。

（2）社交礼仪。比利时人在社交场合与客人相见时，多使用握手礼，亲吻礼、拥抱礼也很盛行。比利时人相见时一般使用先生、女士、夫人和小姐等称呼。在社交场合，见面与告别时按照惯例应与在场的人一一握手。准时赴约在比利时是非常重要的。在交谈中，要避免谈到隐私以及有关政治、当地语言上的差别和宗教等问题。

（3）传统节日。比利时多市集和地方性节日，全国各地每三天必有一个市集、一个节日或一个嘉年华会。其余同西方传统节日。

4.卢森堡

卢森堡是现今欧洲大陆仅存的大公国，位于欧洲西北部，东邻德国，南毗法国，西部和北部与比利时接壤。由于其地形多样，在历史上又处于德法要道，地势险要，一直是西欧重要的军事要塞，有“北方直布罗陀”的称号。卢森堡曾是工业国家，现在则是全球最大的金融中心之一，它也是欧元区内最重要的私人银行中心及仅次于美国的全球第二大投资信托中心。卢森堡的金融和服务业发达，许多跨国银行和大公司都在此设有分支机构。

作为夹在大国之间的小国家，卢森堡有自己的语言——卢森堡语，国民多可熟练使用法语、德语和英语。

大量来自欧洲其他国家的人在此工作。在受到多种文化影响的同时，卢森堡本地居民对自己的身份有着强烈的自豪感。在卢森堡，邮寄旧服装时需缴纳关税。邮寄旧服装时，如果收件人拒收，是不能退回原处的，因此要注明替代收件人及其地址。金、银首饰和贵重物品邮寄时需要买保险。按卢森堡规定，禁止邮寄包括未署名及未标明出版者的小册子、气枪、匕首、内藏剑的手杖、装有弹药的手杖、秘密防卫武器、糖精及类似甜味剂。

（1）生活习俗。卢森堡人虽然传统，但并不守旧，也不像德国人或瑞士人那么古板。卢森堡人对工作早餐有特殊的偏爱，喜欢边吃边聊；午餐时间通常很长，切记不可让谈判话题打扰了对美味佳肴的享受。而在晚餐时，假如客人对产自摩泽尔网谷的卢森堡白葡萄酒加以赞赏的话，卢森堡人会感到心情愉悦。假如卢森堡人邀请你去他家共进晚餐，给女主人带去一束鲜花或者一盒糖果则是应有的礼节。

卢森堡人喜欢握手，人们在见面时握手，离去时也要握手。卢森堡的国鸟是戴菊，它性格活泼，是一种很好的观赏鸟。在卢森堡不要送菊花，对卢森堡人来说，菊花意味着死亡。

卢森堡也是购物天堂，纪念品商店里对游客最有吸引力的是洋娃娃。

（2）传统节日。卢森堡的节日中除了大多数西方传统节日外，还有卢森堡新年、五一劳动节等。另外，还有一个圣神降临节，在降临节到来之际，人们都会做好充分的准备，让自己的心灵洁净，以此来等待新的耶稣的诞生，所以这个节日对卢森堡人来说是一个很特殊且很重要的日子。

三、南欧主要国家的习俗与礼仪

1.意大利

（1）生活习俗。意大利位于欧洲南部，包括亚平宁半岛及西西里岛、撒丁岛等岛屿。北与法国、瑞士、奥地利、南斯拉夫接壤，东、西、南三面临亚得里亚海和地中海。首都是罗马，货币为欧元，官方语言是意大利语。

作为曾经统治了整个地中海沿岸地区的罗马帝国人的后代，意大利人对于自己所继承的文化、历史等方面的遗产有很强的自豪感。作为有代表性的拉丁国家，个人关系在意大利发挥着非常重要的作用。个人间的口头承诺往往胜过书面合同。

提起文明古国意大利，人们立刻会联想到历史上显赫一时的古罗马帝国、于公元79年毁于维苏威火山大爆发的庞贝古城、闻名于世的比萨斜塔、文艺复兴的发祥地佛罗伦萨、风光旖旎的水城威尼斯、名列世界中古七大奇迹的古罗马竞技场……庞贝古城遗址是由联合国教科文组织批准的世界遗产之一。公元79年，庞贝古城在附近的维苏威火山喷发后被淹没，后由意大利考古学家挖掘，人们可以从庞贝古城遗址看出古罗马时代的社会生活。

公元14—15世纪，意大利文艺空前繁荣，成为欧洲文艺复兴运动的发源地，但丁、达·芬奇、米开朗基罗、拉斐尔、伽利略等文化与科学巨匠对人类文化的进步作出了巨大贡献。如今，在意大利各地都能见到精心保存下来的古罗马时代的宏伟建筑和文艺复兴时代的绘画、雕刻等（见图3-15）。

与同为拉丁国家的西班牙一样，意大利大部分地区（一般而言主要是南部）习惯于平时有较长的午休时间，注重生活质量，下班时间与晚饭时间也较晚。另外，意大利北部地区的人们相对而言工作更加努力，在守时方面也做得更好一些。

在文化上，对家庭忠诚是意大利社会的通行准则。意大利往往被认为是全欧洲最重视家庭的国家。不少意大利的中小型公司实际上都是家族公司。意大利人注重人与人之间的面对面交往和口头沟通，而多忽视书面交流。因此，电话与面谈所能达成的交流效果远远超过电子邮件、书信等书面交流方式。

意大利人崇尚婚姻自由，却有一大堆迷信的说法，如：坐在桌角的人永远结不了婚；喝瓶中最后一滴酒或是吃最后一个小点心的人，在当年内会结婚；不在星期二和星期五结婚；结婚当天，新郎的母亲会送一件金首饰给儿媳妇；婚礼之后，新婚夫妇会送杏仁糖给宾客，但只能是单数。

图3-15　意大利佛罗伦萨君主广场雕塑

此外，当地人喜爱绿、蓝、黄三色：视绿色为春天的色彩；认为蓝色会给人带来吉祥；黄色常用于美神及婚礼服装上。他们还偏爱雏菊，认为其象征着意大利人民的君子风度和天真烂漫。

（2）社交礼仪。意大利人见面时，大多行握手礼，常见的朋友之间多招手示意。意大利的格瑟兹诺人，遇见朋友时则习惯把帽檐拉低，以此表示对朋友的尊敬。与宾客见面时，他们会热情地向客人问好，并面带笑容地以“您”来称呼客人，也喜欢客人用头衔称呼他们。

约会时，他们习惯比约定的时间晚到一会儿，认为这样能体现风度。他们在官方场合一般衣着整齐、举止端庄，平时也极爱打扮自己，且在服饰上喜欢标新立异。他们说话时心直口快，谈问题时从不拐弯抹角或耍心计，一般都是直人直出、开诚布公。在商业活动中，交换礼品是很普通的礼节；在与客人闲谈时，不喜欢议论有关政治、美国橄榄球等话题，应以英式足球、家庭事务、商业和地方新闻为主。

此外，如果当地人一再邀请你吃午饭或晚饭，不得拒绝，否则会被认为没礼貌；如果主人是在家里请客吃饭，应该带去葡萄酒、鲜花或巧克力，且送花要送单数或一打。意大利的传统食物是通心粉和比萨饼。

意大利人忌讳“13”和“星期五”；不喜菊花，认为那是用于葬礼的花；忌以手帕为礼物送人，认为手帕是擦泪水用的，是一种令人悲伤的东西；忌讳别人盯视他们。

（3）传统节日。意大利节日之多，在欧洲国家中首屈一指。大部分是宗教及民间传统节日。主要节日有主显节（1月6日）、狂欢节（复活节前40天）、复活节（3月22日至4月25日之间）、解放日（4月25日）、国庆节（6月2日）、八月节（8月15日）、万圣节（11月1日）、圣诞节（12月25日）等。

2.西班牙

（1）生活习俗。西班牙位于欧洲南部的伊比利亚半岛上，北濒比斯开湾，西临葡萄牙，南隔直布罗陀海峡与非洲的摩洛哥相望，东南和南面临地中海，东北与法国、安道尔接壤。首都是马德里，官方语言是西班牙语。

西班牙的大部地区由于气候炎热，作息时间一般都偏晚。通常上午上班时间会在10点钟左右，下班时间可以迟到晚上七八点。午餐时间一般在下午一点半以后，餐后都有午休时间，晚餐有时在晚上九点钟以后开始，经常要到半夜才结束。西班牙各地的作息时间有一点差别，但一般的规律是越炎热、纬度越低的地区作息时间越晚。在时间观念方面，西班牙人约会迟到是常有的事情。虽然这几年随着全球化的影响，这方面已经大有改善（特别是在年轻人中间），但邀请西班牙人赴约时，还是要做好他们不能准时到达的准备。

西班牙人的个性热情大方，一般情况下即使是外国人，也可以在较短的时间内与西班牙当地人建立友谊。日常交流时在公共场合大声喧哗的现象比较普遍。同时，西班牙人也比较好面子，生意和公事往往也建立在个人关系的基础上。

（2）社交礼仪。西班牙人见面时的礼仪包括握手、拥抱、吻脸礼（通常为双方脸颊接触一到数次，接触时亲吻空气）等。除了握手适用于与不太熟悉的人初次见面之外，亲朋好友间以及女性间使用其他两种礼仪的现象比较普遍。西班牙人通常对自己出生的地区认同感最强，其次才是认同自己西班牙人的身份。直布罗陀曾经是西班牙的领土，18世纪起被英国占领，直到今天西班牙也一直宣称对该地拥有主权。因此，与西班牙人交谈时最好避开这个问题。在西班牙，如果应邀去赴宴，可以带些鲜花，但要注意不要带大丽花和菊花，因为在当地它们是死亡的象征；也可以选各式点心、蛋糕和巧克力作为礼物。如果自己收到礼物，礼貌的做法是马上打开包装。

与西班牙人交谈的内容可以包括政治，但不要拿西班牙与别国做政治方面的比较，还可以谈体育运动和旅行，但不要议论宗教、家庭和职业，也不要对斗牛有所非议，因为斗牛在西班牙不是一种运动，而是一种艺术。绝大多数西班牙人都信奉罗马天主教，其他宗教有新教和犹太教。

（3）传统节日。西班牙节日众多，除全国性节日和西方宗教节日以外，每个自治区、省、城镇都有自己的守护神节。富有民族风格的节日有狂欢节、瓦伦西亚的法亚节（火节）、圣周、塞维利亚的四月节、马德里的圣伊西德罗节（又称斗牛节）、圣体节、潘普罗那市的奔牛节、圣地亚哥节、西红柿节、圣皮拉尔节等。

四、北欧主要国家的习俗与礼仪

1.丹麦

（1）生活习俗。丹麦位于欧洲北部波罗的海至北海的出口处，西临北海，东濒波罗的海，北和东北隔海与瑞典、挪威相望，南接德国。首都为哥本哈根，货币为丹麦克朗，官方语言为丹麦语。

丹麦气候寒冷，大地是一个天然的冷冻箱，肉类不易腐败，可以拿来生吃，所以丹麦最有名的菜就是将生牛肉剁成泥，上面放一个生蛋黄并与肉搅匀，之后用汤匙挖下来一口一口吃掉，这道菜叫“魔鬼太阳”，价格不菲。丹麦人喜食面包，尤其喜欢在面包、蛋糕中夹上熏肉片、西红柿片、肝泥酱、水萝卜片等。

丹麦人天性乐观、注重仪表、讲究穿着，善于结交异国朋友。酒被丹麦人看作“生命之水”，招待客人时酒水必不可少，如果客人不喝酒，他们会感觉无法接受；而且会在客人的低度酒里添加烈性酒，以示他们的诚心实意。所以，在丹麦，敬酒是一种礼仪文化，但是客人不应该先敬酒，要等主人、长辈或职位高的人敬酒之后才能敬酒。另外，主人说“请”之前，任何人不应碰酒杯。

此外，丹麦人很崇拜美人鱼，并为拥有美人鱼而感到自豪和骄傲；他们最爱美丽的云雀鸟，认为它给人民带来了美好和吉祥，故丹麦人誉之为国鸟；他们还对鸭子有特殊情感，在一些大城市，无论汽车还是行人，遇到鸭群时都会让鸭子先通过。

（2）社交礼仪。丹麦人在社交场合与客人相见时，一般都以握手为礼。丹麦的女人与有身份的男子见面时，要一边轻轻将身上的长裙提起，一边行屈膝礼。交谈时，丹麦人通常会离对方比较远，一般以1.2米左右为宜。而且他们的守时观念很强，约会时习惯准时到达。

丹麦人与其他北欧国家的人一样，通常表达意见的方式比较直白。由于本国社会发展模式比较成功，丹麦人在对外国人表示友好的同时，接受来自其他国家的新思想往往较慢。在工作场合，人们的职业素质普遍相当高。不过与其他北欧国家一样，同事之间的私下往来较少。在组织内部，领导往往注重倾听每个下属的意见，上下等级不分明，领导实际上更多是起到“职业教练”的作用。

在丹麦商界宴会上，出席者必须穿宴会小礼服，并系黑领结。在宴会上，贵宾将被安排在女主人的左边就座。贵宾在进餐后应举杯向女主人致谢，用恰如其分的辞藻赞美她所准备的精美菜肴。一般饭后过早告别是不礼貌的。如果是被邀请去主人家里赴宴，最好带一束鲜花去。

丹麦的冬季漫长，因此人们特别喜欢夏天，也非常珍惜七月、八月这两个月的时间，一般在这段时间不会安排繁忙的业务活动，他们也不希望在这段时间里被打扰。

丹麦人大多信奉新教福音信义会，此教会也是丹麦的国教会。但没人忌讳“13”和“星期五”；丹麦人忌讳用一根火柴同时给三个人点烟，认为这样是很不吉利的；忌讳盐，认为盐会给人带来灾祸；忌讳四人交叉握手，认为这样是不吉利和有伤和气的。

（3）传统节日。除西方统一宗教节日外，4月16日是国庆日，庆祝女王玛格丽特二世的生日；6月5日是宪法日，纪念菲德烈七世国王颁布了丹麦的第一部宪法；6月15日是国旗日，丹麦国旗日是世界上最古老的国旗纪念日，被称为“丹麦人的力量”。

2.荷兰

（1）生活习俗。荷兰位于欧洲西部，东临德国，南接比利时，北、西濒北海。首都为阿姆斯特丹，货币为欧元，官方语言是荷兰语。

和其他北欧国家一样，荷兰是讲究平等的国家。荷兰人总体上比较强调务实和低调，炫耀财富以及夸夸其谈的做法容易招致他们的反感。另外，作为曾经的“海上马车夫”，由于国土狭小而交通便利，以商业贸易立国的荷兰可谓是全欧洲最有灵活性的国家，许多荷兰人都有大量的和外国人打交道的经验。比如，荷兰是整个欧洲第一个将贿赂列入公司合法的海外开支的国家。

荷兰人在饮食上讲究菜肴嫩滑清爽，注重菜多、量足、质高，不喜太咸，爱甜、酸味道，喜欢用煎、炸、烧、炒等烹调方法制作的菜肴。当地人一般习惯于每天吃一顿热饭，农民一般中午吃，其他家庭则把热饭安排在黄昏，饭前人们还要喝上一杯冰镇的酒。

风车是荷兰人眼中的国宝，是他们排水、磨面和锯木的工具，又是具有观赏价值的特殊工艺品，还是他们用以传递各种不同信息和情感的特殊机械。

荷兰人还酷爱鲜花，在宴会上更要摆设鲜花，他们的国家也因此有了“花园之国”的美称。无论在城镇还是街头，到处可见各种艳丽多姿的鲜花。他们最爱郁金香，并称其为国花。

（2）社交礼仪。荷兰人对于守时也是非常看重的，在不能准时赴约时最好电话联系以说明原因。与人会面时，与每个人握手是一般的礼仪。如没有他人介绍时，不向第一次见面的人做自我介绍是不礼貌的行为。荷兰有一种奇特的亲吻礼，即三次亲吻礼：行礼的双方要在对方的左右脸颊上亲吻三次，这样礼才算完结。

在称呼上，正式信函来往中要用头衔称呼，在其他情况下可以不拘形式。

在正式就餐场合，男士应当等到女士全部入座后再就座。谈话时，荷兰人喜欢客人夸赞自己的家具、艺术品、地毯和家中的其他摆设。若客人当面夸几句，他们会格外高兴。

送鲜花、巧克力等礼物是当地习俗，不要把其他食品作为礼物。礼物都要精心包装，新颖别致的礼物最受欢迎。

（3）传统节日。除传统西方宗教节日外，还有荷兰女王节、马斯垂克嘉年华、同性恋节、夏之灯节等。

3.挪威

（1）生活习俗。“挪威”一词大约是在公元9世纪时出现的，意为“通往北方之路”“北方航道”。挪威位于北欧斯堪的纳维亚半岛西部，西濒挪威海，东临瑞典，南隔斯卡格拉海峡与丹麦相望，北靠芬兰和俄罗斯联邦。首都是奥斯陆，货币为克朗，官方语言是挪威语。

挪威人的饮食以西餐为主，惯用刀叉作餐具，平时多喜欢吃海鲜、肉肠、熏鱼、酸菜及各种乳制品。马铃薯是挪威人的主食，由于海产品丰富，所以鱼类成为主要副食。他们在饮食上讲究菜肴的香、脆，注重菜肴的质量，一般口味不太咸，偏爱酸、甜味，偏爱用烤、炸、煎等烹调方法制作的菜肴。

挪威人以好客著称。只要客人光临，他们总是以满腔的热情来招待客人，让客人高兴、满意。

在服饰礼仪方面，挪威女子喜欢将紧身上衣和裙子相搭配，有些地区的女子则喜爱折叠式的超短裙。她们的头饰很简单。已婚的妇女习惯把头发束起；未婚女子则戴一顶小帽或无边帽，帽带系在下巴处，或在头发上扎根彩带。

挪威人喜欢红色、绿色和蓝色。人们认为红色给人以温暖的感觉，绿色象征着吉祥，蓝色象征着美好。挪威的国花是石南花。他们最爱的鸟是河乌，认为河乌象征着人间的自由，并给人们带来了欢乐，因此誉之为国鸟。

（2）社交礼仪。挪威人在社交场合与客人见面时，惯以握手为礼；朋友间相见常以拥抱为礼；女子间相见常以贴面颊为礼。

挪威文化强调公私分明。在强调职业道德的同时发展个人友谊，哪怕是在本国人之间，通常也是一个缓慢的过程。很多情况下，同事私下不往来。另外，在挪威文化中，人与人之间的交流也相当简单直白。在社会组织决策中，强调人人参与以达成共识，没有明显的等级划分。在公共场合，人们交谈时轻声细语，大声喧哗是不礼貌的行为。

因为挪威的光照时间很短，一年中只有七月、八月为享受阳光的黄金季节。因此，外国人不宜在复活节期间出于商业目的到挪威去旅行。

如果应邀去挪威人家里做客，可将鲜花、巧克力之类的小礼品送给女主人。和挪威人交谈时，要避开诸如职业、工薪和社会地位等个人问题，恰当的话题有业余爱好、体育运动和旅行等。

（3）传统节日。主要是西方传统宗教节日。

4.瑞典

（1）生活习俗。瑞典位于北欧斯堪的纳维亚半岛东半部，西和西北部与挪威接壤，东北靠芬兰，东靠波的尼亚湾，西南临北海。瑞典境内主要为瑞典人、芬兰人、拉普人，其他侨民极少。

瑞典是一个没有明显社会等级，强调平均主义的典型北欧国家。其公开透明的政府是许多国家学习的榜样。自1766年以来，政府的文件存档可供所有人自由查阅。国民也非常强调公私分明，职业操守强。同事往往在私下没有什么交往。因此，许多在瑞典工作的外国人，尤其是来自拉丁国家的人往往觉得瑞典人缺乏热情。他们不喜欢在下午进行社交活动，一般习惯在下午2—5点之间休息，晚上10点之后至次日凌晨才展开活动。

在饮食方面，瑞典人喜欢味道浓厚的汤菜，偏爱甜、辣的味道，喜欢用拌、炒、烧、烤、炸等烹调方法制作的菜肴。主食以面食为主，副食方面爱吃猪肉、火腿、牛肉等。

在穿着方面，瑞典男子的传统服装是上半身穿短袖上衣和背心，下身穿紧身裤子；少女一般不戴帽子，已婚的妇女则戴样式不一的包头帽。在正式场合，男士一般是西装革履，加上一件长外套；女士一般是西服上衣配短裙，或穿低胸露肩的长裙。特别要注意的是，在晚宴上，男士除了要穿正装外，还一定要打黑色领结。

（2）社交礼仪。在社交礼仪方面，当地人访亲会友时，总愿带一束鲜花或一盒巧克力，他们认为这是一种必要的礼节。宾客相见时，一般以握手为礼，也施接吻礼，但很少见。一般在与客人交谈时，他们都不爱距离过近，一米左右比较合适。谈话时他们有个比较特殊的习惯，就是总喜欢对视，认为这既显得重视对方，又能表现出双方的亲密。

在宴请宾客时，瑞典人敬酒也有一定的规矩。一般情况下，客人要等主人、年长者或职位高的人敬酒之后才能敬酒；在主人说“请”之前不能碰杯等。餐毕后，客人最好在离桌之前向主人表示感谢，并在次日打电话再次表示谢意，否则便会被瑞典人认为是缺乏礼貌。

在禁忌方面，绝大多数瑞典人信奉新教，忌讳陌生人询问他们的政治倾向、家庭经济情况、年龄、宗教信仰、行为取向等问题；瑞典是个半禁酒的国家，所以酒是不可作为礼物送人的；忌讳“13”；特别忌讳黄色系、蓝色系的颜色；忌讳有人在众人面前擤鼻涕或抠鼻孔，认为这是不体面和不道德的行为。

（3）传统节日。除传统西方宗教节日外，还有龙虾甜饼节、夏至、沃尔帕吉斯之夜等节日。

五、东欧主要国家的习俗与礼仪

1.俄罗斯

（1）生活习俗。俄罗斯联邦位于欧洲东部和亚洲北部，北临北冰洋，南接阿塞拜疆、哈萨克斯坦、蒙古、中国，西靠爱沙尼亚、拉脱维亚、白俄罗斯、乌克兰、格鲁吉亚及黑海，东濒太平洋。俄罗斯是从其民族名称“罗斯人”演化而来的，汉译名“俄罗斯”是通过蒙古语转译过来的。“俄罗斯苏维埃联邦社会主义共和国”于1917年11月7日宣布成立；1922年12月30日加入苏联；1991年12月8日宣布建立独立国家联合体，并宣布1922年的苏联联盟条约对他们不再适用，并将国名改为“俄罗斯联邦”。

俄罗斯人的饮食以俄式西餐为主，大多使用刀叉用餐，也有个别人习惯吃手抓饭。当地人乐于品尝不同风味的菜肴，对中餐极为欣赏，而且喜欢将菜做得熟透或酥烂。菜汤加稀粥是俄罗斯人餐桌上必不可少的食物，另外，菜肴、小吃、饮料也丰富多样。俄罗斯人的主食普遍为面食；肉类偏爱牛肉；蔬菜最爱白菜、蘑菇；饮料最爱格瓦斯；酒类最爱伏特加。

俄罗斯人热情好客，喜欢用盐招待客人，常用面包夹盐待客，以示热情和礼貌。他们的面包是黑麦面包，即“列巴”。在待客礼仪方面，俄罗斯人热情实在，不论家境贫富、烹饪技艺高低，都像谚语所说的那样“炉子里有啥，往桌子上端啥”。而且他们待客礼数周到，一般提前一周预约。熟客进门先握手拥抱，再换上舒适的毛毡拖鞋。餐桌上必铺桌布，并备有餐巾、刀叉、瓷盘等，一定擦得无半点水渍。席间频频祝酒，因为他们不说祝酒词是不端酒杯的。而且，千万别忘了为女主人祝酒，俄罗斯男人是不下厨房的，为了请客，女主人也许已忙了一两天了。

在用餐礼仪方面，其实俄罗斯原先的餐具是很简单的，右手握一把大木勺，左手拿一大片面包兼作餐盘。从西欧传来的杯盘刀叉，最早是在19世纪才进入俄国普通家庭的。早先农家吃饭，通常是家长坐在长餐桌的一端；主妇端上一大盆白菜汤和加黄油的燕麦粥放在中间，然后坐在长桌另一端；老人和子女则坐在长桌两旁。每个人舀汤后用面包接着送到口中。只有一家之主舀汤后，其余的家庭成员才可轮流动手，要是有孩子“越位”或是连舀两汤匙，父亲就会用木勺在他脑门敲一下，以示警告。

在服饰方面，俄罗斯人大多讲究仪表，注重服饰。传统习俗是已婚妇女必须戴头巾，并以白色为主；未婚姑娘则不戴头巾，但常戴帽子。在城市中，目前俄罗斯人多穿西装或套裙，俄罗斯妇女往往还要穿一条连衣裙。

一般来说，俄罗斯人都偏爱“7”，认为“7”预示着事情会成功，可以给人们带来幸福；普遍偏爱红色，视之为美丽和吉祥的象征；很讲究餐桌陈设的艺术性，认为美好的餐台设计会给人带来愉快的心情，并能增进食欲。

此外，他们对马怀有特殊的感情，认为其能驱邪，会给人带来好运，故有不少农民非常喜欢把马头形的木雕钉在屋脊上，以求吉祥和四季平安。在俄罗斯，向日葵被视为“光明的象征”，最受人们的喜爱，被称为“太阳花”，并被定为国花。

（2）社交礼仪。俄罗斯人在社交场合与客人见面时，一般习惯施握手礼，同时报出自己的姓名。朋友之间见面问候时常施拥抱礼和吻礼。对不同人员、在不同场合，所施的吻礼也有一定的区别：一般朋友之间，或长辈与晚辈之间，以吻面颊者为多，不过吻额更能体现亲切和慈爱；男士对特别尊敬的已婚女子，一般多施吻手礼，以示谦恭和崇敬之意；吻唇礼一般只适合夫妇或情侣。

在俄罗斯，人们的时间观念很强，总习惯准时赴约。外出时，俄罗斯人总是衣冠楚楚，衣扣要扣得完整，衣服要整洁。

应邀去俄罗斯人家里做客时可带上鲜花或烈性酒，送艺术品或图书也很受欢迎。其中女主人喜欢单数的鲜花；男主人则喜欢高茎、艳丽的大花。

此外，俄罗斯还有非常多的社交禁忌：不能隔着门槛握手；不能提前祝贺生日；不要提前祝贺孕妇生孩子；不要送刀；不要送手绢；不要送空钱包；不要当着别人的面抽烟；不要撅着臀部捡东西；不要劝酒；不要拒绝跳舞；不要用手指点对方；妇女不戴头巾不要进教堂；不要热烈地过40岁生日等。

俄罗斯联邦的主要宗教有俄罗斯正教、伊斯兰教、天主教、新教、犹太教和佛教。他们对盐十分崇拜，认为盐具有驱邪除灾的力量，并视盐为珍宝和祭祀用的贡品。如果有人不慎打翻了盐罐，或是将盐撒在地上，便认为是家庭不和的预兆。为了摆脱凶兆，他们总习惯将打翻在地的盐拾起来，撒在自己头上。

此外，他们认为用左手握手或传递东西都属于失礼行为；忌讳“13”；对兔子的印象很坏，认为其是一种怯弱的动物，若从自己眼前跑过，那是一种不祥的兆头；忌讳黑色，认为是丧葬的代表色，尤其厌恶黑猫。

（3）传统节日。除传统宗教节日外，还有俄罗斯建军节、妇女节、劳动节、胜利节、诗歌节、三圣节等。

2.波兰

（1）生活习俗。波兰位于欧洲中部，北濒波罗的海，东、南、西三面同白俄罗斯、立陶宛、捷克、斯洛伐克、德国为邻。“波兰”一词源于斯拉夫语，为“平原”之意，因波兰地形多为平原而得名。

此外，波兰具有东欧风情，在21世纪初的几年里，波兰在欧洲的重要性不上升，甚至有望成为欧盟四巨头之一。

由于受宗教的影响，波兰人无论是老年、中年还是青年，甚至连小孩，都习惯于佩挂“十字架”，如项链、胸徽等。

在婚礼习俗方面，波兰北部地区的卡舒布人至今仍保持着传统的婚俗特色。其中，最有趣的就是“系衣服扣”和“找蛋糕”的游戏。前者就是比穿衣服的速度，即参加游戏的人脱去外衣，待主持人宣布开始后纷纷抓起外衣穿上，不但要快，还要穿戴整齐；后者则是在来宾中随意找一个人，让其蒙上双眼后，在众人的鼓掌声中在屋子里找被藏起来的蛋糕，而且只能用舌头去寻找，周围的人也不能给他提示，他更不能用手摸桌子上的东西。这个游戏的寓意是新郎、新娘终于品尝到了甜蜜的爱情。一般来说，婚宴会持续到凌晨两点，这时厨师会准备好婚宴的最后一道热菜——波兰最有名的红菜汤和牛肚汤。汤上来后，大家会一起喝热汤，一边尽情欢歌，一边等待着新一天的到来。这预示着这个年轻的家庭既有爱情，也有责任。

在饮食方面，由于坎坷的历史和商人、僧侣等的特殊饮食习惯，波兰人的饮食十分丰富。当地人通常注重菜肴的量和质，喜欢口味重的菜肴，不喜太咸，偏爱微辣，喜欢用煎、炸、烧、卤等烹调方法制作的菜肴。主食以面食为主，爱吃清汤饺子、米饭等，也喜欢吃用奶油做的蛋糕和西饼等点心；爱吃鱼、鸡、鸭、牛肉、羊肉、猪肉、蛋类等，喜欢黄瓜、西红柿、豌豆、菜花、土豆、白菜等蔬菜。波兰人日常用餐以西餐为主，吃饭时喜欢先喝汤，而且汤的种类也很多，如甜菜汤、高丽菜汤、大麦汤等，还有在大麦汤中加上蛋和香肠的吃法。其中“巴扎斯”是一种红菜头汤，很受波兰人喜爱。此外，他们还有一个独特的分菜习惯：凡是碰到吃整只鸡、鸭、鹅时，总愿意让餐桌旁最年轻的女主人动手分割，并一一送到客人的盘里，然后大家一起吃。

波兰人送鲜花讲究送单数，花束由一种花组成被认为是雅致的。他们还赋予不同的花以不同的含义，借以传达他们不同的感情：玫瑰花为“爱情”的象征；石竹花含有“机智”和“快乐”之意；兰花是“激情之花”；菊花是“墓地之花”。波兰的国花是三色堇，寓意欢乐和幸福。

（2）社交礼仪。波兰人举止优雅、语言文明、彬彬有礼。同外人打交道时，波兰人对称呼极为重视。对于男士，波兰人称“潘”（先生）；对于妇女，他们则非称“帕那”或“帕妮”（女士）不可。在社交场合问候他人时，波兰人肯定会对对方以“您”相称。波兰人假如以“你”称呼对方，则多半意味着双方关系十分密切或彼此已相交多时。按照波兰人的习惯，任何人在交际场合被介绍给他人之后，必须主动同对方握手，同时要报上自己的姓名，不然即被视为失礼。

在波兰，最常用的见面礼节有握手礼和拥抱礼。在日常生活中，吻手礼亦十分盛行。在通常情况下，吻手礼的行礼对象应为已婚妇女，行礼的最佳地点为室内。在行礼时，男士宜双手捧起女士的手并在其指尖或手背上象征性地轻吻一下。而且要在女士先伸手且手作下垂式时，才可将该女士的手轻轻置于手中并吻之，但嘴不可过于接近女士的手。波兰人不喜欢别人用手拍自己的背、用手指人或背朝他人站立，厌恶在公共场所大声喧哗、吵闹等行为。

与波兰人交往时，要特别注意四个问题：第一，波兰人的民族自尊心极强，与其交谈时若提及波兰的伟人及其对世界文明的贡献则最令波兰人开怀；第二，波兰人很介意待人的礼数，尤其是去拜访时应事先约好，见面时要打招呼问候；第三，波兰人喜欢动物，其中最喜欢被定为国鸟的白鹰；第四，要注意对方的宗教习俗。

如果要拜访波兰人，即使是短暂的拜访，按惯例也要给女主人送鲜花，而且只能送单数且不能送表示爱情的红玫瑰。交给女主人时必须用包装纸包好。

波兰人喜饮烈酒。在商业聚会或其他场合，人们大多会饮用上等白兰地，而且无论是正式的还是非正式的晚宴，都要祝酒。

和波兰人聊天，最恰当的话题是文化历史、家庭生活及日常活动等。

如今的波兰人特别珍惜其悠久而辉煌的宗教文化传统。总体上，波兰是今日欧洲仍然对宗教保持相当虔诚的态度的国家，境内大小教堂林立，宗教气氛浓郁，每周去教堂做弥撒仍是大多数居民重要的生活内容。

（3）传统节日。同西欧各国传统宗教节日。

第三节　北美洲主要国家的习俗与礼仪

一、美国

1.本土文化和习俗

美国是美利坚合众国的简称，位于北美大陆，东临大西洋，西临太平洋，北接加拿大，南靠墨西哥湾，所属阿拉斯加州位于北美洲西半部，夏威夷州位于太平洋北部。美国分为50个州和1个直属区，州以下设县。首都是华盛顿，货币为美元，官方语言为英语。

美国是一个由来自世界各地的不同民族的移民组成的国家。美国的原住民是印第安人，现在大部分的印第安人已经不在部落里居住了，但是还有一部分区域是划归这些民族部落的，有些部落甚至还有族长。印第安人有自己的婚礼习俗，他们把香烟作为供奉天神的祭品，在婚礼上，新娘要手拿一把香烟，以示虔诚；婚礼结束后，则要把香烟丢弃，以示此后不再结交男朋友。此外，他们还把香烟视为怀孕的象征，女性怀孕后，就会把香烟摆在醒目的地方。而夏威夷人的婚礼则浪漫得多，并且和浩瀚的大海息息相关，散发着浓郁的海洋气息。每当新人举行婚礼时，人们便一起来到海边，载歌载舞，欢庆一番。接着，新郎和新娘各自被双方挑选出的健壮小伙和标致姑娘抛进蔚蓝色的大海。于是，新郎和新娘一起挥臂斩浪，游向事先准备好的一只小船，然后爬上船，向岸上的亲友们躬身致谢和道别。随后，婚礼在依依惜别中结束，小船则载着新婚夫妇驶向度蜜月的地方。

随着西方殖民者的入侵，美国迎来了大量的欧洲移民，这些移民说的英语不像英国人那样具有较强的阶层性与地域多样性。他们形成了相似的生活习惯与礼节，城乡居民的差别也不像其他国家那样明显。

美国社会虽然竞争性强，且存在着种族歧视，但它在同化来自不同民族的移民方面又表现出相当大的弹性与包容性，因而形成了全新的整体文化与共同的民族意识，使美国成为“一个由多民族组成的国家”。美国人的人生观是建立在个人奋斗、自我管束与竞争精神之上的。

2.现代礼仪

美国移民众多，除了白人之外，在美国还能看到很多其他肤色的公民。在美国，各种非美国法定节日是不会放假的，比如中国的春节、墨西哥的死亡日等。但是，特定团体的人，比如中国人、墨西哥人是会单独庆祝这些节日的。

美国人很讲礼貌，在公共场所就座时，一般都让长者和妇女坐在右边，走路时亦然。美国人也非常好客，为了表示对客人的友好，使客人不拘束，美国人乐于在自己家里宴请客人，不习惯在餐馆请客。

美国人性格外向、热情直爽、不拘礼节，这从他们的家宴中可见一斑。通常的家宴是一张长桌子上摆着一大盘沙拉、一大盘烤鸡或烤肉、各种凉菜、一盘面包片以及甜食、水果、冷饮、酒类等。宾主围桌而坐，主人邀请客人进餐，每个人端起一个盘子，取食自己所喜爱的饭菜，吃完后随意添加，边吃边谈、无拘无束。

在使用刀叉餐具方面，美国人改变了欧洲人刀叉不换手的习惯，喜以右手拿刀切割食物后再换叉子取食。此外，他们还有如下用餐禁忌：进餐时不允许发出声响；不允许替他人取菜；不允许吸烟；不允许向别人劝酒；不允许议论令人作呕的事情。

在穿着方面，美国人通常比较随意，以宽大舒适为原则，而且讲究个性，自己爱穿什么就穿什么，别人也不会议论或讥笑。当然，在正式场合，美国人还是比较讲究礼节的。例如参加晚宴时，男士多是燕尾服加领结；女士多穿连衣裙，以显示形体美。

此外，美国人认为白色是纯洁的象征，黄色是和谐的象征，蓝色和红色是吉祥如意的象征；还认为白头鹰威武强悍，把它敬为国鸟，并将其作为国徽的图案。

3.社交礼仪

美国是一个时间观念很强的国家，各种活动都会按预定的时间开始，迟到是不礼貌的行为。同美国人约会很简单，只要打个电话，对方就会很高兴地同意在最短的时间内见面。

美国人与客人见面的时候，一般以握手为礼，习惯紧紧握住对方的手，眼睛正视对方，微躬身，认为这样才算是礼貌的举止。在社交场合与客人握手时，一般要待女性先伸出手后，男性再伸手相握；年长者先伸手给年轻人；地位高的伸手给地位低的；主人伸手给客人。亲吻礼是在彼此关系很熟的情况下才行的礼。

美国人也有礼尚往来的习惯，但他们忌讳接受过重的礼物，所以从家乡带去的工艺品、艺术品、名酒等都是他们喜欢的礼物。除了节假日外，应邀到美国人家中做客甚至吃饭时，一般不必送礼。

此外，他们还有如下社交注意事项：拜访美国人时，进门一定要摘下帽子，脱下外套，否则就是失礼；他们不但重视服装的整洁度，还十分重视着装细节；不得穿睡衣、拖鞋会客或外出；不得化浓妆出入公共场合或在大庭广众之下化妆、补妆，否则会被视为缺乏教养；在室内不得戴墨镜，否则会被视为“见不得阳光的人”。

美国人大多信奉新教和罗马天主教，其次为犹太教、东正教、伊斯兰教，印度教和佛教在美国也有少量信徒。

握手时，美国人对对视很反感，认为这是傲慢和不礼貌的表现，同时忌讳有人在自己面前挖耳朵、抠鼻孔、打喷嚏、伸懒腰、咳嗽等。他们还忌讳别人冲自己伸舌头，认为这是侮辱人的动作。此外，美国人还很忌讳他人问及自己的年龄、开销或体重等隐私话题，因为年龄和买东西的价格都属于个人的私事，他们不喜欢别人过问和干涉。

4.传统节日

除宗教传统节日外，还有诸如马丁·路德·金纪念日、总统节（华盛顿诞辰日）、阵亡将士纪念日、独立纪念日、劳动节、哥伦布日、退伍军人节等。

二、加拿大的习俗与礼仪

1.生活习俗

加拿大位于北美洲的北半部，是世界上领土第二大的国家。它东临大西洋，西临太平洋，南接美国本土，北靠北冰洋，“加拿大”是葡萄牙语中“荒凉”的意思，也有人说是印第安语中“棚屋”的意思。加拿大是典型的英法双语国家，首都在渥太华。由于特殊的历史原因和人种构成因素，加拿大人具有自己独特的生活习俗和饮食习惯。

加拿大是世界驰名的“枫叶之国”。枫叶点缀了加拿大的国土，因此加拿大人对枫叶有着极其深厚的感情，视其为国宝和祖国的骄傲，它也是友谊的象征。加拿大人热情好客、待人诚恳，热爱运动和现代艺术。他们的生活习惯中既有英国人的含蓄，又有法国人的明朗，还有美国人的无拘无束。其中，加拿大的因纽特人性格乐观、友善和气、异常好客，被喻为“永不发怒的人”。

在婚俗方面，由于加拿大有不少英裔居民和法裔居民，他们大多信奉天主教或基督教，所以婚礼习俗同西方信奉基督教的国家有很多相似之处。比如，青年男女喜欢在5月到9月举行婚礼，尤其爱在7月份喜结良缘，婚礼仪式多选在星期六这一天，并在教堂举行。而且加拿大人喜爱鲜花，十分讲究婚礼上的鲜花，教堂、宴会厅、新房都要用玫瑰花、兰花、百合花装扮，色彩艳丽、浓香扑鼻，因此举行婚礼时采购鲜花也是一项重要内容。

在服饰方面，加拿大人讲究在不同场合着不同的装束，例如：在教堂，男性习惯穿深色西装、打领结，女士则穿样式庄重的衣裙；参加婚礼时，男士穿西装或便装，且穿便装时不打领带，女士则不宜穿白色或米色系列的服装，以免抢了新娘的风头；到朋友家做客或参加宴会时，男士要穿整套深色西装，女士除了穿样式庄重的衣裙外可化淡妆，不宜太浓；参加葬礼时，男士要着整套西装，打素色或黑色领带，女士则穿款式保守的素色衣裙，且不得穿金戴银和浓妆艳抹。

此外，由于加拿大气候寒冷，冬季冰雪较多，所以加拿大人特别喜爱白雪，视其为吉祥的象征，还酷爱冬季冰雪运动，常用筑雪墙、堆雪人等方式来助兴，认为这样可以防止邪魔的入侵。

2.社交礼仪

一般来说，加拿大人在社交场合比较注重姿态庄重、举止优雅，例如：在社交场合与客人相见时，他们一般惯行握手礼（亲吻和拥抱虽然也是他们常用的礼节方式，但仅适用于熟人、亲友和情人之间）；交谈时，他们会和颜悦色地看着对方，以显得自信和礼貌；

介绍朋友时，他们一般遵循先少后长、先低后高、先宾后主的次序，同时习惯用固定的姿势，即胳膊往外微伸，手掌向上，手指并拢；不用手指指人。

加拿大人有较强的时间观念，会事前通知对方参加活动的时间，且自己不会迟到。被邀请的人不宜过早到达，若有事稍微晚到几分钟，他们一般也不会计较。要是招待客人，他们多会选在饭店和夜总会；如果选择在家里招待，就说明主人十分重视此客人，那么客人的礼貌做法就是给女主人送上鲜花。

3.传统节日

加拿大推崇多元文化，节假日也因民族的众多、地区的差异而数不胜数，但全国性的节假日除宗教传统节日外，还有诸如新年、爱尔兰节、国庆节、劳动节、停战纪念日、节礼日、愚人节、母亲节、万圣节（鬼节）、冬日狂欢节、郁金香花节、淘金节等。

第四节　大洋洲主要国家的习俗与礼仪

一、澳大利亚

1.本土文化与习俗

“澳大利亚”的名称来自拉丁文，意思是“南方之地”，1901年1月1日正式组成“澳大利亚联邦”。澳大利亚位于南半球，在大洋洲、太平洋西南部与印度洋之间，由澳大利亚大陆和塔斯马尼亚岛等岛屿组成。首都是堪培拉，货币为澳元，官方语言是英语。

澳大利亚是典型的移民国家，被社会学家喻为“民族的拼盘”，因此是一个荟萃多国饮食文化的国家。他们讲究菜肴的色彩，菜品一般量少质精，口味一般不喜太咸，偏爱甜酸味，尤其喜欢用煎、炒、炸、烤等烹调方法制作的菜肴。澳大利亚人宴请客人的程序也比较简单。通常先请客人喝一碗汤，再上一盘主菜，接着上一道甜食或水果，然后再来一杯波特甜酒，最后喝一杯咖啡就结束了。为了表示对客人的欢迎，他们总是会在饭后的水果布丁中放些硬币，谁吃到的硬币多，就预示着谁的运气好。

澳大利亚人还有一个特殊的习俗，即乘坐出租车时，总习惯与司机并排而坐，即使夫妇同时乘车，丈夫也要坐在前面，妻子则独自居后排，因为他们认为这样才是对司机的尊重。此外，澳大利亚人最喜爱袋鼠，认为袋鼠是澳洲古大陆最早的主人。他们还偏爱金合欢花，并尊之为国花。他们也喜爱琴鸟，爱其美貌、啼声婉转、善于模仿，并将其作为国鸟。

2.社交礼仪

澳大利亚人特别重视人与人之间的平等，讲究礼尚往来、互不歧视，而且喜欢和陌生人交谈。他们对妇女极其尊重，有“女士优先”的良好社会风尚。谈话时，他们用语极为礼貌，喜欢轻声细语，很少大声喧哗。因此，他们与朋友偶会于途中或相逢在其他场合时，只习惯轻声地说个“哈喽”，有时候干脆眨一下左眼就算打招呼了。

澳大利亚人以不拘小节而著称，人与人之间的交流方式通常不会因为身份、背景等的不同而有太大区别。在不太重视他人礼节的同时，澳大利亚人有时也会给外国人以不敏感、不礼貌的感觉。有资料显示，澳大利亚人曾经以问候邻居的方式问候来访的英国女王。澳大利亚人讲究人与人之间的平等，炫耀财富或是接受他人施舍的行为都不容易被当地人接受。除了人与人之间的平等外，在澳大利亚被广泛接受的交往原则是诚实、自信、独立和直率。

澳大利亚人大多喜欢运动。参与当地人的各类运动俱乐部也是一种非常有效的融入当地社会生活的方式。

与宾客见面时，他们喜欢热烈地握手，彼此以名字相称，男人往往把他们的朋友亲密地唤作“伙计”。虽然在很多情况下，澳大利亚人不是特别讲究礼仪，但是守时依然被人重视。初次见面的人之间通常以握手问候对方，柔软无力的握手往往没有结实有力的握手受人欢迎。 有些土著居民握手时，习惯两人的中指相互勾住，而不是全指掌相握。泡酒吧和户外烧烤等是当地比较流行的社交方式。在参加烧烤或拜访他人时，酒精饮料通常是比较受欢迎的礼物。此外，当面取笑彼此是当地人常有的社交方式。但是，在背后取笑别人通常被认为是懦弱的行为。如果你应邀去澳大利亚人家里吃午饭或晚饭，礼貌的做法是给女主人带上一瓶酒或一束鲜花，告别时必须对主人的款待表示感谢。

澳大利亚人大多信奉新教和罗马天主教，此外还有东正教、犹太教和伊斯兰教。他们对兔子特别忌讳，认为其是一种不吉祥的动物；忌讳13；忌讳“自谦”的客套话，这被认为是虚伪或看不起别人的表现。

3.传统节日

澳大利亚有很多民族，因此除传统宗教节日外，还有众多的民族节日，诸如新年、国庆节、情人节、澳纽兵团日、女王诞生日（伊丽莎白女王生日）、开盒节、悉尼派对（每年1月举行）、阿得莱德独立艺术节、澳大利亚怨曲节、澳大利亚音乐节、悉尼同性恋狂欢节、澳洲啤酒赛艇节、澳洲花展、悉尼至霍巴特帆船赛、南澳大利亚阿德莱德艺穗节等。

二、新西兰

1.原住民文化与传统习俗

新西兰位于太平洋西南部，西隔塔斯曼海与澳大利亚相望，扼守南太平洋的海空要道。首都是惠灵顿，货币为新元，通用语言是英语。此外，在新西兰有着相当数量的原住民——毛利人。毛利人使用的传统的问候方式是互相摩擦鼻子。毛利人使用本民族语言。

新西兰人的饮食以西餐为主，他们一般视晚餐为正餐，常配饮葡萄酒。正餐常分三道，即开胃小菜、小点，主餐配素菜沙拉，最后是甜品、水果沙拉、咖啡等。

土著居民毛利人的传统饮食最具特色，包括淡水鳗、羊肉和海鲜。他们经常利用地热蒸制牛肉、羊肉、马铃薯等食品，这些食品通称“夯吉”，这是最具特色的吃法。而且，他们视用“烧石”烧饭招待客人为最高礼仪。

新西兰人还好饮茶，一天至少七次，即早茶、早餐茶、午餐茶、午后茶、下午茶、晚餐茶和晚茶。当地遍布着茶馆，许多单位都有专门的用茶时间。在新西兰，大多数人用刀叉吃饭，也有人用手抓饭吃。而且，他们在吃饭时不喜欢谈话，有话一般要饭后再说。

在婚俗方面，当地的毛利人讲究试婚，如果同居后彼此感到满意，而且双方父母也不反对，那么女方就到男方家里过一夜，这样就算结婚了。在民俗礼仪方面，毛利人能歌善舞，男子跳舞时还爱使用丰富的面部表情，如吐舌头、瞪眼睛、做鬼脸等，以此表达自己的心情。此外，他们会盛情款待初次来访的尊贵客人，主人会集合全部落的人，并用具有浓郁民族色彩的歌舞来欢迎宾客。

2.现代文化与礼仪

作为有着相似文化背景的邻国，新西兰与澳大利亚有着许多相似的地方。与澳大利亚人相比，新西兰人在社交场合往往更加内敛，习惯性的礼貌用语使用得更多。他们与客人见面时，习惯行握手礼。但是和妇女相见时，要等对方伸出手后再握手问好。他们也施鞠躬礼，不过鞠躬的方式独具一格，要抬头挺胸地鞠躬。在新西兰不流行给小费。约会时客人应争取略早一点到达。若应邀去新西兰人家里吃饭，可选择葡萄酒作为礼物，但不是非带不可。交谈中，新西兰人喜欢谈论国内和国际政治局势、天气以及体育运动等话题，不要谈种族方面的话题。

新西兰人大多信奉基督教、新教和天主教。他们忌讳“13”；忌讳男女同场活动，即使是看戏或看电影，通常也分为男子场和女子场。此外，他们视当众剔牙、咀嚼口香糖、抓头皮、紧裤带等为不文明行为，也不喜欢吃带黏汁或过辣的菜肴。

3.传统节日

每个国家都有自己的非常值得纪念的节日，每个地方的节日也都是不同的，当然习俗也有很大的不同。新西兰有很多节日跟中国的节日是一样的，比如说除传统宗教节日外，最重要的节日是春节。此外，还有五一劳动节、圣神降临节、国庆节、万圣节等。

第五节　拉丁美洲主要国家的习俗与礼仪

一、墨西哥

1.印第安文明与习俗

墨西哥位于北美洲的南部，东临墨西哥湾和加勒比海，西、南濒太平洋，北临美国，南接危地马拉和伯利兹。全国划分为31个州和墨西哥城联邦区，首都是墨西哥城，货币为比索，官方语言是西班牙语。“墨西哥”源于印第安语的“墨西特里”一词。墨西特里是当地最大的一个印第安人部落——阿兹蒂克族战神的别名。“墨西特里”一词去掉“特里”，加上词尾“哥”，意为“战神指定的地方”。1917年正式定名为“墨西哥合众国”。

墨西哥是美洲大陆印第安人古老文明的中心之一，闻名于世的古玛雅文化、托尔特克文化和阿兹台克文化均为墨西哥的古印第安人所创造。墨西哥有“玉米的故乡”之称。墨西哥现有1 150万到1 200万印第安人，占墨西哥总人口的11.51%到12%。80%的印第安人处于贫困状态。自20世纪40年代开始，墨西哥政府对印第安人采取了一体化政策。这一政策在某种程度上促进了印第安人聚居区经济的发展、社会的进步和文化水平的提高。然而，在实施一体化政策和现代化进程中，印第安人原有的土地问题日趋严重。

由于历史原因，现在大多数印第安人都生活在偏僻的农村地区。印第安人大都保留着传统的生活习俗。印第安人做饭时，仍喜欢使用质地粗糙的陶罐、石碗、木勺。有人生病时，他们采来草药，或将其点燃，对病人进行烟熏，或煮汤为病人沐浴。他们至今仍喜欢穿富有本民族特色的传统服装。尤卡坦半岛的玛雅妇女不分老幼都身着宽松的白色绣花裙，头戴色彩艳丽的鲜花；男人则身穿宽松的白色衣裤，头戴草帽，脚穿草编凉鞋。中部高原上的印第安妇女爱穿绣花罩衫和竖条纹的宽大长裙，上身披一种叫“雷博索”的多用披巾。这种披巾既可遮阳，也可御寒，还可背小孩、包东西。极富民族特色的服饰成为印第安人的一个明显标志。许多印第安人仍住在原始的房屋里。在尤卡坦半岛，玛雅人会在树林中开出一块平地，就地取材，把粗树枝一根根固定在地上，围成一个大圆圈，然后把棕榈树的大叶子搭在上面，这样房子就盖好了。

在婚俗方面，印第安人的婚礼带有浓厚的民族色彩。婚礼地点多选择在印第安人聚居区的公共建筑物里举行，一般是一幢较大的木头房屋。举行婚礼时，亲朋好友、左邻右舍、村中居民纷纷来到木房里，众人席地而坐，互致问候。男女老幼皆身穿色彩艳丽的民族服装。虽然印第安人性情开朗，但在婚礼场合却会非常安静，即使说话也是轻声细语。

2.生活习俗

1519年西班牙殖民者入侵墨西哥并居住下来，他们带来了大量西班牙的文化与风俗习惯，这些风俗习惯与墨西哥人的风俗习惯相交融，形成了现在墨西哥人的日常风俗。

在饮食习惯方面，墨西哥人特别讲究菜肴的营养价值，注重菜肴的鲜美味道，但不喜欢太咸的食物，偏爱辣味，以及用煎、炸、烤等烹调方法制作的菜肴。作为玉米之乡，当地许多人都喜欢喝玉米面粥、吃玉米面饼，无论穷人还是富人都视之为美味。所以他们的国宴就是一盘盘的玉米美食。此外，他们还爱吃牛肉、猪肉、鸡、火鸡、海鲜、奶酪等；爱吃西红柿、洋葱、辣椒、土豆、卷心菜等蔬菜。

墨西哥人爱吃辣是世界闻名的。在当地，无论是城市还是乡村，无论是普通人家还是豪华酒楼，餐桌上都少不了辣椒，而且他们吃辣椒的方法很多。把辣椒做成调味汁是最普遍的一种方法，当地人称之为“萨尔萨”。

此外，他们还有一些独特的饮食习俗。如土著阿斯特克人视青蛙、蝌蚪、龙舌兰虫、虾、蚂蚁、蟋蟀等为美味食品，有些被认为是上乘食材。又如，待客时，他们喜欢上一道用仙人掌做成的菜肴，并以此为骄傲。

至于饮品方面，墨西哥人是颇喜饮酒的。宾客登门后，他们往往会先以酒款待。在墨西哥，人们最看重的酒是一种用龙舌兰酿成的名为“台基拉”的酒，有人甚至称其为墨西哥的国酒。在墨西哥的迎宾宴会上，主人通常会先向来宾敬酒。在一般情况下，墨西哥人是不劝酒的。

墨西哥还有很多别具一格的风俗礼仪，如：有些地方的女孩非常害怕过新年，因为当地的习俗是如果女孩超过17岁仍找不到对象，就会失去自由恋爱的权利，父母就会将其作为新年贺礼送人；和朋友告别时，墨西哥人总会送一张弓、一支箭或几张代表神灵的剪纸，以示对朋友的美好祝福。

3.社交礼仪

墨西哥人在社交场合最常用的礼节是微笑和握手礼。他们与熟人、亲戚朋友或情人相见时，一般都以拥抱和亲吻作为礼节，而相互不熟悉的男子之间亲吻或吻手则是一种很失礼的行为。在上流社会，男士往往会温文尔雅地向女士行吻手礼。

赴约时，墨西哥人一般都不习惯准时到达，总愿迟到15分钟至半小时，并将其看成是一种礼节。在称谓方面，他们习惯在交往对象的姓氏之前加上“先生”“小姐”“夫人”之类的尊称。

此外，墨西哥人视公共场合出现“男子穿短裤、女子穿长裤”为有失体面的事情，认为“男子穿西服，女子穿长裙”才合情理。

4.传统节日

除传统宗教节日外，最重要的是五月五日节（纪念墨西哥军队击败法国殖民军）。此外尚有新年日、立宪日、胡阿雷斯诞辰节、劳动节、独立日节（纪念1862年击溃法国的纪念日）、革命日节（纪念1816年在西班牙的统治下获得独立）等。

二、巴西

1.生活习俗

巴西位于南美洲东部。北接法属圭亚那、苏里南、圭亚那、委内瑞拉和哥伦比亚，西临秘鲁、玻利维亚，南接巴拉圭、阿根廷和乌拉圭，东濒大西洋。主要由绝大多数的巴西人和极少数的印第安人及外来移民等组成。首都是巴西利亚，货币为新克鲁扎多，官方语言是葡萄牙语。在葡萄牙语中，“巴西”的意思是“红木”。1969年10月30日正式宣布更名为“巴西联邦共和国”。巴西享有“足球王国”的美誉。

巴西的风俗习惯与欧洲差不多。巴西人有时较拘礼，有时又十分随和。初见面时，人们以握手为礼，然而亲戚朋友彼此问候时，也习惯拥抱、亲颊。不仅如此，就是对完全不相识的人也可以拥抱、亲颊。社交礼仪中的亲颊，是在两颊各亲一下。男女彼此亲颊问候，女人与女人也习惯如此，然而在大多数社交圈中，人们更加习惯握手，同时用左手在对方肩上拍一拍。比较亲近的男士习惯拥抱，并在对方背上重重拍打。不过，由于社会地位有高低之别，究竟该谁亲谁，其中有微妙的区别。巴西人毫不在乎在大众面前表露情感，他们慷慨好客，到他们家里做客，酒杯里永远有酒，盘子与咖啡杯里永远不空。现在人们推崇依靠自己的勤劳和努力发家致富，赞扬贫穷的天主教会正在不断失去信徒。

巴西人勤劳、严肃、认真、自信，他们自知生活不容易，但对前途充满自信和乐观，相信巴西在不远的将来会成为一个世界大国和强国。

巴西是世界公认的“咖啡王国”。咖啡原产于非洲的埃塞俄比亚，1727年传入巴西。由于当地气候、地理条件很适合种植咖啡，所以咖啡种植业迅速兴起。20世纪初，巴西咖啡产量占全世界总产量的75%以上，当之无愧地赢得了“咖啡王国”的美称。所以巴西人最爱喝咖啡，也喜欢饮用葡萄酒、香槟酒、桂花陈酒和中国的白酒，但一般饮用不多。

值得注意的是，巴西人的晚餐总是很晚，早则八九点开始，晚则午夜12点开始。巴西最著名的节日就是里约热内卢的狂欢节。在狂欢节期间，不论是白发苍苍的老人还是蹒跚学步的孩子，都会涌上街头，尽情狂欢，在此期间，人们欢歌狂舞数天，以图过瘾尽兴。

在穿着方面，巴西的男子平时穿短裤和衬衫，但是上班或参加社交活动时必须衣冠正式；对于女士，在穿着上则没有严格的限制，她们通常喜欢穿色彩艳丽的裙装。巴西的黑人妇女习惯上身穿短上衣，肩披又长又宽的围巾，下身穿肥大的花裙。此外，她们还喜欢戴手镯，并在腰带上系许多垂饰。

2.社交礼仪

在社交场合与客人相见时，巴西人最常用的礼节是微笑和握手礼，往往以拳礼表示问安和致敬（即先握紧拳头，然后向上空伸出拇指）。如果需要与一群人告别，他们必须与在场所有人一一握手。巴西人在马路上也会互相拥抱，男人与女人见面和分手时一般以握手为礼。亲朋好友之间见面，大多习惯施拥抱礼或亲吻礼。妇女之间最常用亲吻礼，施礼时要脸贴脸，用嘴发出接吻的声音，以此表示热情，但嘴不接触脸。

在工作上，巴西人通常习惯比约定时间迟到10—15分钟；交谈时，他们不喜欢一开始就讨论商业事务，喜欢先聊家常。如果客人在巴西人家里受到了款待，礼貌的做法是在第二天给女主人送去一束鲜花并附上一封感谢信。

此外，巴西人爱称赞自己的孩子，很高兴别人关注自己的孩子。巴西男人最爱说笑话，也爱放声大笑，但与他们交谈时应回避政治、宗教以及其他有争议的话题。

3.传统节日

除传统宗教节日外，巴西还有许多民族节日，如嘉年华节日、教师节、塞巴斯蒂昂节、独立义士节、圣若热节、巴西独立日节、公务员和商人节、万灵节、国庆节（共和国成立日）、元旦等。

三、阿根廷

1.传统文化与生活习俗

阿根廷位于南美洲东南部，西临智利，北接玻利维亚、巴拉圭，东北与乌拉圭、巴西接壤，东濒大西洋。首都是布宜诺斯艾利斯，货币为奥斯特拉尔，官方语言是西班牙语。

阿根廷人注重菜肴的色美味香、口感鲜嫩，不喜欢太咸的食品，喜欢辣味，偏爱用烤、炸、煎等烹调方法制作的菜肴。常吃米饭、面食，偏爱吃炒面；还爱吃鱼、虾、蟹、牛肉、羊肉等。阿根廷人尤其爱吃牛肉，而且颇为考究。他们按照不同部位将牛肉分成几十个品级，并烹饪出名目繁多的牛肉菜肴，其中最爱吃烤牛肉。

在饮品方面，他们不怎么喜欢喝烈性酒，一般爱喝葡萄酒，饮料则爱喝咖啡和可可，晚上一般习惯喝柠檬茶。而且，阿根廷人最爱喝马黛茶，但说是喝又不是喝，具体的饮用方法是用银质的吸管吸，吸管的一端是吸嘴，另一端有一个略扁的带小孔的管头。马黛茶是由产自南美洲热带雨林的多年生木本植物马黛树的叶子加工而成的纯天然健康茶饮，与足球、探戈、烤肉并称为阿根廷的四大国宝。据说马黛茶富含196种天然、健康的活性物质，具有非常好的保健功能。

此外，不同地区的阿根廷人又有不同的饮食文化，比如：居住在阿根廷潘帕斯草原的高卓人，利用固有的特殊条件，摸索出一种奇特的烹制菜肴的技术，“马背捣焐”是其代表名肴。这道菜肴的制作要从清晨牧人出发前开始，即把生肉切成薄片放入马鞍座下，然后牧人赶马上路。经过一天的骑奔颠簸，马背产生的热能足以把鞍下的肉片焐熟。回到家中，取出肉片，再放上些调味品，便是一道别有风味的佳肴。

在婚俗方面，阿根廷一些地区还保持着洗“花水浴”的习俗，即青年男女在订婚或结婚时，会在入浴前把整篮鲜花撒在水面上，沐浴时用花瓣搓揉全身。他们认为水是圣洁的，花是喜庆的，“花水浴”正代表着美满和吉祥。

一般来说，阿根廷人喜欢别人夸赞他们的孩子，希望别人赞赏家中的陈设和自己的烹饪技术，但不喜欢谈论诸如政治和宗教之类有争议的问题。如果席间有妇女在场，也不讨论商业事务。

2.现代文化与社交礼仪

阿根廷是以拉丁文化为主流文化的国家。与其他拉丁国家一样，阿根廷人在交流时肢体间的距离比较近，并常伴有一定的身体语言和肢体接触。交流时伴随着直接、持续的目光接触。在社交场合，不准时通常不是太大的问题，阿根廷人通常认为社交的内容比是否准时更为重要。阿根廷人初次见面时一般行握手礼或点头示意；与久别的挚友相见时，男人习惯互相拥抱，女人则握住对方的双手并亲吻双颊。

阿根廷人宴请客人时，首先要以马黛茶热情招待，对于主人的盛情，客人一定要欣然接受，并且喝过之后要使劲咂咂嘴，以表示自己接受了主人赐给的口福。他们也常把珍贵的马黛和吸管作为纪念品赠送给客人和朋友。

如果来访者在阿根廷人家里受到款待，应准备些鲜花或糖果送给女主人。给主人挑选礼物时，不要送贴身物品，如领带和衬衫。进屋后，客人应等主人就座后再坐下，在主人为他们开门后再离去。

与许多其他拉丁国家一样，阿根廷人性格热情大方。私人关系在阿根廷有着相当重要的作用，良好的私人关系往往对成功地完成公事有较大的推动作用。需要注意的是，在英语国家通行的“OK”手势在阿根廷被认为是不文明的。

在穿着方面，阿根廷人是继英国人和日本人之后穿衣最讲究的民族了。在阿根廷，政府机关和大小公司都要求职员无论严寒酷暑，一律穿西装、打领带。外国人到此，也得入乡随俗，否则会被视为无礼。阿根廷人对妇女的着装也有很高的要求，她们一般以套裙为主，只有周末和节假日才可穿裤装。尤其是观看文艺演出，特别是歌剧、芭蕾等高雅艺术时，阿根廷人十分讲究着装，男士最好着燕尾服、打领带，女士则要穿晚装长裙。

阿根廷人喜爱国花赛波花，并将其视为美好和幸福的象征；对棕灶鸟极为偏爱，认为棕灶鸟的鸟巢形似“面包烤炉”，赞其“建筑技艺”高超，誉其为“面包师”。

3.传统节日

除传统宗教节日外，尚有元旦（新历年）、真理和公证纪念庆典、纪念福克兰群岛节、马岛战争胜利纪念日、五一国际劳动节、革命周年纪念日、国旗节、独立日节、将军节（为纪念何塞·德·圣马丁将军）、哥伦布尔日（又称哥伦比亚日）、圣母无染原罪瞻礼（又名圣母无原罪始胎节、圣母无原罪日）等节日。

第六节　非洲主要国家的习俗与礼仪

一、北非主要国家的习俗与礼仪

1.阿拉伯文化对北非主要国家的影响

北非是指非洲大陆的北部地区，习惯上是指撒哈拉沙漠以北的地区。面积为837万平方公里，70%以上为阿拉伯人。阿拉伯文化与伊斯兰教为北非重要的人文特征。北非的人种是白人，大部分为阿拉伯人，还有北非土著柏柏尔人，他们也是白人。大部分阿拉伯人是穆斯林，也有不少是基督教徒，生活方式带有不少伊斯兰教色彩。他们的传统服装为白长衫、粗毛呢斗篷、黑色灯笼裤，戴白布或方格布的头巾或缠头。大部分地区的妇女外出时蒙面纱。当地妇女喜欢戴项链、戒指或鼻环等首饰，有的还在前额、脖颈、双唇、脚掌染蓝色花纹。

伊斯兰教对北非人的生活习惯影响很大。伊斯兰教的教徒每天要在中午、下午、黄昏、夜晚各做一次礼拜。每周的星期五午后，教徒们还要到清真寺举行一次集体三麻拜。1月、7月、11月、12月被视为“神运载月”，在这四个月之中禁止一切激烈活动。突尼斯是世界上唯一允许妇女提出离婚诉讼的伊斯兰国家。在北非的很多国家中，每逢伊斯兰教、基督教日及每年斋月，商业活动很少。

2.埃及

（1）生活习俗。埃及地跨亚、非两洲，大部分地区位于非洲东北部。西连利比亚，南接苏丹，东临红海并与巴勒斯坦接壤，北濒地中海，只有苏伊士运河以东的西奈半岛位于亚洲西南角，因此埃及是亚、非、欧三洲的交通要冲。

埃及人的饮食口味偏重，喜麻辣味道，主食以面为主，尤其喜爱大饼，最爱用带红糖的热红茶佐餐。埃及人还偏爱羊肉，烤羊肉为上等佳肴。烤全羊是埃及的一道大菜，是在婚庆喜宴和款待嘉宾时最名贵的珍馐。食用时，埃及人常撕着大块羊肉咀嚼，或用右手五指把米饭和羊肉捏成小团，塞入口中。 埃及的国菜是不起眼的蚕豆，这也是他们食用最多的食品。

由于受宗教的影响，埃及人用餐时喜欢用手抓饭取食。他们在公历4月下旬的惠风节时特别喜欢吃鸡蛋，认为在此期间吃鸡蛋预示着吉祥，不吃鸡蛋眼睛就会凸出来。此外，他们对于蔬菜中的生菜尤为偏爱，认为它象征着春天的葱绿，能强壮身体、促进生育。

在穿着方面，埃及人多穿又宽又大的长袍，它既可挡住撒哈拉沙漠的风沙，又便于光照强烈时空气的流通。这种长袍长到踝部，颜色多为白色和深蓝色，里面穿背心和过膝长裤。不论寒暑，男子都要扎一条头巾，或戴一顶毡帽。妇女们则以黑纱蒙面，在符合伊斯兰教规的同时，又能适应居住区域的气候。埃及人的服饰虽简单，但可一衣多用，那件宽大的袍子夜晚还可以当被子盖。

此外，埃及人对白色和绿色都有很深的感情，他们把绿色视为吉祥之色，把白色视为快乐之色。他们比较喜欢数字“5”和“7”，认为“5”会给人们带来吉祥，“7”是个受人尊敬的完整数字。

他们还有把葱视为真理标志的习惯，非常宠猫，敬猫如神。在埃及人的心目中，猫是女神在人间的象征，是代表幸运的吉祥物，是受人崇敬的国兽。他们也非常爱仙鹤，认为其是一种吉祥鸟，美丽又华贵，象征着喜庆和长寿。埃及人不吃海参、蟹等海产品；动物内脏里只吃肝，其余均不吃；不吃红烧、带汁和没熟透的菜；也不喜欢吃整鱼和带骨、刺的鱼。

（2）社交礼仪。埃及人的社交活动通常开始得比较晚，晚餐可能10点半左右或更晚一些才开始。应邀赴宴时，习惯上要带鲜花或巧克力作为礼物。递送或接受礼物时要用双手或右手，切忌用左手。招待埃及客人时，一定要备有非酒类饮料，尽管酒类饮料正日益被当地人接受。和埃及人交谈的恰当话题是埃及的进步与成就、其领导人的杰出声誉、当地优质的棉花和古老的文明，埃及人不愿谈论中东政治等话题。

埃及人也十分讲究见面礼节，主人往往对来访者再三表示欢迎，以充分表现自己的殷勤好客，因为他们认为在生意成交之前建立友谊和信任是很重要的。与宾朋相见或送别时，一般以握手为礼，也施拥抱礼，还施亲吻礼。

埃及人进入清真寺之前必须脱掉鞋子。每周的工作日是从星期六到星期四，星期五是穆斯林的休息日。

埃及人大多信奉伊斯兰教，绝对禁食已经死亡的动物的肉或血和猪肉，以及非诵真主之名而宰的动物，也禁止使用猪的制品。还有少数人信奉基督教和犹太教。

（3）传统节日。除传统宗教节日外，尚有新年、独立日、西奈解放日、建军节等节日。

3.摩洛哥

（1）生活习俗。摩洛哥位于非洲西北端。东接阿尔及利亚，南临西撒哈拉，西濒大西洋，北隔直布罗陀海峡与西班牙相望，扼大西洋入地中海的门户。境内主要为阿拉伯人，首都是拉巴特，货币为迪拉姆。官方语言为阿拉伯语，全国通用法语。

摩洛哥人喜口味清淡的饮食，爱微辣味道，偏爱用烤、煎、炸等烹调方法制作的菜肴。以面食为主食，喜食摩洛哥式面包；喜欢牛肉、羊肉、鱼、虾等；喜欢黄瓜、西红柿、洋葱、土豆等蔬菜；喜爱用橄榄油。

他们除了有时在公共场合使用刀叉外，一般习惯于用手抓饭吃。而且，他们的餐具很有特色，除了色彩鲜艳、造型奇特的锅碗瓢盆，刀叉调羹都是手柄末端卷曲起来的厚重银器，拿在手里沉甸甸的，很有质感。

摩洛哥人酷爱饮茶，一般喜欢在绿茶中加些白糖和新鲜的薄荷叶，每天要饮4—5次，每次饮量都很大。他们大多在白色的屋舍中喝茶，一群人席地而坐，专注地看着长者泡上一壶香香的薄荷茶：烧水、斟酌茶叶的多寡，通常要在倒水时把银质摩洛哥壶举得很高，以欣赏水以优美的弧度落入杯中，之后再加上大量的糖。整个专注地泡薄荷茶的过程讲究得仿佛在举行一场神圣的仪式。

摩洛哥是伊斯兰国家，其妇女有戴面纱的习惯。传统的摩洛哥民族服装是一领齐脚连帽的白长袍，一顶上缀黑流苏的四寸高的硬壳红绒帽，一双生羊皮落底尖头拖鞋。他们很讲究佩戴金银首饰。摩洛哥人喜爱绿色，视绿色为春天和美好的象征；较喜欢数字“3”“5”“7”“40”等，认为它们代表积极的意义。

（2）社交礼仪。摩洛哥人与客人相见和告别时，一般都施拥抱礼，握手礼也较为普及，不过朋友之间通常以亲吻相迎。摩洛哥女性与宾客见面时往往施曲膝礼。

在进入摩洛哥人家里前，应主动脱鞋，在进入清真寺时则必须脱鞋。

和别人约会应事先约定，但是摩洛哥人与客人会面时总乐于迟到，认为这是一种社交礼节。

摩洛哥商人可能会邀请你到他家里去做客并大摆筵席，持续吃好几个小时甚至一天，但你很少会见到他们的妻子。做客时最好不要对主人的某件物品大加赞赏，他可能会按社交惯例把它送给你。

（3）传统节日。除传统宗教节日外，尚有元旦、国家独立游行纪念日、国王登基日、宰羊节、封斋节、五一国际劳动节、国庆节、青年节、北非干枯河通畅纪念日、国王和人民革命纪念日、进军西撒哈拉纪念日、独立节等节日。

二、南非的习俗与礼仪

1.历史与文化

南非共和国位于非洲最南端，东、南、西三面为印度洋和大西洋所环抱，西北与纳米比亚为邻，东北与莫桑比克、斯威士兰接壤，北与博茨瓦纳、津巴布韦交界。它的人口构成中，主要由黑人、白人、有色人和亚裔四大种族构成，其中黑人最多，占70%多。全国80%的居民信奉基督教或天主教。首都是比勒陀利亚。官方语言为英语和南非荷兰语。

南非是南方古猿化石的最早发现地。科伊桑人是南非最古老的居民，长期过着渔猎和采集生活。公元3—7世纪，班图人迁移至德兰士瓦和纳塔尔。14—15世纪，班图人已在高原地区建立了比较稳定的农业居民区，其中一部分继续向东南沿海移居。

1652年，荷兰东印度公司占领开普半岛。1657年荷兰首批移民侵占科伊人土地。18世纪初，荷兰殖民者侵占了科伊人和桑人的土地，一部分科伊人被赶到内陆，一部分在布尔人农场充当仆役，桑人在南非境内基本被消灭。

1795年和1806年英国两度占领开普殖民地，1814年，英国的占领得到了维也纳会议的确认。占领初期，英国把开普作为海军基地，1820年开始移民。英国的资本主义经济政策同布尔人的奴隶占有制经济存在冲突，加上其他的政治、文化因素，导致了1836年的布尔人大迁徙。布尔人强占了奥兰治河以北的班图人的大片土地，把非洲本地人赶出了自己的家园，他们对布尔人的入侵进行了顽强的抵抗。

19世纪60年代和80年代，在奥兰治和德兰士瓦境内分别发现了蕴藏量极丰富的金刚石矿和金矿。大批欧洲移民涌入南非。以矿业为中心的近代工业兴起，城市建立起来，大批非洲人离开保留地，流入矿场做工。

1909年英国议会颁布《南非联邦法案》，确定了英国人和布尔人联合统治非洲人的合作关系，规定了对白人和黑人的区别待遇。1910年，英国将开普、纳塔尔、德兰士瓦、奥兰治4个自治州组成南非联邦。第一次世界大战期间，南非当局以参加协约国作战为名，于1915年7月出兵占领纳米比亚。1920年12月17日，国际联盟委任南非统治纳米比亚。1949年4月，南非议会通过《西南非洲事务修正法》，非法吞并纳米比亚。1961年5月，南非联邦宣布退出英联邦，成立南非共和国。

在经历了四十年的种族隔离之后，南非于1994年和平过渡为一个民主国家。现在，人们把这个通过艰苦的政治斗争赢得独立的国家视为世界上进步的民主政体之一。

尽管经历过苦难，但南非人非常喜爱音乐和舞蹈。南非音乐节奏强烈多变，而且具有自由奔放的特点；对于他们独有的旋律，即便不懂音乐的人也会觉得非常好听，它代表了南非的文化特点。

南非的葡萄酒享誉世界。南非的葡萄酒十分香浓，远远地就能闻见其香气。

南非的传统绘画也是其重要的文化瑰宝，包括多个流派。其中布什曼人做的洞穴壁画雕刻最为有名，它记录了黑人的历史。

2.习俗与礼仪

由于多元的人口结构，南非是一个文化多元的国家。总体而言，握手是最常见的礼节，在亲友间，拥抱和吻脸礼也比较常见。南非人在与人交往时距离往往较近并伴有一定的肢体接触。

与澳大利亚类似，户外烧烤也是南非常见的一种社交方式。在被邀请参加烧烤活动时，通常比较礼貌的行为是带上酒精饮料或烧烤用的肉食。南非的国菜是很有特色的向日葵炒饭。

在服饰方面，城市里的南非人的穿着打扮已经非常西化了。在正式场合，他们讲究着装端庄、谨慎，因此进行官方交往或商务交往时，多穿样式保守、颜色偏深的套装或裙装，否则就会被对方视作失礼。此外，南非黑人还有穿本民族服装的习惯。不同部族的黑人在着装上也各具特色。

总体而言，当地人在正式场合非常守时。

南非的年轻黑人经常会利用一段时间去金矿区工作，赚取工资以购买作为聘礼的家畜，否则一般家庭的子弟想要偿还结婚前的借款恐怕得花好几年的时间。大多数的部落依然会举行成人仪式，并且为年轻人举行割礼。

3.传统节日

除了传统宗教节日外，南非的节日尚有新年、人权日、家庭节（复活节后的第二天）、自由日、劳动节、青年节、全国妇女节、传统节、和解节、友好节等。

思考题

1.简述学习和了解当代西方礼仪的原因。

2.简述影响西方各国的礼仪发展的因素。

3.试论宗教对西方礼仪的影响。

4.试论西方礼仪与中国礼仪的异同点。

第四章 东方主要国家的习俗与礼仪

本/章/重/点/与/难/点/提/示

一、重点

1.了解东方各国的文化与礼仪的关系

2.认识东方国家礼仪的发展

3.学习并掌握东方主要国家的社交礼仪

二、难点

1.日本人的“间意识”

2.韩国礼仪习俗的变迁

3.亚洲各国与中国社交礼仪的异同点

第一节　东亚主要国家的习俗与礼仪

一、日本

1.日本人的“间意识”及生活习俗

（1）“间意识”的由来及其对日本人的影响。日本位于欧亚大陆以东、太平洋西部，由数千个岛屿组成。日本东部和南部是一望无际的太平洋，西临日本海、东海，北接鄂霍次克海，隔海分别与朝鲜、韩国、中国、俄罗斯、菲律宾等国相望。日本的首都是东京，货币为日元，官方语言是日语。

从文化习俗来说，日本的文化受中国文化的影响很大，但也有有趣的文化特征。

笔者在日本交流访问期间，曾听说一名中国留学生有一次没有事先打电话就突然跑到教授家去拜访，惹得教授大发雷霆，竟然问他懂不懂起码的礼仪。在中国，要去拜访某位朋友或前辈，事先不打招呼突然登门造访，也不算失礼，甚至还可以说要给对方一个惊喜。然而在日本这却是一种极大的失礼。

日本文化中有一个很有趣的“间文化”现象。无论在时间上还是空间上，日本人都会有一个缓冲地带。在日语中，有很多带“间”的词，如时间、空间、期间、区间、昼间、居间、时间、人间、世间、间际、隙间、合间、土间等，此外还有很多用“间”字构成的连语。不难看出，日本人很喜欢用这个“间”字。仔细探究后我们会发现，在日本文化中，有一种不同于中国文化的“间意识”。汉语中的“间”，表示的是时间、空间的一个特定范围；而日语里的“间”，则除了表示时空的范围以外，特别强调这是个空档，是后续某种事物的前奏和过渡，其中包含着日本人独特的美学观和价值观。在吃饭之前，日本人也绝对不会忘记说“我要开动了”，这是时间上的缓冲。在和式房间墙壁上，有一块神圣的地方，叫“床之间”，下面摆放佛龛或鲜花，墙上挂书画作品等，这是体现主人审美情趣的重要空间，好比一个房间的眼睛，这是空间上的缓冲。日本人不喜欢单刀直入、开门见山，而喜欢暧昧含混，可能也和他们特有的“间文化”有关。中国人和日本人交往时，应该考虑到日本人这种“间文化”，尽量避免文化摩擦。

（2）着装习惯。在着装方面，和服是日本最有特色的服装。现在的和服在江户时代就已经变成了真正的礼服，它是从平安时代贵族礼服的内衣逐渐演变而来的。现在的日本人平时基本上穿西装，但和服作为礼服或者室内便服依然受到人们的喜爱。其中最华丽的是结婚时穿的新娘礼服。这种和服的面料是真丝的，在上面用金银箔和金银线刺绣，绣出的图案以花鸟居多（见图4-1）。

另外，未婚和已婚女性穿的和服的样式、色调、袖子的长短是不同的。根据正式访问、外出游玩等各种不同的目的，和服的面料、样式、色调、做工等方面也有区别。女性一般是在新年、成人仪式、大学毕业典礼、婚礼、婚宴、葬礼等场合穿和服。与西装量体裁衣不同，和服与体形的关系不大，靠穿衣的技巧来适应体形，所以和服的穿着方法很难，日常穿西装的现代妇女，大部分不会穿和服。

和服具有典雅、稳重之美，强调穿和服时的气氛，要比衣服自身的美更加重要。

现在男性穿和服主要是为了舒适自在，只限于在室内穿着。但在新年等节日，在自己家招待客人时，也有不少人穿和服。日本人在穿和服时，一般在外面罩上外褂或穿上与此相配套的裙裤。

最轻便的室内和服是棉布做的夏季单和服，尤其是在夏天，洗澡后穿单和服在室内通风好的地方纳凉，是最舒服不过的了。

图4-1　日本和服

图4-2　艺伎妆

（3）艺伎妆。谈到妆容，艺伎妆当为日本化妆界的一大特色。日本艺伎产生于17世纪的东京和大阪。最初的艺伎全部是男性，他们以在妓院和娱乐场所表演舞蹈和乐器为生。18世纪中叶，男性艺伎渐渐被女性取代，这一传统也一直沿袭至今。

艺伎并非妓女，而是指在日本从事表演工作的女性。除了服侍客人餐饮外，很大一部分工作是在宴席上以舞蹈、乐曲、乐器等表演助兴。艺伎们含蓄、神秘、优雅的微笑非常吸引人，在昂贵的餐厅和茶舍里，谈论生意的男人们喜欢请一位艺伎相伴，为他们斟酒上菜、调节气氛。今天，仍有少数女性抱着浪漫的幻想以及对传统艺术的热爱加入艺伎行业（见图4-2）。

（4）浮世绘。浮世绘为具有日本民族特色的绘画形式，也是日本独有的风俗画、彩色木版画（日语中称为锦绘）。浮世绘是在日本江户时代(1603—1867年，也叫德川幕府时代)兴起的一种具有民族特色的艺术奇葩。浮世绘的字面意思为“虚浮的世界绘画”。“浮世”来自于佛教用语，本意是指人的生死轮回和人世的虚无缥缈，亦即“此岸”“秽土”，或“优世”“尘世”。日语中“浮世”一词自出现，就一直有暗指艳事与放荡之意，故浮世绘即描绘世间风情的画作，主要描绘人们的日常生活、风景和演剧，70%以上的内容是妓画和伎画，是典型的花街柳巷艺术，色情是其标志性特征。

说到浮世绘版画对世界美术史的作用，就不得不提它对当时欧洲画坛的巨大影响。早在1812年喜多川歌磨的作品就出现在了巴黎。19世纪后半期，浮世绘被大量介绍到西方。当时西方的前卫画家，如马奈、惠斯勒、德加、莫奈、劳特累克、凡·高、高更、克里木特、溥纳尔、毕加索、马蒂斯等人都从浮世绘中获得了各种有意义的启迪，如无影平涂的色彩价值、取材于日常生活的艺术态度、自由而机智的构图、对瞬息万变的自然的把握等。它不仅推动着世界美术界从印象主义发展到后印象主义的绘画运动，而且对西方现代主义文化的发展产生了深远的影响。

图4-3　浮世绘

自19世纪以来，欧洲从古典主义到印象主义诸流派的大师们无不受到此种画风的启发与影响。因此，浮世绘至今仍具有很高的艺术价值和欣赏价值（见图4-3）。

（5）日本人的主要娱乐项目。日本人的主要娱乐项目有弹子球、围棋、将棋、麻将、放风筝、划拳、双六、百首和歌纸牌、打羽毛毽子等。

弹子球是与克郎球类似的一种游戏。弹子球台直立着，前面装着玻璃，周围的板面上有几个小孔，四周有许多钉子保护着。玩家操控在控电板与玻璃之间的电子手柄，让大豆粒般的钢球朝板面的上部弹起来、从上部穿过钉子掉下来。弹子球如进入到小孔里，就会自动弹出10个以上的小球来，玩家就能用弹出来的小球继续打。弹子球积多了，可以换烟、食物等奖品。弹子球是日本流行的大众娱乐游戏之一，不管哪个城镇都有弹子房。据说这是1920年前后从美国传来的克郎球的变体，一开始是以小孩为对象的，逐渐发展为面向大人的游戏，并建起了专门的店。特别是第二次世界大战以来，以名古屋为开端，弹子球很快在日本普及开来。

日本较为流行的室内娱乐项目有围棋、将棋、麻将等。围棋是两名对局者在有324个格子的正方形棋盘上交替摆放黑子和白子，是由围取的棋子数目的多少决定胜负的比赛。将棋是两名下棋者在画有81格的棋盘上，交替移动棋子，先将对方的王将逼死者为胜。将棋的子有8种，总计20个，一开始摆在棋盘的固定位置。将棋于8世纪从中国传至日本，被逐步改良为日本的将棋，有了独特的规则：吃了对方的子还可以将其当成自己的子使用。麻将是4个人用136块骨牌争得分的游戏。4个人分别拿13张牌开始玩，按顺序一人再拿一个扣着的牌，扔下一个不要的牌，目的是使手中的牌组合成套，最早配成套者为胜。根据配成的套的种类计算得分。

在日本，放风筝已成为一种游戏，但过去却被用于战争。奇特的用法如在江户时代，在浅草的观音寺，人们用风筝来换大殿屋顶上的瓦。

划拳是由17世纪从中国传入的“猜拳”变化而来的。最初为酒席上的娱乐活动，其后作为孩子的游戏而广为流传。这是相互间用一只手掌表示石头、纸、剪子的形状以决胜负的游戏。握起拳头为石头，伸开手掌为纸，伸出中指和食指为剪刀。剪刀能剪纸，纸能包住石头，石头能战胜剪刀。

双六分两个人玩的和几个人玩的两种。两个人玩时，两个人各有15个黑白棋子，按一定的排列方法摆到棋盘上，交替摇有两个色子的竹筒（长约10公分），按照色子的点数进棋子，先将15子全部移离棋盘的一方为胜。还有一种是几个人玩的纸双六。在纸盘上画出许多格，每格画上画。确定起点、终点后，大家分别掷色子，按照色子的点数进子，先到达终点的为胜。在纸双六进子的过程中可以学到许多知识。此外，还有领宝贝的双六，有的双六里面巧妙地配有谷物、植物、农机具的名称，是学习农业知识的好办法。总之，纸双六是提高教养的游戏。

百首和歌纸牌是13世纪初藤原定家编的和歌集。这些和歌多是《古今和歌集》《新古今和歌集》及其他10世纪到12世纪的作品。百首和歌纸牌分为读的纸牌和捡的纸牌。在读的纸牌上写着上句和下句，捡的纸牌上只用平假名写着下句。一般要背下来和歌的上下句，在读和歌的上句时，就捡和歌的下句。上下句要合在一起，这是百首和歌纸牌的要点。现在的正式玩法是每个人拿25张纸牌，一对一地互相拿下句纸牌。如果拿了对方的下句，就给对方一张牌。以手里的牌先被拿光者为胜。如果想拿对方的牌却拿错了，这叫“触手”，要从对方那里再拿一张牌。百首和歌纸牌也作为学习日本古典文化的入门书流传至今。

打羽毛毽子是一种户外游戏，玩法类似羽毛球，不过它不用羽毛球拍，而是使用打毽子板。这种游戏不需要固定的场地，也不用拉网子，不使用羽毛球而是打羽毛毽子。毽子板是有把儿的前宽后窄的近乎长方形的板子。羽毛毽子板使用包花工艺，上面的人物、花卉等非常漂亮，也常被作为装饰品或吉祥物使用。

2.社交礼仪

（1）访问的礼仪。访问之前，要事先和对方约定好。打电话或写信告诉对方“因某种要紧的事要拜访您”，在问清对方是否方便之后，再约定日期，进而按约定的时间访问。不要迟到，这很重要。

只要不是非常急的事情，访问的时间一般安排在午后2点至4点左右为宜，因为上午所有的家庭都忙于扫除或洗衣服。另外，应避免大清早、深夜或吃饭的时间。提前约好了时间就不能迟到，如果要迟到超过10分钟以上，应当打电话向主人表示歉意。相反，过早去也不好，比约定时间早到时，可以在附近走一走，等到了时间再按门铃比较好。

访问时的停留时间也要适宜，有的人非常客气，说“在门口说完就告辞”，实际上有时候这不能算客气。也就是说，在门口告辞，势必要把主人叫到门口，这显然不够礼貌。

既然要求见面，让人领到屋里去是符合礼节的。访问中最重要的一点是把握告辞的时机，既不能扫主人的兴，也不应该影响主人的休息和其他事务。在热烈的气氛中，把握好时机，适时转换话题，表达告辞的意思，这也是懂礼貌的表现。

访问时要选择与场合、气氛相吻合的着装。特别是初次见面时，要考虑对方的爱好、会见的场合和气氛。即使穿有点过时的服装，只要可以安心地和对方应酬也是可以的。在日本，不管是多么高贵而华丽的服装，不合规矩的穿着打扮是会叫人为难的。谁都希望既穿得漂亮又体现出教养。另外，要注意避免衣服绽线、褶皱、污渍等细节问题。对鞋、袜子、手帕、衬衣等其他东西也要留心，这很重要。不止衣服，访问前务必要洗澡、梳理头发、剪指甲。总之要养成习惯，出门前最好照照镜子，检查一下自己的仪容。

（2）会餐和聚会的礼仪。有人觉得与日本人用餐礼节复杂，因而敬而远之的人好像很多。实际上并不是这样。只要保证不给他人带来不愉快，日本人的餐桌上也没有其他太复杂的规矩。

主要用餐方法是：不要连续吃菜，或只吃饭不吃菜；最好饭菜交替着吃，饭和汤交替着用。在盛饭的时候，把筷子放在方盘上，把碗递过去，盛好了饭接过碗时也要放在方盘上，再拿起筷子吃；吃完饭后，应该把打开盖的餐具盖上盖，说“我吃完了”，并轻轻鞠一躬。

被邀请吃饭时，饭桌上的规矩有：姿势端正；不要在饭桌上东张西望，东摸摸西碰碰；不要狼吞虎咽地扒饭吃；不要把胳膊肘拄在桌子上，不要用手托着脸，身子也不要靠在桌子上；吃饭中途不要离开座位，吃饭的速度要与其他人一致；嘴里含着东西时不说话；不要拿着筷子比比画画地说话，一定要将筷子放下再说；饭后也不要喋喋不休，要在适当的时机退席。

在日本，聚会名目很多，包括淋浴聚会、招待会、庭院聚会、午餐会、开放厨房的聚会、家庭聚会等。

淋浴聚会：这是从美国传入的一种聚会，意味着礼品像淋浴一样洒下来的聚会。朋友赠给即将结婚的人厨房用品、床单、毛巾之类的礼物，给快生孩子的人送婴儿用品。

招待会：是指外交大使、公馆或者政府官员，因某种目的，如为欢迎贵宾、祝贺建国纪念日等而举行的正式鸡尾酒会。一般的招待会均安排在正式的场合，规模也很大。

庭院聚会：是指借着好天气在庭院里召开的集会。这其中又有宫中的游园会、公司举办的联谊会、家庭召开的朋友聚会等。庭院聚会一般在户外举行，搭上帐篷、开办模拟的寿司店以及烩蔬菜、烩豆腐等店铺，独具匠心。

午餐会：一般安排在12点或12点半开始，多数是妇女们平时的中午聚餐。桌上可以铺台布，也可以只用午餐垫。比起晚宴，午餐会更加不拘形式、不拘礼节。

开放厨房的聚餐：是从起居室或餐厅移到厨房的聚餐，可以让主人和两三位客人施展一下厨艺。其优越性在于可以使用煤气、烤箱供应热菜，主人和客人也可以到冰箱里自行选点心吃。这种随便的形式往往受到亲近的家属及年轻人的欢迎。

家庭聚会这种说法是日本人想出来的，因为招待客人时，不管在多么高级的饭店请客，也不如把客人邀请到家里。端上自己做的饭菜，夫妻一起招待，是最亲切、最真诚的做法。

(3) 赠答与探望的礼仪。在日本，在中元节和年底互赠礼品已经成为社交上的常礼并逐渐固定下来。日本人习惯把一年分成两半，利用这样的时机，向平素给予自己很多帮助的人、长期给予自己关心的人、亲近但不常通信的人等表达希望永久交往的心愿，并馈赠礼物。

至于赠送的日期，中元节礼物的赠送时间是从7月1日到15日。过了这段时间，到8月8日立秋期间可以作为暑期问候，其后作为余暑问候而赠送礼物。岁末赠送礼品是从12月13日到25日左右。赠送新年食品的时间以靠近年底为好。

礼物以食品和日用品为主，但要在符合对方的喜好上动脑筋。每年赠送相同的礼物，得到的一方可以预先知道，这样也许反而更好。中元节、岁末的互赠礼品，原则上没必要还礼，但是不要忘记写感谢信。

伴手礼指在一般的访问场合，带上的自己做的食物或者当地的名产。带伴手礼的人不必思来想去，举棋不定。有不少人会去老字号买盒装点心。如果带了礼品，到达之后就要马上递给主人，请主人当面打开，说一声“请看，不知您是否满意”。访问时，送给幼儿的礼物，大多数是糖果、点心类，因为涉及对方对小孩的教育问题，所以送给孩子的礼物最好直接交给大人。如果赠送礼品时要表达久不拜访的歉意，那么问候时直接带去为好。

中元节和岁末的时节，由于客人连日来访，主人会很疲劳，所以访问要尽快结束。如果对方很忙，可以让店铺或百货商店直接把礼物送去或寄去。这时要在礼品上附上一封信，或者另外寄封问候信。其内容大致是“本来应去拜访，但因您最近很忙，去了反而会给您添麻烦，所以让他们把礼物送去”。如果访问时自己直接送去礼物的话，进屋坐好后要把放在自己座下的礼品拿到两膝正中央，打开包袱后叠好，然后转动礼物，将礼物正面面向对方并用两手递过去，交给对方。对方接过礼物后要放在自己的上座，表示谢意。如是亲近的人，可以当场把包装打开，再次表示感谢。

3. 中日文化及礼仪的差异

(1) 中日文化的主要差异。中国和日本虽同属汉文化圈，一衣带水，但两国文化还是有千差万别的。

首先，日本人在语言和行为上，很忌讳单刀直入地直接刺激或伤害对方的情感。因此，日本人在反对对方意见的表达上相当委婉。日本人会在反对对方意见前加入一句“虽然你说的也不是没有道理”，然后才阐述自己的意见。在我国，在语言表述上尊重身体有残疾的人似乎还没有形成风气，“瞎子”“聋子”“瘸子”“瘫子”之类的词语，不时地可以在社交场合听到。而在日本的社交语言中，这类词语很少出现，通常代之以“身体不自由的人”“眼睛不自由的人”“耳朵不自由的人”等。其次，日本人表里不一的情况比较普遍。研究日本文化的学者总结出日本人在社交上分“建前”和“本音”，“建前”的意思是“面子话，原则话”，“本音”的意思是“真心话，大实话”。比如说，你和日本人相处，一般人家都会说“有空到我家来玩呀”，这就是“建前”，是一种表示客气的说法，如果你当真了，直接问“好呀，那你看我什么时候去呢？”说不定人家根本没有考虑，会闹得大家都很尴尬。再比如，你请一位日本朋友去唱卡拉OK，你可能以为对方很高兴，唱了一曲又一曲来活跃气氛。殊不知对方恰恰最讨厌唱卡拉OK，在那里陪着你简直是活受罪。然而当你最后问他玩得怎么样的时候，他依然会说：“托您的福，我度过了一个非常快乐的夜晚！”

在个人隐私方面，日本人比中国人谨慎得多。别人的家庭情况，如果不主动告诉你，你还是不问为妙。年龄、工资收入是禁区，而别人的家庭住址、住宅电话、男女关系、社交圈子里的情形，更是不问为好。

在结识朋友的问题上，日本人也比中国人谨慎。在中国，甲是乙的朋友，乙又和丙是朋友，那么甲、乙、丙在一起喝过一次酒之后，甲、丙就会自然而然地成为朋友，他俩可以互相委托办事；而在日本则不然，甲多半会一直认为丙是乙的朋友，而不是自己的朋友。没有经过自己多次的考察，甲和丙都不会轻易地将对方当朋友而互相委托办事。

中国和日本两国的历史、文化积淀、信仰不同，风土人情和地理气候也存在差异，这些要素决定了两国人在社会、文化、心理、思维方式等方面上的差异。

在日本，少数人受“岛国根性”的影响，在人际交往中显得没有中国人大气。但日本毕竟较早地成为亚洲的先进国家，由于5世纪传入的儒学的影响没有受到过大的冲击，所以日本在礼仪方面保留了孔孟儒学里的一些精华，显得彬彬有礼，国民素质较高，确有一些值得国人学习的地方。

（2）中日社交礼仪的主要差异。中日礼仪的差异首先体现在社交礼仪上。日本人在社会交际中，不管认识与否，往往都彬彬有礼，会尽量做到滴水不漏；而中国人则比较不拘小节。例如，在中国，服务行业的人，特别是类似邮局、银行、派出所等的工作人员，不管你的社会地位怎样，他们一般都不使用尊称。而在日本，即便是政府工作人员或者官员，对来办事的本国人或外国人，都是加上尊称的。不过，这种情况在中国也日渐改善。

另外，在尊重别人的意志、一事当前先替别人考虑、尽量不给别人带来麻烦这几点上，日本人比国人做的好得多。日本人最忌讳深夜高声喧哗影响他人休息。笔者在2000年访日时曾发现日本有条奇怪的规定，晚上11点之后酒店或学生公寓禁止沐浴。后经询问才知道，原因竟然是日本人担心沐浴的水声会影响他人休息。在日本，如果搬家后不打扫房子就交出房屋也是一大忌讳。而对中国人来说，这些可能都是小事。再拿醉酒驾车来说，日本很早就遍地汽车了，但醉酒驾车的现象在日本是少之又少的。

日本是个多宗教国家，主要有神道教、佛教、基督教三个大的宗教和许多小宗教。

4.主要传统节日

在日本，主要的传统节日有元旦、节分、女孩节、端午节、乞巧节、盂兰盆会、赏月节、彼岸节、七五三节、圣诞节等。

元旦（1月1日）：是祝贺新年开始的日子。从元旦当天到1月3日放假三天。本来正月是指一月，但是现在习惯上指正月的前三天。在此期间可以参拜神社、到朋友家拜年、饮酒、吃独特的过年饭菜。小孩子可以玩纸牌、放风筝、打羽毛毽子等。新年期间日本人会在门前挂上稻草绳，扎上松枝或者立起门松。立门松表示迎接神的降临。装饰门松的时间是从元旦当日到1月7日（过去是到15日），这段时间叫“装饰门松期”。

节分：指阴历立春的前一天，节分的夜里，家家户户一边喊“驱鬼纳福”，一边向屋子内外撒大豆，举行驱鬼避灾关门窗的仪式。

女孩节（3月3日）：是祈求女孩未来幸福的节日。人们模仿以前的宫廷风俗，将漂亮的偶人和桃花一起装饰起来，以饮糯米甜酒为乐。

端午节（5月5日）：是祈求男孩茁壮成长的节日。这一天，人们摆上武士偶人，在房檐处插上辟邪的菖蒲，升起鲤鱼旗，吃栎树叶饼，其乐融融。

乞巧节（7月7日）：据说是从中国传来的风俗和日本固有的信仰相结合的产物。是祝贺相隔在天河（银河）两岸的牵牛星和织女星一年一度相见的节日。这一天，人们会在院子里摆上供品（玉米、茄子等），在低矮的竹枝上系上写有歌和心愿的五彩纸片，祈祷女孩子的手工做得像织女一样好。

盂兰盆会（阴历八月十五前后数日）：人们会在祖先的灵位前，供奉各种食品，祈祷其冥福。去城市工作的人会返归故乡。另外，东京等大城市也有在阴历七月十五日举行盂兰盆会的。各地村镇会举行盂兰盆会群舞活动，许多人穿着单和服跳舞。这是日本夏季的风情诗。

赏月节（阴历八月十五日的夜晚及七月十三日的夜晚）：人们会用芒草装饰赏月的地方，为月亮摆上酒和糯米团子，一边赏月，一边欣赏秋季的夜空。

彼岸节（以春分和秋分为中心的前后7天）：彼岸就是河对岸的意思，佛教指大彻大悟的世界。人们会在此期间呼唤先人的亡灵，举行佛事和扫墓活动。

七五三节：每年11月15日，3岁、5岁的男孩和3岁、7岁的女孩会穿着盛装，参拜神社。七五三节是为了祝贺孩子的成长而设立的。因为奇数在日本被当作吉祥数，所以从中取出这三个数字。

圣诞节：日本接受洗礼的基督徒不多，但是，相当数量的人会营造一种节日的气氛，愉快地度过圣诞之夜。对孩子来说，能得到圣诞老人的礼物是最大的乐趣。

日本法律规定国民有13个节日，这些节日也是学校、政府机关、公司的假日。

元旦（1月1日）：庆祝新的一年开始。

成人节（1月15日）：成人节这天祝贺、勉励年满20岁的青年人，让他们认识到自己已长大成人，要准备开创自己的未来了。各市、镇、村都会把已年满20岁的年轻人召集起来，举行庆祝仪式。

建国纪念日（2月11日）：庆祝建国纪念日，培养爱国心，纪念的是公元前660年第一代天皇即位的日子。

春分节（日历上的春分）：歌颂自然、爱惜生物，是从古代延续下来的佛教祭祀日。

绿化日（4月29日）：昭和天皇热爱自然，在位期间，巡视全国各地时，会在各地植树。绿化日是纪念昭和天皇植树的日子。1988年以前，作为昭和天皇的生日来庆祝。

宪法纪念日（5月3日）：纪念日本宪法的施行，期待国家的繁荣（从1947年5月3日起施行）。

儿童节（5月5日）：尊重儿童的人格，在为儿童祈求幸福的同时，向母亲们表示感谢（自古以来5月5日就是日本男孩节）。

敬老日（9月15日）：对年长的、为社会工作的老人表示敬意，祝福他们长寿。各市、镇、村都会举行招待高龄者的文艺演出，并赠送纪念品。

秋分节（日历上的秋分）：敬祖先，缅怀已去世的人，是自古以来佛教中的祭日。

体育日（10月10日）：热爱体育，培养健康的身心。纪念于1964年10月10日开幕的东京奥林匹克运动会，多举行振兴体育活动的仪式。

文化日（11月3日）：爱好自由平等、发展文化事业。纪念1946年11月3日公布的日本宪法。1945年之前，这一天作为明治天皇生日来庆祝。

勤劳感谢日（11月23日）：尊重劳动，庆祝收获的国民相互致谢，是纪念天皇向神奉献新收获的大米的日子。

天皇诞生日（12月23日）：庆祝明仁天皇的诞生。天皇、皇后在皇宫里接受国民的祝福。

二、韩国的习俗与礼仪

1.传统文化习俗

韩国位于亚洲大陆东北部，邻国有中国、日本、朝鲜。在文化与礼仪习俗上与中国有不少相似之处，也有本国的特点。

韩国的民俗文化50%源于中国。韩国自中国唐朝开始全方位地引入中国文化，从某种程度上说，韩国文化也是唐朝文化的延续。中国历朝对韩国多以沟通安抚为主，直到明朝，双方的交流仍较为频繁。由于朝鲜半岛靠近中国，清朝对朝鲜半岛基本上以武力统治为主，所以他们开始排斥中国文化。事实上韩国和朝鲜的民俗文化仍然源自中国。

（1）传统家庭。韩国的传统家庭形态通常是3—4代生活在一起的大家庭，因为喜欢家族人丁兴旺是当时韩国的风俗习惯。但伴随着20世纪六七十年代产业化、城市化的飞速发展及人口控制政策的确立，大家族式的传统文化逐渐消失。到1980年，平均每户人家的子女数减少为一人或二人。但重男轻女的思想至今仍有迹可寻，如长男为重、儿子为重。为了破除这种思想，政府立法规定男女在遗产继承上享有平等的权利。如今的韩国年轻人几乎都从大家族的制度下解放出来了，建立起自己的小家庭。现在韩国的家庭形态主要是以夫妇为中心的小家庭。

（2）传统服装。韩服是从古代演变到现代的韩国传统服装。韩服的线条兼具曲线与直线之美，尤其是女式韩服的短上衣和长裙上薄下厚，端庄优雅。如今，大部分韩国人虽已习惯穿洋装西服，但是在春节、秋夕（中秋节）等节庆日，或举行婚礼时，仍有许多人喜爱穿传统的民族服装。女性的韩服是短上衣（jeogori）搭配优雅的长裙（chima）；男性则是短袱搭配长裤，而以细带（daenim）缚住宽大的裤脚。上衣、长裙的颜色五彩缤纷，有的甚至有明艳华丽的刺绣（见图4-4）。

图4-4　韩服

（3）婚姻状况。韩国沿袭了“男归女家”的旧制，如今虽已稍有改变，但其影响还是存在的。韩国人将娶亲称为“入丈家”。结婚的第一阶段在女方家里举行，称“新郎婚礼”；第二阶段在男方家里举行，叫“新娘婚礼”；结婚后的第三天，仍要去妻子家里一趟，也可以说是“男归女家”的一种遗俗。

新郎婚礼是在新郎到新娘家迎亲时举行的，仪式结束以后新娘就随新郎到男方家，然后举行新娘婚礼。此时也有婚宴，除了各种美味之外，还一定要摆上一只烧熟的昂首的公鸡，鸡嘴里面还要放一个大红辣椒。

婚礼最热闹的时候是婚礼的当晚，近亲与邻居要为新郎、新娘举行一次联欢会，现在的年轻人称其为“新婚party”，人们载歌载舞，直至深夜。

（4）日常饮食。韩国人在上菜或盛饭时，要先递给长辈，甚至要为长辈特设单人桌，由女儿或媳妇恭敬地将食物端到他们面前。老人家举箸后，家中其他成员方可就餐。斟酒时亦需要按年龄顺序，由长至幼，只有长辈举杯之后，年幼者才可以饮酒。

另外，还有一个传统习惯是男女7岁不同席，即女孩子到了7岁之后就不能与任何男子（包括父亲和兄弟）在同一房间同席。不过，这种习俗在大城市已渐渐破除，在乡间偶尔可见。

以前的韩国家庭，将盛着米饭的器皿放在桌子中央，而菜则在碗里并放置于周围，每个人都有一把长柄圆头平匙、一双筷子、一盘凉水，用餐时就用平匙把饭直接送到嘴里，筷子用来夹菜，凉水则是涮匙用的。现在韩国人的用餐习惯已有很大变化，不少人使用食品盘，每个人将自己的饭菜装在盘中，也有些更加摩登的家庭已不用食品盘，而是用碗盛饭。

2.当代习俗与礼仪

（1）韩国传统的社交礼仪。韩国人在言语和行为上非常谦逊有礼。他们见面时的传统礼节是鞠躬，晚辈、下级走路时遇到长辈或上级，应鞠躬、问候，站在一旁，让其先行，以示敬意。

韩国人的名字由三个部分组成，一部分是姓，后两部分是名。韩国人两个字的名中通常有一个字表示他的辈分。在称呼上韩国人一般使用敬语和尊称，除非对方明确允许，否则直呼其名是不礼貌的。

韩国人很少直接用目光进行交流，同时会避免任何形式的身体接触。如果不是认识对方很久，不要随便拥抱韩国男性。即便已认识很久，也应该是对方先做出拥抱的动作。如果女性在和对方不熟悉的情况下和男士拥抱，会让对方感到尴尬。

韩国传统的社交礼仪中禁忌颇多。比如逢年过节见面时，不能说不吉利的话，更不能生气、吵架；忌讳在别人家里剪指甲，否则两家人死后会结怨；吃饭时忌戴帽子，否则会终身受穷。

他们普遍忌讳数字“4”。因韩语中“四”“死”同字同音，传统上认为是不吉利的。韩国宴会厅里没有四桌，敬酒不能敬四杯，点烟不能连点四人。

在韩国，与年长者同坐时，坐姿要端正。由于韩国人的餐桌是矮腿小桌，放在地炕上，用餐时宾主都应席地盘腿而坐，绝对不能把双腿伸直或叉开，否则会被认为是不懂礼貌或侮辱人。

男子不要问女子的年龄、婚姻状况；打喷嚏时要表示歉意；剔牙时要用手或餐巾遮住嘴；交接东西时要用右手，不能用左手，因传统观念上认为“右尊左卑”，所以用左手交接东西是不礼貌的行为。

照相在韩国受到严格限制，军事设施、机场、水库、地铁、国立博物馆以及娱乐场所都是禁止照相的，在空中和高层建筑拍照也都在被禁之列。另外，政府规定，韩国公民对国旗、国歌、国花必须敬重。不但电台会定时播放国歌，影剧院也会在放映、演出前放国歌，此时观众须起立。

（2）韩国新兴的礼仪标准。随着社会的发展和世界一体化脚步的加快，韩国的传统礼仪也发生了一些变化。比如：30年前，韩国人嫁女儿时，被褥是必备的陪嫁，而且被子的被面还必须是手工绣制的。近年来，韩国虽然还保留着陪嫁的习俗，但陪嫁清单已经发生了很大变化，家庭影院和等离子电视代替了被褥，成为应有之物。

握手的礼仪也发生了变化。磕头就不用说了，连鞠躬行礼在今天的生活中也处于消失的边缘。握手曾经是男性之间特有的一种礼节，不过现在这种礼节在女性之间、异性之间也得到了广泛使用。男女授受不亲的时代已经一去不复返了。在新社会中，女性取得了和男性平等的社会地位。尊重女性的礼仪也越来越多，大多是西方社会的产物，但也体现了韩国社会的变化。

用餐后各自买单现在在韩国是一种越来越普遍的社会现象。除此之外，像“hi”“good morning”这样用外语打招呼的现象，以及人与人之间称呼上的变化（Mr．Miss）也是如此。过去在韩国，吃饭的时候讲究食而不言，而如今，饭桌上也出现了语言上的交流，这促使家人之间加强了情感沟通与交流。

3.宗教信仰

韩国是一个多信仰的国家。主要有佛教、基督教、天主教、儒教及巫俗信仰。

（1）儒教。起源于中国。儒教强调“仁”，曾是古代韩国社会的共有思想。儒教与韩国人的价值观念相结合，对韩国人产生了巨大影响。儒教是韩国的伦理体系，也是韩国人的生活方式及国家法律中不可缺少的因素。曾是古代韩国社会主要思想的儒教后来逐渐发展成为具有实践意义的实学。儒教在韩国人的意识中根深蒂固，这一点可以从众多的传统礼仪中得到证实，包括流传至今的宗庙祭礼、在宗庙的王族祭礼；释尊大祭，在成均馆为孔子及其理论和中国、韩国的圣贤而举行的祭礼等。

（2）巫俗信仰。韩国人的生活中浸透着多种巫俗习惯。巫俗信仰自古就蕴藏于民间信仰中，与原始社会的人们信奉上天有着密切的联系。韩国巫俗信仰的突出特点是用人与魂的沟通来解决人间的某些无法解决的问题。

4.传统节日

韩国的主要节日有：春节、农历正月十五的元宵节、上年冬至后105天的清明节、农历五月初五的端午节、农历八月十五的中秋节等。这些全国性的节日与中国的庆祝方式相似。

朝鲜族自古以来就有重视生日及祝寿的习俗。婴儿百日、一周岁时有祝贺活动；人到60岁叫花甲，要举行隆重的祝寿活动；原配夫妻结婚60周年时要举行“回婚礼”以示庆祝。此外，还有许多地方性的节庆活动，颇具特色。例如：

保宁美容泥浆节（7月5日至7月18日）：保宁地区海边滩涂上的黑泥浆能放射大量的远红外线，并含有丰富的矿物质和锗元素，对皮肤美容、抑制皮肤老化、清洁皮肤具有特效。主要活动有：滑泥浆比赛等滩涂上的娱乐活动、游客泥浆化妆大会、体验黑泥浆功效的按摩活动、泥浆雕塑比赛等。另外，还有传统民俗巫术演示大会及踢毽子、跳板、抽陀螺等传统民俗活动。美容泥浆节在忠清南道大川海水浴场举行，周围有在韩国西海岸被称为世纪奇迹的武昌浦海水浴场、煤炭博物馆、冷风浴场、圣住寺址等景点。

康津青瓷文化节（8月7日至8月15日）：康津青瓷始于公元9世纪，衰落于公元14世纪。为再现近500年的青瓷文化变迁史，政府每年在聚集着188个高丽青瓷瓷窑的康津地区举行青瓷文化节。

第二节　西亚主要国家的习俗与礼仪

一、沙特阿拉伯的宗教和习俗

1.宗教

沙特阿拉伯王国简称沙特阿拉伯。“沙特”取自阿拉伯王国的创始人伊本·沙特之名，在阿拉伯语中是“幸福”的意思。“阿拉伯”一词，为“沙漠”之意。该国1923年9月24日定名为沙特阿拉伯王国。

沙特阿拉伯以伊斯兰教为国教，并禁止在公共场所进行除伊斯兰教之外的宗教信仰活动。沙特阿拉伯一年有两个重大的宗教节日，即开斋节和宰牲节。开斋节休假七天，宰牲节长达两周。每年伊斯兰教历的9月为斋月。在斋月的30天内，除病人、孕妇、喂奶的妇女和日出前踏上旅途的人以外，人们从日出到日落禁水、禁食。宰牲节在伊斯兰教历12月10日。宰牲节也是朝觐的日子，从希吉拉历的10月1日到12月10日，即公历的11月到12月，世界各国的数百万穆斯林涌向沙特，到圣城麦加和麦地那朝觐。麦加是伊斯兰教创始人穆罕默德的诞生地和创教地。朝觐活动大致分为“三朝”，即朝觐、朝谒、朝怀；主要有受戒、巡礼、奔走与感恩仪式、进住阿尔法特山、谒陵与探泉等活动。凡在麦加参加朝觐大典的穆斯林，都可被称作“哈吉”（朝觐者）。

2.礼仪与习俗

沙特阿拉伯人见面时，习惯于首先相互问候“你好”，然后握手并说“身体好”。有的沙特阿拉伯人习惯伸出左手，放在对方的右肩上并吻对方的双颊，这是一种吻礼。有的沙特阿拉伯男人见面时会用鼻子碰对方的额头，再互相拥抱，表示友好和亲密。如果一位沙特阿拉伯商人与你携手同行，不要马上把手抽回。手拉手只是一种友好的表示，并无其他意思。

如果被邀请到沙特阿拉伯人的家里吃饭，一定要注意：吃得越多越能表示你赞赏主人的款待。如果你的妻子也被邀请赴宴，她多半会与你分别就座，与其他妇女一起进餐。

当你对东道主的手表、衬衫袖口的链扣或其他用品表示赞赏时要注意。因为沙特阿拉伯人很慷慨，他可能当场把这些东西送给你，而你若不收下的话，会伤害他的感情。

送礼在沙特阿拉伯是受欢迎的，但并非必要的。不要送酒类或其他伊斯兰教的禁忌之物，例如女人照片或塑像。

沙特阿拉伯民众是世界上最虔诚的伊斯兰教徒，禁忌较多。他们认为人体感官上的一切刺激、抽烟、饮酒，乃至唱歌跳舞，都是一种堕落的表现，是犯罪的开始。因此，禁酒就成了沙特严格的法律。饮酒者如被抓获，要被当众鞭打80下，或者被监禁6个月到一年，另外，还要处以罚款。买酒、私酿酒或酒后开车者，均要处以重刑，最严厉的处罚是枭首示众。在沙特阿拉伯，所有的餐馆和饭店都不供应酒类饮料，只向顾客提供各种不含酒精的“啤酒”和“香槟酒”等。

沙特阿拉伯还是当今世界上唯一禁止上演电影的国家，全国没有电影院。但卫星电视、录像机早已进入了大多数家庭。其他禁忌有：禁吃猪肉；禁止吸毒、贩毒，违者处以死刑；禁止偶像崇拜。宗教界特别禁止在报纸和刊物上登载妇女照片，不少沙特人至今还反对照相，尤其禁止妇女照相。

在沙特阿拉伯，一般人总喜欢拉着朋友的手在路上走，他们认为这是对朋友友好的表示。他们喜欢用咖啡敬客，客人接过咖啡后最好一饮而尽。因为在他们的民族传统习惯中，这样才算有礼貌。

沙特阿拉伯人非常喜欢蓝色和绿色，视蓝色为希望，视绿色为生命，视它们为幸福与吉祥的色彩。

3.传统节日

沙特阿拉伯人的主要传统节日有：国庆节（9月23日）、伊斯兰教的开斋节、宰牲节等。

二、以色列的宗教和习俗

1.宗教

以色列在希伯来语中意为“与神角力者”，它位于地中海的东南方向，北靠黎巴嫩，东临叙利亚和约旦，西南边则是埃及。以色列在1948年宣布独立建国，目前人口超过700万，主要来自犹太人族群，也是世界上唯一以犹太人为主体的国家。以色列是中东地区最强大，现代化、经济发展水平最高的国家，属于发达国家。

以色列文化是由犹太教和犹太人数千年以来的历史经验交织构成的。它历史悠久，是犹太教、伊斯兰教和基督教的发源地。犹太人的远祖是古代闪族的支脉希伯来人。以色列最初是指一个民族而非地区，可查的最早记载出现在公元前1211年。在过去三千年的历史中，犹太人视以色列为自己的民族和精神生活的核心，称之为“圣地”或“应许之地”。以色列在犹太教中具有特别的含义，包括圣殿遗迹和相关的宗教礼仪，都是现代犹太教传统的重要基础。

2.礼仪与习俗

以色列社会深受犹太教的影响，日常生活的很多方面都留有宗教的痕迹。同时，以色列也是一个移民国家，来自世界各地的移民为以色列带来了多样化的风俗。

以色列人穿着较随意，基本不穿西服，极少打领带，即使是在正式场合也少有人西装革履，这主要是因为以色列大多数时候天气非常炎热。以色列女性则与世界各地的现代女性差不多，但相比较而言其衣着更富随意性。按照犹太教规定，男性应头戴小圆帽。而犹太教的牧师则应全身穿黑色服饰，头戴黑色毡帽，并在耳际留长而卷曲的鬓发。

以色列人的主食是饼，饼由小麦或大麦面制成。饼被以色列人视为生命线，所以人们吃饼时通常不用刀切，只用手掰，唯恐用刀割断了生命线。

信奉犹太教的以色列人在饮食方面有严格的规定，他们禁食猪肉和其他一些肉类（包括任何种类的食腐动物的肉）、贝类、无鳞鱼，肉制品和奶制品也不能同时食用。以色列人在外就餐时只能去符合犹太教规定的餐馆，而餐馆每年必须从犹太教的专门机构申领证书。

在参观圣地的时候应当遵守当地习俗。在教堂、犹太庙或清真寺不能穿短裤和无袖上装。应避免在这些地方举行宗教活动时前去参观。在某些犹太人的宗教圣地参观时，应像犹太人一样戴上圆顶小帽，有时参观地点会为游客提供免费的用纸做的圆顶小帽。在进入清真寺之前必须脱鞋。应注意遵守当地犹太人的安息日习俗，以及一些重要的传统节日习俗。

在以色列不能当众吸烟，而且耶路撒冷的犹太人圣地——西墙是禁止拍照的。斋月中穆斯林白天禁绝饮食和吸烟，非穆斯林最好少去清真寺参观游览。由于穆斯林以星期五为休息日，因此以色列的商店逢周五停业。如果应邀去以色列居民家中做客，应带上小礼品，如鲜花和糖果等皆可。如果应邀傍晚去做客，则以在8点半左右抵达和零点左右离去为宜。以色列人在安息日不会客。

以色列的阿拉伯饭馆虽然禁忌略少，但绝不供应猪肉。以色列人一般早餐比较丰盛，以午餐为主餐，晚餐只吃清淡食物。以色列人比较喜欢喝啤酒、果汁和可口可乐等饮料，以色列自产红葡萄酒也较受欢迎，但不常饮白酒。

3.传统节日

以色列的节日很多，但最主要的就是犹太教和伊斯兰教的传统节日。如果你在以色列居住一段时间，会很容易感受到以色列人似乎是以从一个节假日到另一个节假日的方式生活着。从秋季的新年和赎罪日、冬季的哈努卡节、春季的逾越节和独立日到夏季的七七节，一年的生活就是围绕着这些具有特殊纪念意义的节日度过的。

三、伊拉克的宗教和习俗

1.宗教

伊拉克位于阿拉伯半岛、小亚细亚半岛和伊朗高原之间，北接土耳其，东临伊朗，西临约旦、叙利亚，南连科威特和沙特阿拉伯，东南临波斯湾。伊拉克是一个伊斯兰国家，伊斯兰教为国教，全国95%的人信奉伊斯兰教，其中，什叶派穆斯林占54.5%，逊尼派穆斯林占40.5%。正是由于这样的宗教习惯，伊拉克人忌讳用左手传递东西或实物；讨厌蓝色，觉得这是魔鬼的色彩；忌讳黑色，认为这是丧葬的色彩，并给人以不幸的印象；他们还忌讳客人赴宴餐毕不及时洗手告辞，认为在饭店拖延或迟迟不走是贪吃和不礼貌的表现。

2.礼仪与习俗

在饮食方面，伊拉克人只吃熟透的菜肴，稍有生味就不吃。当地有一种类似中国的牛舌饼大小的醋面烤饼，这是伊拉克人至爱的美食，吃的时候用手撕成小块，夹上牛肉或黄瓜等。此外，当地盛产的椰枣也是伊拉克人喜爱的食物。他们习惯于将牛奶、羊奶混在一起食用，认为这是上等食品。

在服饰方面，伊拉克人的衣着虽与临近国家有许多相似的地方，但要近的阿拉伯国家开化得多，这一点在妇女服饰上体现得最明显。在伊拉克，不仅妇女戴面纱的情况逐渐减少，她们的衣着也越来越光鲜亮丽。如：巴格达市及其周边地区的妇女，喜欢穿一种以黑色和绿色为主的、长袖宽松的束腰连衣裙；伊拉克中部和南部地区的妇女一般在蓝色衣服的束腰衣裙袖边用白色、金色的丝线绣花或镶上花边，用以装饰；伊拉克女性还爱戴金质或银质的手镯和珠环。男人的服装也因地区的不同而有所区别。如：巴格达市及周围地区的男子上身喜穿一种很长的白衬衫，下身穿一条白色棉布做的裤子，脚蹬敞口鞋或皮凉鞋；北部的库尔德男人则习惯在衬衫外穿一件宽松的外衣，脚穿软拖鞋或凉鞋。

在社交礼仪方面，伊拉克人在赴约时有迟到的习惯，并认为这是一种礼节。与亲朋好友见面时，男子习惯互相拥抱，把脸贴一贴，然后各自扪胸俯首，嘴里说着祝愿的话。男人之间还会手拉着手走路，并认为这是在表示友好和敬意。与客人告别时，他们一般都要施贴脸吻别礼。妇女之间施贴脸吻别礼时，其感情表现得极为丰富，不但要“吻”得真挚热烈，还要发出“吧吧”的吻声。她们认为这样才能表现出尊重与友好。但是伊拉克人不喜欢别人交叉着双手与自己说话，认为那是不礼貌的行为；也不喜欢别人目光旁视着与自己交谈，认为那是侮辱人的行为。此外，伊拉克人微笑和点头不一定是表示同意，有时只是主人出于礼貌的表示。

3.传统节日

伊拉克的传统节日主要是伊斯兰教的宗教节日。例如新年就是回历(伊斯兰教历)的新年。另外，还有国庆日（7月17日）、阿拉伯椰枣节（9月15日）等。

第三节　南亚七国的习俗与礼仪

一、内陆国尼泊尔、不丹的习俗与礼仪

1.尼泊尔

（1）宗教信仰。尼泊尔王国简称尼泊尔，位于喜马拉雅山南麓。北面和中国毗邻，东、南、西皆与印度接壤。境内主要为尼泊尔人和比哈尔人，此外还有印度斯坦人和尼瓦尔人等。首都是加德满都，货币为尼泊尔卢比。国语是尼泊尔语，通用英语。

尼泊尔的国教是印度教，这是尼泊尔宪法所规定的。但是尼泊尔国民也接纳其他宗教

与印度教共存。在尼泊尔，除印度教以外，还有藏传佛教、伊斯兰教和基督教等。宗教繁荣是尼泊尔社会生活的一大特色，在加德满都，天空中仿佛到处都有神灵在飞翔，人们每天要念神、敬神，宗教活动是人人都要参与的，就连那些置身其间的游客都会因受到感染而变得虔诚起来。

当黎明的晨曦进入尼泊尔时，这里的男女老幼会携带着献给神的贡品到印度教或佛教的寺庙去。他们通常将用金属器皿盛着的大米、红粉和小黄花瓣之类的贡品，摆在神像前，然后把贡品与泥土搅拌在一起，搽一个小点，点在两眼之间，以示神灵的存在。此外，尼泊尔人还进行杀生祭祀。他们相信杀生意味着使一个“不幸的兄弟”从被轮回为牲畜的监牢中解放出来。尼泊尔最大的德赛因节期间，往往要宰杀上万头牲畜。虽然祭祀在某种程度上使得尼泊尔人的生活更加贫困，但他们无怨无悔。他们相信一次次的贡奉可以保持和增强他们与神的感情交流，并以重复千万次的姿态和虔诚去感知自己内心中无处不在的神灵。

（2）习俗礼仪。尼泊尔当地的传统饮食以咖喱为主，最有特色的要数当地的道巴。道巴有荤素两种，通常都是几种不同的咖喱菜，配上扁豆汤、酸奶和泡菜，外加几片又薄又酥脆的papad（当地的一种薄饼），有时还会配有米饭，味道非常可口。

尼泊尔人一般一日两餐，早晨通常是奶茶和饼干。晚餐为正餐，一般尼泊尔人较为重视晚餐，惯以米饭或面食配上些菜肴。此外，他们用餐时不习惯使用刀叉和筷子，而习惯用手抓饭。

在穿着方面，尼泊尔人最大的特点就是男女老少很少有人穿袜子，大多数人都喜欢赤脚穿凉鞋或者拖鞋。除了穿正装的公务人员、穿制服的军警人员以及穿西服的年轻人以外，很多人一年四季都光着脚，穿民族服装的女孩子们尤其如此。此外，尼泊尔廓尔喀族人不论男女都喜欢戴鲜花。通常男子把鲜花戴在帽子或身上，而女人戴在头上。每逢节日，人们也以鲜花为礼物送给客人，以表示祝福。

在民俗礼仪方面，尼泊尔人在向客人、朋友或长辈递送东西时，都会用双手；如双手递送不便时，则要用左手指尖抵住右臂。他们在回答问题时，习惯用摇头表示同意，点头表示不同意。他们与客人交往时，有赠送礼物的习惯。比如在与朋友见面时，总愿意送上一顶尼泊尔小帽给客人，以表示对客人的尊敬；与朋友告别之时，总习惯把一双手工精制的鞋送给上路的朋友，以表示祝愿朋友前程似锦。

尼泊尔人崇拜的动物是黄牛；对狗也有很深的感情，认为狗是忠实、可靠的吉祥动物；对乌鸦也颇为喜爱，认为乌鸦具有为人类奉献的高贵品质。尼泊尔人最喜欢的花是杜鹃花，亲切地称之为“拉丽格拉斯”，并将其视为美好的幸福之花，看成是吉祥的象征，尊杜鹃花为国花。

尼泊尔最常见的礼节是合十礼。施此礼时，双手齐胸合掌，同时口中道着“纳摩斯德”（向你问好）。摸头礼是国王对下属、臣民的礼节。晚辈见长辈时要施吻足礼（即跪下来吻长辈的脚，长辈在晚辈的头上拍一下以示还礼）。在山区，人们初次见面时要伸出舌头向对方致礼。随着社会的发展，握手礼在尼泊尔也开始施行，挚友见面时，常以握手来表示问候。但是尼泊尔妇女一般是不握手的，除非是非常熟悉的人。

尼泊尔人在秋冬季迎宾时，往往要燃起篝火对客人表示欢迎。主人还要演唱民间歌曲，以表示对客人的尊重。他们宴请宾客时，会按照传统礼仪在宴席上点燃许多红烛，他们认为这样可以使宾主之间更加亲密，可以增进友谊。

2.不丹

（1）宗教信仰。不丹位于喜马拉雅山南麓，在历史上曾是一个封建小国，1907年改为世袭的君主国。不丹以藏传佛教噶举派为国教，是一个以藏传佛教立国的宗教国家。

在不丹，信教非常普遍，几乎人人都信教，户户都供有神龛，每个村或寨至少有一座寺庙，全国有2 000多座古代佛教寺庙和1000多座佛塔。不丹的宗教主要有两种：一是佛教，属国教，2000年有信徒54万人，喇嘛5000余人；二是印度教，有信徒约16万人。此外，还有极少数人信仰不丹原始宗教。由于不丹人普遍信教，所以宗教对不丹人的政治和生活产生了较大影响，风俗习惯常常带有浓厚的宗教色彩，生活方式极为简单。

（2）习俗礼仪。不丹人的生活习惯和中国人比较接近，他们也爱吃饺子。不丹人很爱吃辣，不丹菜的辛辣比中国的川菜、湘菜有过之而无不及。不丹人把辣椒当蔬菜而不是调料，家家房顶上都晒有红辣椒。日常生活中，不丹人不仅吃任何菜都要加大量干辣椒，而且还喜欢将生辣椒凉拌，直接当沙拉吃。

在被世人誉为“最后的香格里拉”的不丹王国，巍峨的群山隔断了其与外界的交往，使不丹淳朴的民风和生活习惯得以保存。不丹的社会治安良好，犯罪率极低，人们外出很少锁门。

不丹的婚俗也很特别。婚后男方必须入赘女方家，成为女方大家庭中的一员，夫妻共同承担家庭生活的各项开支和家务劳动。由于儿子要“倒插门”，女儿就要承担起照顾父母的责任，因此她们将理所当然地继承家里的大部分财产，儿子只能得到一小部分。更有意思的是，在不丹，只要丈夫同意，妻子甚至有同时再嫁他人的自由。

在不丹，人们忌讳留山羊胡，因为这是一种越轨的表现；忌蓬头垢面；忌衣装、鞋帽或领口、袖口不洁。在正式场合，忌讳擦眼屎、擤鼻涕、抠鼻孔、挖耳秽、剔牙齿、剪指甲等动作；患有传染病的人则严禁参加外事活动。

不丹人的服装体现了他们崇尚悠闲的生活态度。不丹女子身穿齐脚踝的“基拉”裙；

男装大多宽衣肥袖，男士上身多穿名为“果”的传统长袍，挽着雪白整齐的袖口，下着齐膝裙和长筒袜。据当地人说，肥大的衣袖可兼作口袋，把东西往衣袖里一塞，用手捏住袖口，里面的东西就不会掉出来了。男子的服装上既没有扣子，也没有兜，只靠一根宽腰带束紧衣服，因此形成了不丹男子着装具有“开阔的胸怀”的特点。袖子里装不下的东西可以放在怀里。成年人常将身上带的“零碎儿”都堆在怀里。学生上学不用背书包，所有文具和书本都被揣在怀里，衣服总是鼓鼓囊囊的。

与世无争的性格并不表示国民孱弱。不丹森林茂密，黑熊、雪豹等猛兽多，当地男子的怀中都少不了一把匕首。而且上至国王大臣、下至平民百姓，个个都是射箭高手，一些高级官员上班时甚至还随身佩戴长剑。

二、临海国巴基斯坦、印度的习俗与礼仪

1.巴基斯坦

（1）宗教信仰。巴基斯坦伊斯兰共和国简称巴基斯坦。它位于南亚次大陆，东临印度，东北与中国接壤，西北与阿富汗接壤，西部与伊朗毗邻，南濒阿拉伯海。境内主要有旁遮普人、普什图人、信德人、巴丹人和俾路支人等。首都是伊斯兰堡，货币为卢比。巴基斯坦人普遍讲乌尔都语，官方语言是英语。

巴基斯坦1947年独立建国，成为世界上第一个基于伊斯兰教的现代国家。建国伊始，这个国家就充满泛宗教救世主情结。实际上，该国第一部宪法虽然规定巴基斯坦是一个伊斯兰共和国，但宗教和政治之间仍然有着明确的区分。

巴基斯坦人每天要进行5次祈祷，即晨礼、晌礼、埔礼、昏礼、宵礼。穆斯林都要朝着圣地麦加的克尔白石殿祈祷。

巴基斯坦人在出远门前还有一个特别的习俗：临行前要从《古兰经》底下走过，以保旅途平安。即先拿一条干净的披单，由两个人执两端举起并南北向站立，要出门的人从另一人手中接过《古兰经》，崇敬地吻一下，再用《古兰经》触一下眼睛，然后将《古兰经》放在披单上，自己从披单下走过，如此重复数次，之后才面向麦加天房方向上路。行前还会放些钱在披单上，以感谢真主保佑。当走出家门时，家人要在他背后洒水，并往他背上撒些大麦和玛希豆。水是光明的标志，大麦则象征着丰衣足食，玛希豆能保佑一路平安。

（2）习俗礼仪。巴基斯坦人的饮食习惯其实和新疆人很接近。巴基斯坦人讲究菜肴质量和营养价值，一般口味不喜太咸。巴基斯坦人的饮食中蔬菜偏少，以牛羊肉为主，制作手法基本就是烤、炸、炖三样，主要以炖为主。经常使用的调料是洋葱、咖喱、孜然、辣椒。比较有特色的是，他们大量使用柠檬汁。巴基斯坦人爱吃肉，而且吃肉是巴基斯坦人

身份的象征。巴基斯坦是伊斯兰国家，巴基斯坦人不吃猪肉、无鳞鱼、螃蟹、贝类、甲鱼和动物的内脏。他们的主要肉食是牛肉、羊肉，鸡、鸭、鱼吃得不多，而且不吃内脏、板筋、不吃皮，吃时要去鸡皮、羊皮、牛皮、鱼皮。每天的菜谱都差不多，常吃的有土豆炖牛肉、萝卜炖牛肉、西红柿炒鸡蛋、洋葱炒鸡蛋、鸡蛋汤、土豆丝、土豆片，偶尔拌个凉菜。主食是面食和米饭，米饭常常加上佐料，做成抓饭。

巴基斯坦绝对禁酒，包括啤酒，不禁烟。

巴基斯坦的蔬菜种类很少，洋葱和柠檬占了大部分。洋葱一般都是切碎了拌沙拉吃，柠檬是用来调味的。巴基斯坦人不管是拌沙拉还是烤肉都要挤上大量的柠檬汁。他们一般喜欢吃胡萝卜、卷心菜和芒果，很少吃其他的水果、蔬菜。巴基斯坦的芒果是世界知名，尤其是信德省的芒果。

在婚俗方面，巴基斯坦的一些农村还保留着一个奇特的风俗，即新娘在过门的前三天，要先到男方家里亲手和一团20公斤重的大面团。若面发得又大又白，就象征着婚后的日子会“蒸蒸日上”；若面团做得不好，这桩婚事就算“告吹”了。

巴基斯坦人对于久别的挚友、贵宾或亲人，常用由金箔或银箔编成的花环迎接，并将其挂在客人胸前，以示热情友好。他们还喜欢用上等的茶水招待客人，而且极为热情。只要你不用右手捂住茶碗，他们非让你喝个够不可。

巴基斯坦人在社交场合与客人见面时，一般都以握手为礼。同亲朋好友相见时，他们多施拥抱礼。男人间一般要互相拥抱两次，然后再加上一次热烈、长时间的握手。男人一般不与女人握手。在称呼上，他们一般习惯于让别人用姓氏加头衔称呼自己。

巴基斯坦人虽然没太有时间观念，但总希望客人能准时到达。邀请男人赴宴时通常不请他的夫人，即使邀请了夫人，男人往往也会独自赴宴。许多传统的食品都是用手取食的，重要的是进食时只能用右手。在宴会上谈生意、业务是不合礼仪的。和巴基斯坦人谈话时，最好不要议论政治。

2.印度

（1）宗教信仰。印度位于亚洲南部，西北同巴基斯坦接壤，东北与中国、尼泊尔和不丹交界，东与缅甸和孟加拉国为邻，东南临孟加拉湾，西南濒阿拉伯海。印度的南部伸入印度洋，成为亚洲、大洋洲、欧洲和非洲的交通要冲。

印度是世界四大文明古国之一，是佛教的发祥地。古印度的迦毗罗卫国（在今尼泊尔境内）是释迦牟尼的故乡，是充满神奇魅力的“天竺之国”。国名源于印度河，首都是新德里，官方语言为印度语和英语。

印度是世界上受宗教影响较深的国家之一，宗教的影响深入到印度社会与文化的每一部分。宗教在这个国家及其绝大部分人民的生活中扮演着中心和决定性的角色。有超过80.4%的印度人信仰印度教，这是世界上最古老的宗教和哲学体系之一。13.4%的印度人信仰伊斯兰教。锡克教、佛教和耆那教都是起源于印度的宗教，不仅在印度，在全世界都有一定的影响。基督教、祆教、犹太教和巴哈伊教在印度也是有影响的宗教，但信徒人数稍少。

印度教是印度最大的宗教，信徒人数接近9亿，约占人口的80.4%。大约5000万印度裔的印度教徒居住在海外(特别是美国和南非)。印度是印度教的发源地，拥有数量最多的印度教教徒。印度人（Hindu）这个词源自“Sindhu”一词，意思是从印度河流域(即印度)来的人。印度教大致起源于公元前2500年。它与其他宗教不同，没有唯一的创建者。印度教在印度有漫长的历史，几乎与印度的历史一样长，没有完整的神学体系和道德体系，也没有中央组织。现代印度教由于受到其他宗教的影响，在形式上更接近于现代意义上的宗教。不过，与其说它是一种宗教，不如说它是一种生活方式。

佛教起源于今天印度北部的比哈尔邦。释迦牟尼还在世时已经赢得了大批信徒，佛教主要流行于富裕阶层和上流社会。到9世纪时，印度的佛教信徒以数十万计，不过其他宗教信徒以百万计。印度教对佛教的吸收导致了佛教的迅速衰落。同时，穆斯林入侵者对佛教的寺院、图书馆和体系造成了严重的破坏。许多印度佛教徒幸存下来，移民到斯里兰卡等其他亚洲国家及我国西藏地区。失去了主要的朝圣中心后，原来的上流社会被新的上等阶级取代，导致了佛教在印度的进一步衰落。二战以后，印度的佛教复兴引人注目。1956年，作为印度独立运动领导人之一的B.R.Ambedkar带领数千追随者皈依佛教，以抗议种姓制度。此后较小规模的皈依活动一直在持续。现今在印度大约有800万佛教徒。

（2）习俗礼仪。印度是一个香料之国，印度人在烹饪过程中非常善于运用香料，主要调料就达十几种，几乎每种菜肴都离不开它们。其中咖喱就不下十种，味道各异，几乎什么味道都有，色彩深浅多变、香气四溢。洋葱在印度菜中占绝对主导地位。由于印度南部气候炎热，当地人一般口味重，嗜吃辛辣食物；北部的印度人口味相对就轻多了。

印度人喜欢分餐进食，不习惯用刀叉和筷子，一般用手抓食，愿意把菜、饭、汤、咖喱调在一起；不喜陆续上菜。他们多食米饭，对面食中的饼类也颇感兴趣；爱吃鸡、鸭、鱼、虾和羊肉；喜欢西红柿、洋葱、菜花、鸡蛋、辣椒、豌豆等蔬菜。

印度各地的菜肴差异很大，吃饭时的规矩也多，主要因宗教信仰而异。印度教徒和锡克教徒忌食牛肉、猪肉，爱吃羊肉和家禽肉；穆斯林恪守清规，忌血生，戒外荤，过斋月；基督教徒有小斋、大斋和封斋之举；而印度教上层人物均为素食者。

在饮品方面，印度人最爱喝奶茶，有的习惯饮加姜或小豆蔻的“马萨拉茶”。他们喝茶的方法也别具一格，一般是把茶斟入盘中，用舌头舔饮。印度人不喜欢喝汤，认为任何一种汤都无法与无色无味、冰凉爽口的白开水相比。印度教徒、锡克教徒、伊斯兰教徒均忌酒，爱喝咖啡、酸奶等饮品。

在穿着方面，印度男子平常大多身穿无领或圆领的长衫和宽松的围裤，头上缠着厚厚的头巾。长衫一般长不过膝，围裤垂至脚面以上，头巾长达几米。印度教徒缠头巾是一种传统，也是为了防止阳光的直接照射，纯属个人行为，不愿意缠可以随时摘下来。而锡克教徒缠头巾是他们民族的特征，也是必须遵循的教规，不能轻易摘下来。如果别人要他们摘下头巾，无疑是对他们的侮辱和挑衅。在一些比较正式而又要求体现民族特点的场合，印度男子则多穿“尼赫鲁服”，这种服装是印度民族独立运动时期象征印度民族精神的服装，即“民族服装”，有点类似于中国的“中山装”。

印度妇女的服装则比较艳丽，主要有裙子、纱丽和紧身上衣等。纱丽是印度妇女最钟爱的传统服装，长度一般为5—8米，宽度为1.25米，质地有普通棉布、闪光丝绸等，种类多样。

在婚俗方面，印度人还保持着许多传统习俗，其中的擦姜黄仪式尤其特别，一般在结婚前七天进行，每天用姜黄或芥子油的混合物（名叫“比迪”）给即将结婚的男女擦身，擦者多为歌手、母亲、嫂子或其他已婚的女子。还有拜陶工转盘，这是男女双方都举行的一种仪式。举行仪式的时候，妇女们前往陶工家里，对他家做陶器的转盘进行膜拜，在转盘上放些大米、白面和糖果等物。陶工这时会给她们一些新陶器作为交换。人们相信，通过这种仪式，新婚夫妇将来会团结和睦，感情坚如磐石。

印度人的肢体语言非常丰富，比如表示同意，他们总要先把头稍微歪到左边，然后立刻恢复原状；表示不同意，他们反倒点头示意。

如果受邀去印度人家里做客，要准时赴约，进入房间时要先脱掉鞋子。来到印度人家里时，主人会给客人戴花环，这时客人应马上把它取下来以示谦让。做客时可以带水果和糖果作为礼物，或者给主人的孩子们带点礼物。

印度是一个讲礼节的国家，也是一个东西方文化共存的国度。有的印度人见到外国人时，能用标准的英语问候“你好”；有的则用传统的佛教手势——双手合十表示问候。印度教徒见面和告别时多施双手合十礼，并互相问好祝安。行礼时要弯腰触摸长者的脚。印度人在双手合十时，总是要把双手举到脸前。印度东南部的一些少数民族与客人相见时，总把自己的鼻子和嘴紧紧贴在对方面颊上，并用力地吸气，嘴里还要念叨着“嗅一嗅我！”，以示其对客人的崇敬。印度的伊斯兰教徒的见面礼节是用右手按胸，同时点头，口念“真主保佑”。

在现代社交场合上，印度男性也开始运用握手礼节了，印度妇女除在重大外交场合外，一般不跟男性握手。

在印度，你若要进入印度教的寺庙，身上绝不可以穿牛皮制品，穿上牛皮制造的东西，会被视为犯了禁忌，皮鞋、皮表带、皮带、手提包等牛皮制品，都不得进入寺门。印度人走进寺庙或厨房之前，先要脱鞋。他们认为，若穿鞋进去，既不礼貌，也不圣洁。不论男女老幼，统统把鞋放在门口，赤脚进去。

印度人认为吹口哨是冒犯人的举动，是没有教养的表现。他们认为把孩子放在浴盆里洗澡是不人道的。因为不流动的水为死水，孩子浴后会遭灾、夭折的。印度人喜欢谈论文化方面的成就、印度的传统以及外国的事。

印度教徒最忌讳众人在同一盘中取食，也不吃别人接触过的食物，甚至别人清洗过的茶杯，也要自己再洗一遍后才使用。

三、孟加拉国的宗教信仰与习俗礼仪

1.宗教信仰

“孟加拉”即由古代“孟加人”加上“拉”（“阿里”的变音）组成。据说古孟加拉人的统治者，在其故乡的低洼地区建起了许多又高又宽的护堤，而其在梵文里亦被称为“阿里”。孟加拉国位于恒河和布拉马普特拉河的下游。西、北、东与印度接壤，东南与缅甸为邻，南濒孟加拉湾。境内有20多个民族，其中绝大多数是孟加拉人。首都是达卡，货币为塔卡。孟加拉语为国语，全国也通用英语。

孟加拉国的主要宗教是伊斯兰教和印度教。

2.习俗礼仪

孟加拉人在饮食上讲究菜肴的色和味，注重菜肴品种，一般口味不喜太咸，爱辛辣味，偏爱用涮、烩、煎、炸等烹调方法制作的菜肴。以米饭为主，也爱吃甜点心等；爱吃牛羊肉、猪肉、鱼、蛋类；喜欢青椒、土豆、豌豆、黄瓜、西红柿等蔬菜。

孟加拉国的查克玛人多以米饭为主食，佐以鱼肉和蔬菜。他们除了食用鸡肉、牛羊肉、鹿肉、青蛙肉、螃蟹外，猪肉也是他们常用的肉食（因其并非伊斯兰教徒），竹笋更是查克玛人十分喜爱的食品。当地人一般习惯于用手抓食取饭。

在服饰方面，孟加拉国属亚热带雨林气候，湿热多雨，棉布衣服很受欢迎。孟加拉国妇女的传统服装是纱丽。在农村/不论婚否，妇女都穿纱丽；在城里，已婚妇女穿纱丽，未婚姑娘则多穿衣裤。

在婚俗方面，孟加拉新人的婚礼有着伊斯兰国家的共性，但又有着自己的特色。首先，男方要在家长或亲戚做主选择好新娘候选人后才能去看女方究竟是什么模样，并与对方交谈。在婚礼仪式上，新郎、新娘在结婚证书上签字之前，要分开坐在两个不同的地方。而且必须有两名神职人员参加证婚，其中一名由政府指派。

他们时间观念很强，特别讲究准时赴约，认为这是社交上的礼貌。此外，他们特别喜爱荷花，习惯称其为“花中君子”，并视其为吉祥、平安、光明、纯洁的象征。

孟加拉人在社交场合与客人见面时，一般都以握手为礼。男人与女人相见时一般不握手，而习惯点头示意或说句客气话。佛教徒与客人相见时，习惯施合十礼，此时客人也应双手合十还礼，以示尊重。当男性客人被引见给男人时，习惯握手为礼；若被引见的是女人，要等她先伸出手来。

他们习惯在饭店或俱乐部里款待客人，按习惯往往由妻子陪同丈夫出席这类活动。

孟加拉人忌讳别人拍打他们的后背，认为这是一种极不礼貌和不尊重人的表现；对不经他们同意就给他们拍照的做法很反感；忌讳用左手传递东西或食物；忌讳翘拇指的手势，并视其为不礼貌的举止；不喜欢数字“13”。

四、岛国斯里兰卡的习俗与礼仪

1.宗教信仰

斯里兰卡位于亚洲南部，是印度洋上的一个岛国，为印度洋东西航运中的必经之地。西北与印度半岛隔海相望。主要民族有僧伽罗族、泰米尔族、摩尔族等。首都是科伦坡，货币为卢比。主要语言是僧伽罗语和泰米尔语，僧伽罗语为官方用语，社会上层通用英语。

斯里兰卡的宗教主要有佛教、印度教、伊斯兰教、天主教、泰米尔教等，每个宗教都有自己的社区，宗教信仰相同的人们大多也是在相同的区域居住。每个月都有的一个宗教节叫月亮节，就像中国的八月十五。每个月中，月亮最亮的那一天就是月亮节，是全国性的公休日。月亮节这一天，政府禁止百姓喝酒和娱乐。宗教已经深入到每一个斯里兰卡百姓的生活中，从吃饭到出门、从商业活动到重大庆典都离不开宗教的参与。每个周末都有各种宗教活动。信徒们十分虔诚，信仰佛教的不能吃肉，只吃鸡蛋和鱼虾。

2.习俗礼仪

斯里兰卡人大多以大米、椰肉、玉米、木薯为主要食物，用餐讲究实惠，注意色香味浓，偏爱用炸、烧、炒等烹饪方法制作的菜肴；喜食鸡、鱼、虾、牛羊肉等。此外，他们尤其偏爱椰汁和红辣椒，几乎所有的菜肴都离不开这两种调料。与印度人相似，当地人喜欢在所有菜肴中加入咖喱。咖喱分为红、黄两种，其中红咖喱是最辣的。

煮稻是当地最具特色的一种饮食，通常是把稻子放进大瓦罐中加水煮熟。这样煮稻，米光泽微黄，煮熟后还可以晒干，便于储藏，可保持香味长时间不变，也可随时食用。

待客时，最富有特色的则是“吉利奶饭”，即将大米与椰子汁一起煮，就如同牛奶米饭一般，是迎客时不可或缺的礼品餐。他们一般习惯用手抓食，还会在每人面前摆两碗水，清水供净手用，冷开水供饮用。

斯里兰卡人还有嚼酱叶的嗜好，习惯在酱叶上抹些石灰，再加上几片槟榔，然后把它们卷在一起嚼，据说可以提神、助消化。

斯里兰卡人最钟爱的饮品是茶。他们每日不离茶，早晨习惯喝床头茶，饭后爱喝饭后茶；尤其喜欢红茶，喝的时候会放糖、牛奶。当地农民喜欢饮用一种用椰花酿造的淡酒。

在穿着方面，斯里兰卡人的传统为男子穿纱笼、女子着纱丽。由于地处热带，所以男士一年四季上身穿白色短衫，下身则是纱笼。女士们一般都是上穿短袖淡色服，下着彩色纱丽。不论男女老少都喜欢在服装上缀挂有各种寓意（如辟邪、护身、健康之类）的装饰物。

在婚俗方面，斯里兰卡的农村还保持着传统的习俗。婚礼当天，新郎去接新娘前，母亲会在他胳膊上绑一条红带，以示吉祥如意。新郎到新娘家后，先给新娘献上鲜花。之后，新娘的叔叔会用一条带子将新郎、新娘的小拇指绑在一起，用水浇他们的手，此时他们便将手紧紧地合拢，以示永不分离。

招待客人时，斯里兰卡人有向客人献奶茶的习惯，因为奶茶是他们的传统饮料。一般宴客时还有给客人送一杯冷开水的习惯。若你不想喝水，一定要礼貌地谢绝，即用手轻轻触碰一下杯子，主人便会明白你的意思。

此外，他们还有一些独特的礼仪。如：表示“肯定或同意”时，一般都微微摇头；表示“否定或不同意”时，则要使劲摇头；表示“非常赞同”“十分明白”时，要点点头。还有在举行奠基、店铺开张或宗教典礼时，他们一般都乐于请贵宾划火柴并把一根根灯芯点燃，以示庆祝，点燃的油灯则象征着事业的繁荣和生活的幸福。

在当地，来访者应注意不同种姓阶层所恪守的宗教方面的种种规定，特别是在食品方面。此外，事先预约是必要的，遵守时间是合乎礼貌的。

五、岛国马尔代夫的宗教信仰与习俗礼仪

1.宗教信仰

马尔代夫共和国（原名马尔代夫群岛，1969年4月改为现名）位于南亚，是印度洋上的一个岛国，由1 200余个小珊瑚岛屿组成，其中202个岛屿有人居住。东北与斯里兰卡相距675公里，北部与印度的米尼科伊岛相距约113公里，面积内300平方公里，是亚洲最小的国家。马尔代夫南部的赤道海峡和一度半海峡为海上交通要道。该国虽然国土偏小，建国

也不久，但有很多节日。该国也是一个伊斯兰国家。马尔代夫被誉为“上帝抛洒人间的项链”“印度洋上人间最后的乐园”。

马尔代夫以伊斯兰教为国教，岛上居民不食猪肉、不饮酒，严禁偶像崇拜，妇女出行时必须穿遮体长裙，男士不能穿短裤。外国游客在度假酒店内不用遵守此规定，但到了马累等当地居民岛，就必须入乡随俗了。

马尔代夫居民大多是虔诚的穆斯林，讲礼貌、重礼节、淳朴好客，每天会进行5次祷告。星期五的伊斯兰教安息日则是他们的休息日，商店、学校和其他公共场所都会在这一天休息。马尔代夫的法定休假日为周五和周日。

2.习俗礼仪

马尔代夫地处热带，气候炎热潮湿，一般的居民住宅均就地取材，用椰树干做房柱，用树皮、树叶编织成席子盖房顶，用碎石砌墙。现在也有用砖、瓦和珊瑚石建造的房屋。这种房屋坚固、美观。

马尔代夫人以大米为主食，其次是红薯、山芋等；常吃牛肉、羊肉、鸡肉、鱼肉（不吃无鳞鱼）和蔬菜；有嚼槟榔的习惯。

他们的穿着较为简单，男子常穿白衬衣，公务人员在参加隆重仪式时穿西服。妇女服装色泽鲜艳，一般不戴面纱。这里的年轻女孩常穿西式短上衣。

妇女社会地位较高，经常参加集会或社会活动，但一般不主动与别人握手。稳健与温和是马尔代夫人共同推崇的秉性。这里的民风格外淳朴。马尔代夫人讲礼貌、重礼节，他们相见时会互相拉住对方的手问好；他们十分好客，朋友到来时，主人会拿出家里最好的食物款待客人。

思考题

1.试阐述日本人的“间意识”对其文化的影响。

2.试阐述中日文化的主要差异。

3.试阐述韩国新兴的礼仪标准是什么。

4.试阐述在亚洲的主要国家中，有哪些国家的宗教信仰是伊斯兰教，他们的习俗礼仪有哪些共同之处。

第三编

中华时尚礼仪

中华礼仪随着时代的变迁，一路历经着源起、生发、传播、流变、价值质疑、快速流失的风风雨雨。如今，在我国的人际交往中，懂得使用表示敬意的雅语和举止的人日渐稀少，这直接影响着我国的国际形象，而中华传统礼仪目前在日本、韩国却保留颇多，这一现状令人汗颜。面对这种信仰缺失的状态，我们必须重新认真学习中华时尚礼仪。

时尚礼仪是一种信息性很强的行为，站立、蹲坐、问候、微笑等谈吐举止等均会直接影响人们社会交际的实际效果。得体而礼貌的行为和形象可以建立和加强人与人之间相互尊重的友好关系，使社会秩序更加和谐有序。

“时尚”，是“时间”和“崇尚”相加的结果。呼吁大家学习时尚礼仪并非杞人忧天，或热衷于复古，这是社会文明进步的必需、时代发展的召唤。

本部分名为“中华时尚礼仪”，旨在推动讲文明、懂礼貌、树风尚、重视道德涵养成为现今时代人们所崇尚的时尚生活潮流。

D 第五章

现代时尚礼仪

本/章/重/点/与/难/点/提/示

一、重点

1. 拜访、交谈礼仪
2. 握手礼仪
3. 外交礼仪

二、难点

1. 宴请礼仪
2. 社交禁忌
3. 乘车出行礼仪

第一节　社交礼仪

社交礼仪主要涵盖以下几个方面：介绍、拜访、交谈、宴请及社会禁忌等。

一、介绍

介绍是社交礼仪中最常见的一种方式。在介绍过程中，双方应当保持站立姿势，热情应答。介绍时，介绍者与被介绍者应举止大方，态度热情得体；在整个介绍过程中应面带微笑，以示对他人的尊重。其基本方式可分为：为他人做介绍、被人介绍、自我介绍三种。

1.为他人做介绍

介绍他人时，应遵循“让长者、客人先知”的原则，即先把身份低的、年纪轻的介绍给身份高的、年纪大的；先将主人介绍给客人；先将男士介绍给女士。

介绍时，应简洁清楚，不能含糊其辞。可简要地介绍双方的职业、籍贯等情况，便于不相识的两人相互交谈。介绍他人时，不可用手指指点对方，应有礼貌地以全手掌示意。同时，介绍者目光应该兼顾双方，不可有所偏向。

2.被人介绍

被人介绍时，应面对对方，显示出想结识对方的诚意。等介绍完毕后，可以主动伸手握对方的手，并说“你好！”“幸会！”“久仰！”等表示友好的客气话。

男士被介绍给女士时，应主动点头并稍稍欠身，等候女士的反应。按一般规矩，男士不用先伸手，如果女士愿意和男士握手，则可以先伸出手来，示意愿意和对方结识，此时男士应立即伸手并轻轻握住对方的手，并稍稍点头，以示恭敬。

3.自我介绍

自我介绍时可一边伸手跟对方握手，一边做自我介绍，同时也可主动说声“你好！”来表现对对方的尊重。自我介绍时眼睛要注视对方面部，得到回应后再向对方报出自己的姓名、身份、单位及其他有关情况，语调要热情、诚恳、友好，态度要谦恭、有礼、得体。

二、拜访

1.拜访前的礼仪

不论因公还是因私拜访，都应事先与被访者电话联系，以免扑空或扰乱被访者的原有安排。联系的内容主要有四点：

(1) 自报家门(姓名、单位、职务)。

(2) 询问被访者是否在单位或家，是否有时间或何时有时间让自己去拜访。

(3) 告知访问的内容(有事拜访或礼节性拜访)，使对方有所准备。

(4) 在对方同意的情况下定下拜访的具体时间、地点。注意要避开吃饭和休息时间，特别是午睡的时间。最后，要向对方表示感谢。

2.守时

拜访时要准时赴约，不要提前太久，也不要让被访者久等。拜访时间应根据拜访目的和被访者意愿而定。一般时间宜短不宜长，万一因故不得不迟到或取消访问时，应立即打电话或派人通知对方。

3.敲门

到达被访者家门口或办公室门口时，一定要用手轻轻敲门。进屋后应按照被访者的安排落座。后来的客人到达时，先到的客人应该主动站起来，等候介绍。

4.注意细节

拜访者拜访时应彬彬有礼，注意一般交往细节。若是与被访者第一次见面，应主动递上名片，或主动做自我介绍。对熟人可握手问候。

5.等候

若被访者因故不能马上接待，应安静等候。有抽烟习惯的人，要注意观察该场所是否有禁止吸烟的标识，或主动问询主人意见。如果等候时间过久，可以向有关人员说明，并另定时间，不要显示出不耐烦的表情。

6.态度

拜访时，若与被访人意见相左，不要争论不休。对被访人提供的帮助要致以谢意，但不可过分谦恭，更不可阿谀奉承。

7.谈话

谈话时开门见山，不要海阔天空、不知所云、浪费时间。

8.告辞

要注意观察被访者的举止、表情，适可而止。当被访人有不耐烦或为难的表情时，应转换话题或口气，或立即起身告辞。告辞时要与被访人和其他客人告别，并道“再见”“谢谢”。被访人相送时，应主动说“请回”“留步”“再见”等礼貌用语。

三、交谈

交谈是人与人之间增进了解、加强友谊的重要手段，也是获取经验、增长见识的一种形式。交谈时的礼仪主要有：

1.声音与姿态

（1）声音。在社交或公众场合，即使是熟人，谈话声音也不宜过高，注意不要妨碍他人，以免令人反感。

（2）表情与动作。交谈时，表情要自然，语气要亲切得体；使用辅助手势时，动作不宜过大，特别注意不要用手指指人，这是一种非常不礼貌的行为。

（3）距离。谈话时与对方的距离要适当。距离较近时，要避免正面相对，或者以手遮口，以防唾沫溅到对方。

（4）谈话礼仪。参与别人谈话时，要先打招呼。若他人正在交谈，不宜凑近旁听。若有事需要与某人说话，应待他人说话告一段落时再打招呼，如“抱歉，打扰一下”。若有人主动与自己说话，应乐于与对方交谈。第三者参与谈话时，应主动点头微笑，或握手表示欢迎。谈话中若突然有急事需要处理或急于离开，应向对方表示歉意。

（5）肢体语言。交谈时，无论站姿或坐姿，身体不能太拘谨，但也不能太放松，会显得对人不尊重。聆听他人谈话时，眼睛应该有礼貌地注视对方面部，并适当点头，以示专心。

2.话题

（1）话题。在社交场合，应选择大家都可以介入、都方便发表意见的话题，不要只谈论个别人知道的事情而冷落了其他人。

（2）内容。谈话内容一般不要涉及疾病、死亡等不愉快的事情，不要谈一些离奇古怪、荒诞、黄色淫秽的事情。不宜用批评的语气谈论他人，也不要讥笑他人。

（3）关于隐私。话题不要涉及他人的隐私，如对女士不宜问年龄、婚姻状况、衣饰价格等，不宜涉及身材方面的问题；对男士不应问钱财、收入、履历等。不随便议论他人的宗教信仰和政治信仰，以免犯忌。

（4）表态。遇到不便谈论的话题，或涉及对方反感的问题时，不要轻易表态，应适当转移话题以缓和气氛。

（5）男女有别。男士一般不参与女士的谈话，与女士谈话时要宽容、谦让、尊重对方，不要随便开玩笑。

3.礼貌用语

交谈时应注意使用礼貌用语。常用的礼貌用语有：您好、请、谢谢、对不起、没关系、打搅了、抱歉、再见等。

4.注意事项

（1）顾全大局。谈话时，应注意和在场的所有人攀谈，要顾全大局，不要只顾与一人攀谈而忽略他人，并注意不要一个人说得太多，应给每个人发表意见的机会。

（2）聆听。要善于聆听他人谈话，不可轻易打断别人发言，尤其不能频繁看表、随意走动、打哈欠等，不应显得不耐烦，以免给他人留下不重视对方的不好印象。

（3）风度。在社交场合，谈话时要注意自己的风度，一般不过多纠缠、不高声辩论，更不能恶语伤人、出言不逊，即便争吵起来，也不要斥责、讥讽、辱骂对方。结束时应与他人握手告别。

（4）时长。在别人家时，一般以不超过两小时为宜。如果主人没有主动邀请就餐，应在开饭前一小时左右找借口离开，不要等到马上开饭时才起身告辞。

四、宴请

中西方文化中的正式宴请规矩有很多是不同的。比如：在西方宴请礼仪中，右首高于左首、中间高于两边，合理的座次安排可以让人脉资源最大化；在中餐礼仪中，让菜不夹菜。

但中西方宴请礼仪也有共同之处，如：作为主人需要兼顾大部分客人的情绪，挑选合理的话题让气氛活跃；客人到场后需要对双方不熟悉的客人做适当介绍。

1.餐桌礼仪

餐桌上有许多应注意的礼仪，而这些礼仪常被忽视。

（1）就座和离席。就座和离席时应注意以下几点：

- 长者或领导坐定后，方可入座。
- 席上如有女士，应等女士坐定后再入座。如女士座位在男士旁边，男士应招呼女士。
- 用餐后，须等男、女主人离席后，其他宾客才可离席。
- 坐姿要端正，与餐桌的距离保持适宜。
- 在饭店用餐时，应由服务生领台入座，或由主人安排入座。
- 离席时，应帮助隔座长者或女士挪动座椅，以方便其出入。

（2）餐巾的使用。使用餐巾时应注意：

- 餐巾主要用来防止弄脏衣服，还可以用来擦嘴及手上的油渍。
- 必须等到大家坐定后再使用餐巾。
- 餐巾摊开后，放在大腿上，切勿系在腰间，或挂在西装领口处。
- 切忌用餐巾擦拭餐具。

（3）餐桌礼仪。常用的餐桌礼仪包括：

- 入座后姿势端正，脚踏在本人座位下，不可任意伸直，手肘不得靠着桌缘或放在邻座椅背上。
- 用餐时须温文尔雅、从容安静，不能急躁。
- 在餐桌上不能只顾自己，也要关心别人，尤其要招呼两侧的女宾。
- 口内有食物时应避免说话。
- 自用餐具不可伸入公用餐盘夹取菜肴。
- 必须小口进食，不要大口塞食物；食物未咽下时，不能再塞其他食物入口。
- 取菜舀汤时，应使用公筷、公匙。
- 吃进口的东西，不能吐出来，如系滚烫的食物，可喝水或果汁冲凉。
- 送食物入口时，两肘应向内靠，不宜向两旁张开，以免碰及邻座。
- 自己手上持刀叉，或他人在咀嚼食物时，均应避免跟人说话或敬酒。
- 好的吃相是食物就口，不可口就食物。若食物带汤汁，则不能匆忙送入口中，否则汤汁滴在桌布上，极为不雅。
- 切忌用手指掏牙，应用牙签，并以手或手帕遮掩。
- 避免在餐桌上咳嗽、打喷嚏。如果不能避免，应说声“对不起”。
- 喝酒宜各自随意，敬酒以礼到为止，切忌劝酒、猜拳、吆喝。
- 如餐具坠地，可请侍者帮忙拾起。
- 若有意外，如不慎将酒、水、汤汁溅到他人衣服上，表示歉意即可，不必恐慌赔罪，这样反而会使对方难为情。
- 如欲取用摆在同桌其他客人面前的调味品，应请邻座客人帮忙传递，不可伸手横越、长驱取物。
- 如系主人亲自烹调的食物，勿忘给予主人赞赏。
- 如吃到不洁或有异味的食物，不可吞入，应轻巧地用拇指和食指将入口食物取出，放入盘中，或用餐巾纸包口吐出。倘尚未吃时已经发现盘中菜肴有昆虫和碎石，不要大惊小怪，宜侯侍者走近，轻声告知侍者更换。
- 食毕，餐具务必摆放整齐，不可随便放置。餐巾亦应折好，放在桌上。

- 进餐中不宜抽烟；如需抽烟，必须先征得邻座的同意。
- 在餐厅进餐，不能抢着付账，推拉争付，非常不雅。倘系做客，亦不能抢着付账。未征得朋友同意，亦不宜代友付账。
- 进餐的速度，宜与男女主人同步，不宜太快，亦不宜太慢。
- 餐桌上不能谈悲戚之事，否则会破坏欢愉的气氛。

2.宴客礼仪

（1）座位安排。一般的宴会，除自助餐、茶会及酒会外，主人必须安排客人的席次，不能采用随便坐的方式，以免引起主客及其他客人的不满。尤其在有外交使团的场合，大使及代表的座位更应安排妥当。家庭或其他聚会时应以长者或主客为尊，其他人从之。

（2）桌次安排。一般家庭的宴会，饭厅置圆桌一张，无须安排桌次的区分。但如果宴会设在饭店或礼堂，有两张或两张以上桌子时，则必须定其大小。定位的原则为，以背对饭厅或礼堂的位置为正位，以右旁为大，左旁为小；如场地排有三桌，则以中间为大，右旁次之，左旁为小。

（3）席次安排。宾客邀妥后，必须安排客人的席次。目前我国多以中餐圆桌款客，有中式及西式两种席次安排方法，但基本原则相同。一般而言，必须注意下列原则：

- 以右为尊，前述桌次的安排，已述及尊右的原则。席次的安排亦以右为尊、以左为卑。如男女主人并座，则男左女右。如席设两桌，男女主人分开主持，则以右桌为大。宾客席次的安排亦然，即以男女主人右侧为大，左侧为小。
- 职位或地位高者为尊，高者坐上席，应依职位高低定位，不能逾越。
- 若职位或地位相同，则必须依官职传统习惯定位。
- 遵守各国外交惯例，当一国的政府首脑，如总统或总理款待外宾时，则外交部部长的排名在其他各部部长之前。
- 女士以夫为贵，其席次与其丈夫相同，即在众多宾客中，男主宾排第一位，其夫人排第二位。但如邀请对象是女宾，因她是某部长，而其先生官位不显，譬如是某大公司的董事长，则必须排在所有部长之后，夫不见得一定要与妻同贵。
- 有政府官员、社会团体领袖及社会贤达共同参加的场合，则以政府官员、社会团体领袖、社会贤达为序。
- 欧美人士视宴会为最佳社交场合，故采取分座之原则，即男女分座，排位时男女互为间隔。夫妇、父女、母子、兄妹等必须分开。如有外宾在座，则华人与外宾杂坐。

- 遵守社会伦理，长幼有序、师生有别，在非正式的宴会场合，尤应遵守。如某君已为部长，而某教授为其恩师，在非正式场合，不宜将某教授排在该部长之下。
- 座位的末座，不能安排女宾。
- 如男女主人的宴会邀请了他们的顶头上司，如经理邀请了其董事长，则主人必须让出其应坐的尊位，改坐在次位。
- 正式宴会的座次安排与桌次基本相同，右高左低，先右后左。按照国际惯例，坐席安排应该男女穿插，以女主人为准，主宾在女主人的右方，主宾夫人在男主人的右方。我国习惯按照职务高低安排席位，以便交谈。如果有夫人及女士出席，通常把她们安排在一起，主宾坐在男主人右方，主宾夫人坐在女主人的右方。两桌以上的宴会上，其他各桌中的主位可以与主桌的位置相同，也可以面向主桌的位置为主位。

以上是席次安排的原则。由于席次安排依照尊卑顺序，所以宾客一旦上桌坐定，看看左右或前后宾客，即可了解其他人的地位或身份。

五、禁忌

禁忌是普遍存在于各民族中的观念习俗和文化现象。它起源于原始社会早期并延续至今，哪怕是在科学技术高度发展的国家，仍然可见种种禁忌。禁忌与原始信仰有关，与人们求吉避祸的追求相联系，也是一种消极的惰性心理的反映。

《中国风俗词典》[①]对“禁忌”的定义为：“关于社会行为、信仰活动的某种约束限制观念和做法的总称，为一种传统风俗。”

1.禁忌的表现与分类

禁忌的表现主要是指禁忌的对象，大致可用人、物、言、行来概括。禁忌的分类以禁忌场所和禁忌主体（人）的活动内容为标准来划分。禁忌大致可分为以下几类：

（1）宗教禁忌。宗教禁忌本质上是人们信仰、崇拜神秘异己力量和神圣对象的一种宗教行为。对神秘力量和神圣对象的敬畏感往往在人们的行动上表现出来。在人与神秘力量和神圣对象的关系上，体现为人们对自己行为的限制。

（2）生产禁忌。生产禁忌主要表现在人类的生产活动中，如农耕生产禁忌、牧业禁忌、林业禁忌、狩猎业禁忌、渔业禁忌、手工业禁忌等。

（3）生活禁忌。我们将衣、食、住、行，男、女，婚、嫁，生、老、病、死等都归入生活类。此类禁忌颇多，也是人们所必须注意的。

---

① 叶大兵，乌丙安．中国风俗词典[M]．上海：上海辞书出版社，1990．

2.生活禁忌简介

（1）服饰禁忌。主要表现在服饰的色彩和款式上。多数民族都忌讳在喜庆场合中穿纯白或纯黑的服饰，但崇尚白色及黑色的少数民族除外。维吾尔族忌穿短小款式的衣服，上衣一般要过膝，裤腿要长及脚面，不能穿短裤到户外活动。过去，一些伊斯兰国家的妇女要戴面纱或盖头。藏族忌讳穿别人穿过的衣服。塔吉克族忌讳随便脱帽。彝族男子头顶的“天菩萨”（一种发型）、景颇族和德昂族的包头，尤其是长辈的包头不能随便被人触碰。

（2）饮食禁忌。如蒙古族不吃水族、鸟类的内脏和血液，仫佬族禁食动物心脏等。许多民族都禁食自死物。鄂温克族不允许小孩吃羊肥肠；高山族布农人禁止小孩吃野猪肉与山羊肉；土家族、布依族、苗族未婚男女忌食猪蹄（因猪蹄开叉，怕找不到合得来的对象，或结婚后又要离婚分开）。土家族还不允许孩子吃敬过神的食品。穆斯林的饮食禁忌是不吃猪肉和无鳞鱼。饮食禁忌也涉及许多礼仪问题，如宴席上的长幼主宾座次、敬酒的规矩、男女是否同席、碗筷的摆放等。对于这些问题，各个国家、各个民族都有自己的严格规定。

（3）居住禁忌。我国许多民族在建房（选址、打基、砌墙、上梁、盖顶等）、搬迁、居室内的格局与陈设等方面都有相应的禁忌。房门的朝向，神龛、厕所、畜圈、卧室的位置，甚至睡觉时头部朝向的位置都有讲究。要尊重火塘、锅灶、水缸、水井，以及不允许在居室顶上晾晒衣物等禁忌，在各民族中都是普遍存在的。彝族、土家族、傣族、景颇族、哈尼族、傈僳族等民族还有不允许在室内吹口哨的禁忌。

（4）性别禁忌。主要表现为对女性的歧视，重男轻女现象在我国农村较为普遍。有一些地区男女服饰有严格区别，规定不得穿异性衣服，特别是男士不得穿女士衣服，被认为会让人沾染“晦气”。

（5）婚姻禁忌。主要表现在选择对象、恋爱、定亲和嫁娶、婚后生活、离婚、再婚、再嫁等方面。有些是通婚范围的限制，有些是日子的限制，有些是语言和传统婚姻制度的限制。其中瑕瑜互见，有好的习俗，也有一些糟粕。

（6）生育禁忌。包括孕期、产期和哺乳期的不同禁忌。一些民族忌讳孕妇接近供奉神祇或祖宗牌位的地方；有的忌讳孕妇参加婚礼；有的禁止孕妇参加葬礼；有的不允许孕妇吃兔肉、鸭头、甲鱼等。有的不允许产妇在家中生产，有的不允许在娘家生产，更多的是不允许生人（尤其是男人）进产房。有的少数民族忌乳母在热、寒、怒、醉时给婴儿喂奶；瑶族禁止穿白衣、穿草鞋的生人见婴儿；白族不允许带弓弩的人看女婴。

（7）丧葬禁忌。包括报丧、入殓、哀悼、埋葬、祭扫等方面的禁忌。报丧时一般不允许说“死”，要以其他词代替；入殓时有的要在家中，有的要在屋外，陪葬品亦很有讲究；哀悼期间一般禁止娱乐和劳作，要穿孝服或戴孝；不同年龄、不同死因的死者有不同的葬仪和葬法。一般应严格遵守本民族的传统丧葬礼俗。

（8）节日禁忌。指节日期间应严格遵循的传统习俗，以祈福避灾。如年节时应何时祭祖、何时给老人拜年、哪天去访亲会友、何时可以动火、何时不能扫地，什么日子吃什么饭等，都应遵循当地民俗。

（9）交往禁忌。以尊重、友好、平等、利人为原则，在称呼、馈赠、做客、待客等方面都有特定的禁忌。如：中国各民族几乎都忌讳对长辈、尊者直呼其名，而要使用亲属称谓或敬语；赠送礼品时，给结婚的人送双不送单；不给丧家送绸子（与“臭子”谐音）、缎子（与“断子”谐音）；不给商家送茉莉（“没利”的谐音）；不给病人送剑兰（与“见难”谐音），要送苹果、橘子、桃、李等水果，表示平安吉祥，免除病痛灾难；除丧事外，一般不送菊花，人们多认为菊花为丧葬之花。

第二节 商务礼仪

商务礼仪包括会议礼仪、外交礼仪、职场礼仪、服务接待礼仪等。

一、会议礼仪

会议礼仪是召开会议前、会议中、会议后及参会人应注意的事项，懂得会议礼仪对会议精神的执行有较好的促进作用。

1.座次排定

（1）环绕式。不设立主席台，把座椅、沙发、茶几摆放在会场的四周，不明确座次的具体尊卑，而是让与会者入场后自由就座。这一安排座次的方式，与沙龙、座谈会、主题会的主题最相符，也是现代最流行的一种方式。

（2）散座式。散座式排位，常见于在室外举行的茶话会、午餐会、自助冷餐会或沙龙等。它的座椅、沙发、茶几可以自由地组合，甚至可由与会者根据个人要求而随意安置。这样容易营造出一种宽松、惬意的社交氛围。

（3）圆桌式。圆桌式排位，是指在会场上摆放圆桌，请与会者在周围自由就座。圆桌式排位又分为两种形式：一是人数较少时，仅在会场中央安放一张大型的椭圆形会议桌，请全体与会者在周围就座；二是在会场上安放数张圆桌，请与会者自由组合。

（4）主席式。这种排位是指在会场上，主持人、主人和主宾被有意识地安排在主席台一起就座，听众或与会者则在台下就座。

2.发言礼仪

会议发言有正式发言和自由发言两种，前者一般是领导做报告，后者一般是讨论发言。

（1）正式发言。正式发言者，应衣着整齐，走上主席台时应步态自然、刚劲有力，体现一种成竹在胸、自信自强的风度与气质。发言时应口齿清晰、讲究逻辑、简明扼要、中气十足。如果是有讲稿的发言，则要时常抬头扫视一下会场并与听众沟通，不能总是低头读稿。发言完毕，应对台下听众的倾听表示感谢。

（2）自由发言。自由发言可以较随意，但仍应注意，发言时须讲究顺序和秩序，最好举手发言，不能争抢发言；发言应简短，观点应明确；与他人有分歧时，应以理服人、态度平和，听从主持人的指挥，不能只顾自己痛快发泄而扰乱会议秩序。

（3）回答问题。如果会上有人对发言人提问，应礼貌作答；对不能回答的问题，应机智而礼貌地说明理由，避免似是而非的回答；对提问人的批评和意见应认真听取，耐心解释；即使提问人的批评是错误的，也不应失态或翻脸。

3.与会礼仪

作为职场中人，在公司或单位里，一定要养成顾全大局的习惯。除公司和部门内部会议，职场人士也有机会参加一些公司以外的其他会议。因此，在参加会议之前，要做好准备。

开会前，如果临时有事不能出席，必须通知对方。

会议前要多听取上司或同事的意见，准备好参加会议所需的资料。

开会的时候，如果发言，应简明扼要。在听其他人发言时，如果有疑问，要通过适当的方式提出来，譬如递纸条等。在别人发言时，不要随便插话，破坏会议的气氛。开会时不要说悄悄话或打瞌睡。没有特殊的情况不要中途退席；即使要退席，也要征得主持会议的人的同意。要利用参加会议的机会，与各方面沟通，建立良好的人脉关系。

参加会议应衣着整洁、仪态大方，准时入场，进出有序，依会议安排落座。开会时应认真听讲，不要小声说话或交头接耳；发言人发言结束时，应鼓掌致意；中途退场时应轻手轻脚，不可影响他人。

4.主持礼仪

各种会议的主持人，除非特别安排司仪，一般应由具有一定职位的人来担任，其表现对会议的圆满成功有着重要的影响。

（1）主持人应衣着整洁、大方庄重、精神饱满，切忌不修边幅、邋里邋遢。

（2）走上主席台时应步伐稳健有力，显得胸有成竹。行走的速度和步幅因会议的性质而定，在气氛热烈的会议上步频应较快。

（3）入席后，如果是站立主持，应双腿并拢，腰背挺直。持稿时，右手持稿的中底部，左手五指并拢、自然下垂。双手持稿时，应与胸齐高。坐着主持时，应身体挺直，双臂前伸，两手轻按桌沿。在主持过程中，切忌出现挠头、揉眼、跷腿等不雅动作。

（4）主持人应口齿清楚、思维敏捷，说话简明扼要。

（5）主持人应根据会议性质调节会议气氛，或庄重，或幽默，或沉稳，或活泼。

（6）主持人不能对会场上的熟人打招呼，更不能与之寒暄闲谈，会议开始前，可点头、微笑致意。

5.会议准备

（1）辅助器材。现代化的会议离不开各种辅助器材，在召开会议之前，就应该把各种辅助器材准备妥当，如多媒体、扩音器、投影仪等。

（2）桌椅、名牌、茶水。摆放桌椅时，可以根据会议的需要将其摆成圆桌型或报告型。如果参加会议的人数较多，一般应采用报告型，不需要准备席位牌；如果参加会议的人较少，一般采用圆桌型，并且要制作席位牌，即名牌，以方便与会人员就座。

会议上的饮料最好用矿泉水，因为每个人的口味不一样，有的人喜欢喝茶，还有的人喜欢喝咖啡，所以如果没有特别的要求，矿泉水是最能让每个人都接受的选择。

（3）签到簿、名册、会议议程。签到簿的作用是帮助会议组织者了解到会人员的多少及其身份。一方面，这样能够让会议组织者查明是否有人缺席，另一方面，能让会议组织者根据签到簿安排下一步的工作，比如就餐、住宿等。印刷名册可以让与会人员尽快地掌握参会人员的相关资料，以加深了解、熟悉彼此。

若有相应的会议议程表，最好事前印刷，放在资料袋里分发，便于与会者了解会议的各项议程安排。

（4）黑板、白板、笔。在有的场合，与会人员需要在黑板或者白板上写字或画图说明问题，虽然视听设备发展得很快，但是传统的表达方式依然受到很多人的喜爱，而且在黑板或白板上表述具有即兴、方便的特点。此外，粉笔、万能笔、板擦等配套的工具也必不可少。

（5）各种视听器材。现代科技的发展带来了投影仪、幻灯机、录像机、镭射指示笔或指示棒等视听设备，给人们提供了极大的方便。在召开会议前，必须先检查各种设备是否能正常使用。如果要用幻灯机，则需要提前做好幻灯片。录音机和摄像机能够把会议的过程和内容完整地记录下来；有时需要立即把会议的结论或建议打印出来，那就要提前准备一台小型的影印机或打印机。

（6）资料、样品。如果是关于业务汇报或者产品介绍的会议，那么有关的资料和样品是必不可少的。比如在介绍一种新产品时，单凭泛泛而谈是不能给人留下深刻印象的，如果给大家展示一个具体的样品，并结合样品介绍它的特点和优点，那么给大家留下的印象就会深刻得多。

（7）设座。特别是小型会议，参加者较少、规模不大，应为全体与会者排座，不设立专用的主席台。小型会议的排座，主要有以下三种具体形式：

- 自由择座。不排定固定的具体座次，由与会者自由地选择座位就座。
- 面门设座。一般以面对会议室正门之位为会议主席之座。其他与会者可在其两侧自左而右地依次就座。
- 依景设座。会议主席的具体位置，不必面对会议室正门，而是应当背依会议室之内字画、讲台等。其他与会者的排座，则略同于前者。

二、外交礼仪

1.中国涉外五项基本原则

在新中国建立初期，就已经制定了处理外交事务的五条基本原则——

（1）维护形象。在国际交往中，人们普遍对交往对象的形象倍加关注，并且都十分重视遵照规范、得体的方式塑造、维护良好形象。个人形象在国际交往中之所以深受人们重视，主要是因为以下四个方面。

第一，个人形象真实地体现着教养和品位。

第二，个人形象客观地反映了精神风貌与生活态度。

第三，个人形象如实地展现了对交往对象的重视程度。

第四，个人形象是其所在单位的整体形象的有机组成部分。

当人们不知道某一个人的归属时，个人形象方面所存在的缺陷只会被视为个人存在着某些方面的问题。但是，当人们确知某人属于某一单位，甚至代表着某一单位时，则往往将其个人形象与其所在单位的形象等量齐观。最后，个人形象在国际交往中还往往代表着其所属国家、所属民族的形象。

基于以上原因，在涉外交往中，每个人都必须时刻注意维护自身形象，特别是要注意维护自己在正式场合留给初次见面的外国友人的第一印象。

个人形象在构成上主要包括六个方面，亦称个人形象六要素。

第一，仪容，是指一个人的容貌。

第二，表情，主要是指一个人的面部表情。

第三，举止，是指一个人的肢体动作。

第四，服饰，是对一个人的服装和首饰的统称。

第五，谈吐，即一个人的言谈话语。

第六，待人接物，具体是指与他人相处时的表现，亦即为人处世的态度。

（2）不卑不亢。它的主要要求是：每一个人在参与国际交往时，都必须意识到自己在外国人的眼中是代表着自己的单位、自己的民族、自己的国家。因此，言行应当从容得体、堂堂正正。在外国人面前既不应该表现得畏惧自卑、低三下四，也不应该表现得自大狂傲、放肆嚣张。

涉外人员必须“在变化多端的形势中判明方向，在错综复杂的斗争中站稳立场，再大的风流中也能顶住，在各种环境中都严守纪律，在任何情况下都忠于祖国、维护国家利益和尊严，体现中国人民的气概”。这些具体要求，应当成为我国所有涉外人员的行为准则。

（3）求同存异。在对外交往中常常涉及两个问题：第一，应当如何对待中外礼仪与习俗的差异性？第二，在国际交往中，到底应当遵守何种礼仪？

对于第一个问题，首先，对于中外礼仪与习俗的差异性，我们应当予以承认。其次，在涉外交往中，对于类似的差异性，尤其是我国与交往对象所在国之间的礼仪与习俗的差异性，重要的是了解，而不是评判是非、鉴定优劣。

对于第二个问题，一般而论，目前大体有三种主要的可行方案。

第一种是“以我为主”。在涉外交往中，基本上采用本国礼仪。

第二种是“兼及他方”。在涉外交往中，采用本国礼仪的同时，适当地采用一些交往对象所在国现行的礼仪。

第三种则是“求同存异”。在涉外交往中，为了减少麻烦、避免误会，最可行的做法是，既要对交往对象所在国的礼仪与习俗有所了解并予以尊重，又要认真地遵守国际上通行的礼仪惯例认真。

（4）入乡随俗。它主要是指在涉外交往中，要真正做到尊重交往对象，首先就必须尊重对方独有的风俗。之所以必须认真遵守“入乡随俗”原则，主要是因为以下两方面：其一，世界上的各个国家、地区、民族，在其历史发展的具体进程中，形成了各自的宗教、语言、文化和风俗，并且存在着不同程度的差异。这种“十里不同风，百里不同俗”的局面，是不以人的主观意志为转移的，也是难以强求统一的；其二，在涉外交往中，注意尊重外国友人所特有的习俗，容易增进中外双方之间的理解和沟通，有助于更好地、恰如其分地向外国友人表达我方的亲善友好之意。

（5）信守约定。指在一切正式的国际交往中，都必须认真而严格地遵守自己的所有承诺。说话务必算数，许诺一定要兑现，约会必须要如约而至。一切有关时间方面的正式约定，尤其要恪守不怠。在涉外交往中，要真正做到“信守约定”。对一般人而言，尤须在下列三个方面身体力行、严格地要求自己。第一，在人际交往中，许诺必须谨慎。第二，对于自己已经作出的约定，务必认真地加以遵守。第三，万一有难以抗拒的因素导致自己单方面失约，或是有约难行，需要尽早通报有关各方，如实解释，还要郑重向对方致以歉意，并且按照规定和惯例主动地负担由此给对方造成的某些物质方面的损失。

2.世界流行的接待通则

概括来说，目前世界上流行的接待通则主要有以下十二条：

（1）维护形象。在交往活动中，每位相关人员的一言一行，往往都代表着一个国家、一个民族、一个地区、一个城市的形象。若是毫不修饰自我形象，不但难言对交往对象的尊重，而且亦属失礼行为。所以不论是领导干部还是接待人员，在公务活动中都应时刻注重个人的言谈举止、服饰仪容，不可蓬头垢面、不修边幅。

（2）不卑不亢。这是事关国格、人格的大是大非问题，不卑、不亢同等重要，不可偏废。既不畏惧自卑、低三下四，又不自大狂傲、放肆嚣张，要堂堂正正、坦诚乐观、豁达开朗、从容不迫、落落大方、一视同仁。

（3）求同存异。求同就是遵守国际惯例以便于沟通、取得共识、避免周折；存异就是注意“个性”，了解具体交往对象所属国家或地区的习俗，并予以尊重。

（4）入乡随俗。当自己身为东道主时，通常讲究“主随客便”；当自己作为客人时，则又讲究“客随主便”。接待人员必须充分地了解交往对象所属国家或地区的风俗习惯，无条件地尊重，不可少见多怪、妄加非议。

（5）信守约定。在一切公务接待活动中，都必须认真而严格地遵守自己的所有承诺，说话务必算数，许诺一定要兑现，约会必须准时。万一由于难以抗拒的因素而失约，必须尽早向有关各方通报，如实解释，郑重致歉，主动承担损失。

（6）热情有度。待人接物时的热情友好要注意分寸，过犹不及。比如与人交往的距离分四种：一是私人距离，又叫“亲密距离”，小于0.5米，仅适用于家人、恋人和至交；二是社交距离，又称“常规距离”，介于0.5米至1.5米之间，适用于一般交际场合；三是礼仪距离，又称“敬人距离”，介于1.5米至3米之间，适用于会议、演讲、庆典、仪式以及接见等活动；四是公共距离，又叫“有距离的距离”，超过3米，适用于在公共场所同陌生人相处。

（7）不必过谦。在交往活动中，涉及自我评价时，虽然不应该自吹自擂、一味抬高自己，但也不要妄自菲薄、自轻自贱、过度谦虚客套。

（8）不宜先为。在交往活动中，面对自己一时难以应付，或者不知道到底怎样做才好的事情时，如有可能，最明智的做法是尽量不要急于采取行动，尤其不要急于抢先、冒昧行事。

（9）尊重隐私。凡涉及客人收入支出、年龄大小、恋爱婚姻、身体健康、家庭地址、个人经历、信仰政见、所忙何事等问题，皆属个人隐私，要避免与对方谈及这些隐私。

（10）女士优先。在一切社交场合，每位成年男子都有义务主动自觉地以自己的实际行动去尊重、照顾、保护女性，这并不代表女性是弱者，而是对女性的尊重。

（11）爱护环境。不可破坏自然环境，不可虐待动物，不可损坏公物，不可乱堆乱挂私人物品，不可乱扔废弃物品，不可随地吐痰，不可随意吸烟，不可任意制造噪声。

（12）以右为尊。在对外交往中，大到政治磋商、商务往来、文化交流，小到私人接触、社交应酬，但凡有必要确定并排列主次尊卑时，“以右为尊”都是普遍适用的，以右为上、以左为下，以右为尊、以左为卑，就肯定不会失敬于人。

三、职场礼仪

职场礼仪有很多，这里重点介绍握手礼仪、电子礼仪、道歉礼仪、电梯礼仪、乘车出行礼仪。

1.握手礼仪

握手是人与人的身体接触的一种，可以给人留下深刻的印象。

（1）握手的动作。握手时，距对方约一步远，上身稍向前倾，两足立正，伸出右手，四指并拢，拇指张开，与受礼者握手时应虎口相交。掌心向下握住对方的手，显示着一个人强烈的支配欲，无声地告诉别人，他此时处于高人一等的地位，应尽量避免这种傲慢无礼的握手方式。相反，掌心向里同他人握手的方式显示出谦逊的态度，如果伸出双手去捧接，则更是谦恭备至了。平等而自然的握手姿态是两手的手掌都处于伸直状态，这是一种最普通也最稳妥的握手方式。

（2）握手的时间。除了关系亲近的人可以长久地把手握在一起外，一般握两三下就可以了。时间过短，好像在走过场；时间过久，特别是拉住异性或初次见面者的手长久不放，就显得有些虚情假意了，甚至会被怀疑为“想占便宜”。一般要将时间控制在3秒左右。如果要表示自己的真诚和热情，也可较长时间握手，并上下摇晃几下。

（3）握手力度。握手的力度要掌握好，握得太轻了，对方会觉得你在敷衍他；太重了，人家不但没感觉到你的热情，反而会觉得你很粗鲁。女士尤其不要把手软绵绵地递过去，这会表现出连握都懒得握的样子。既然要握手，就应大大方方地握。

（4）握手顺序。级别或者地位低于对方时，被介绍之后，最好不要立即主动伸手。长辈伸手后，晚辈才能伸手相握。同样是上级先、主人先、女士先。如果女士不想和男士握手，男士不应该主动伸出手；如果男性年长，是女性的父辈年龄，在一般的社交场合中仍以女性先伸手为主；如果男性已是女性的祖辈年龄，或女性未成年，则男性先伸手是适宜的。但无论什么人，如果对方忽略了握手礼的先后次序而已经伸了手，都应毫不迟疑地回握。

（5）握手礼仪注意事项。握手时应注意以下几点：

- 握手时双目应注视对方，微笑致意或问好，多人同时握手时应按顺序进行，切忌交叉握手。与人握手时不要看第三者或心不在焉。
- 握手时不要一句话不说，也不可长篇大论、点头哈腰、过分客套。
- 不要用左手，即使你是左撇子，也要用右手；在有些国家的习俗认为人的左手是脏的，所以这个错误不能犯。
- 男士在握手前应先脱下手套，摘下帽子；女士，特别是在晚会穿着晚礼服时，可以戴着手套握手。
- 如果需要和多人握手，握手时要讲究先后次序，由尊及卑，即先年长者后年幼者、先长辈再晚辈、先老师后学生、先女士后男士、先已婚者后未婚者、先上级后下级。
- 多人相见时，注意不要交叉握手，也就是当两人握手时，第三者不要把胳膊从上面伸过去和另外的人握手。
- 在多数情况下拒绝对方的主动握手都是无礼的。但手上有水或不干净时，应谢绝握手，同时必须解释并致歉。

2.电子礼仪

电子邮件、传真、电话和移动电话在给人们带来联络方便的同时，也带来了职场礼仪方面的新问题。譬如现在的微信、电子邮件中充斥着各种笑话、垃圾邮件和各种各样的广告，真正与工作相关的内容反而被淹没其中。所以，首先应当记住，在职场中，要做到不发、不转、不写不严肃、不健康的邮件或帖子。

传真应当包括联系人信息、日期、页数和发件人落款。但要注意，未经他人许可，不要给他人发送传真，否则不仅会浪费他人时间及纸张等资源、占用他人线路还是一种对他人极不礼貌的行为。

手机在现代社会中的使用越来越广泛，甚至成为人们与这个世界联系的主要手段。但在使用时应注意，如果没有一些重要或急于联系的事情，尽量不要占用他人时间，尤其是下班后和休息时间，晚上9点后尽量不要打扰他人。

3.道歉礼仪

即使是一个非常讲究礼仪的、有素质的、有教养的人，也不可避免地会在无意中冒犯他人。若无意中冒犯了他人，一定要真诚道歉，表达自己的歉意，然后继续工作即可。若是将自己的错误当作一件大事而不断责怪自己，这样只会让他人忐忑不安、更加不舒服。

在职场中有一个“职场角落”的说法，其实就是指一个人独处办公室时。有些人平时西装革履、文质彬彬、相貌堂堂、温文尔雅，但在职场角落里却并非如此。职场角落最能体现礼仪道德所在，因此我们应努力做到慎独。

4.电梯礼仪

电梯虽然狭小，但一个人在电梯里的表现反映出这个人的道德教养。

（1）不得在电梯里乱写乱画、反映出这做一些不雅的事情。

（2）陪同客人或长辈乘电梯时，应主动按下电梯按钮。当电梯门打开时，可先行进入电梯，一手按着开门按钮，另一手按住电梯门，请客人进电梯；进入电梯后，按下客人要去的楼层按钮；乘梯过程中，若又有人进入，应主动询问要去几楼，并帮忙按下按钮；在电梯里应尽可能侧身面对客人，不用寒暄；到达目的楼层后，一手按住开门按钮，另一手做出“请”的动作，并说“到了，您先请！”；客人走出电梯后，自己应立即步出电梯，并热诚引导行进方向。

（3）上下班时，电梯里的人会非常多，先上来的人要主动往里走，为后上来的人腾出地方；后上来的人要视电梯内人的多少进入，当超载铃声响起时，最后上来的人应主动出来等下一趟电梯；若最后上来的人比较年长，年轻人或新进公司的人要主动退出电梯，让年长者先行。

（4）进出电梯时的走姿礼仪。使用电梯时，大致应当注意以下两方面：

• 对来访客人以礼相待。有些单位规定本单位人员不得与顾客坐同一个电梯，这是以礼相待的表现。在来访客人准备乘坐电梯时，如果正好遇上单位有运送货物的任务，应该做好协调，让客人先坐电梯，稍后运送货物；或者要求单位员工考虑使用其他电梯。有可能的话，工作人员不要和来访客人混用同一部电梯。如果是无人驾驶电梯，工作人员应当先进后出，以方便控制电梯。乘坐的如果是有人驾驶电梯，工作人员应当后进后出。

• 尊重周围的乘客。进出电梯时，应该侧身而行，免得碰撞别人。进入电梯后，要尽量往里站。人多的情况下，最好面向内侧，或与别人侧身相向。下电梯前，应该提前换到电梯门口。

5.乘车出行礼仪

（1）上下车的礼仪。司机或下属应为上级、嘉宾开关车门，并遵守“尊者先上后下”的礼仪；上车时不要爬进车里，应先把身体降低，让臀部坐到位子上后再把双脚收进车里。

（2）座次的礼仪。驾驶轿车的司机一般可分为两类：车的拥有者和专职司机。由主人亲自驾车时，前座为上，后座为下；商务场合应遵守“以右为尊，以左为卑”的国际惯例。比如：前排坐最尊贵的客人，后排从右到左按照乘车人的重要顺序依次排列。由专职司机驾驶时，仍讲究右尊左卑，但是座次的尊卑有不同，讲究“后座为上、前座为下”。比如：客人坐后排右座，主人坐左边车座，其他工作人员或翻译坐前排副驾驶座。

主人驾车、夫人陪同出行时，则主人夫妇坐前座，客人坐后座。男士应让夫人先上车，并为她打开车门。

主人夫妇搭载友人夫妇出行时，应邀友人坐前排右座，友人夫人坐后座。

思考题

1.简述拜访他人前应先做哪几件事。

2.简述宴请中就座和离席的讲究。

3.简述会议中发言应遵从的礼仪。

4.简述世界上流行的接待通则。

第六章 时尚形体礼仪

本/章/重/点/与/难/点/提/示

一、重点

1.标准站姿

2.标准坐姿

二、难点

礼仪中表情的运用

第一节　姿势的修饰——静态姿势

古语云："站如松，坐如钟，行如风。"姿势是人的形体仪态的重要构成部分，是指身体呈现的样子。人在日常活动中，会产生各种各样的姿势。总体而言，人体姿势可分为两大类，即静态姿势和动态姿势。优美的姿势并非天生的，是不断修炼养成的。

人的静态姿势主要有立、坐、蹲、卧、俯等，尤以立姿和坐姿为重。

一、立姿

立姿是人的静态姿势之一。优美的立姿应该保持身体直立，重心落于双脚，头正颈直，两臂自然下垂或在身体前后交叉，双肩水平。从整体上看，应端庄大方、舒展得体。不同性别、不同年龄的立姿各有特点。

中老年者应给人以静谧、庄重之感；青少年可呈现一定的动感，表现活泼好动的个性；年轻女性的立姿更要体现风姿和魅力，应站得庄重大方；男士应站得刚毅洒脱、挺拔向上、精力充沛。

具体怎么做呢？“站如松”，是指人的立姿应当像松树一样挺拔。要求头正颈直，全身挺拔，双眼平视，嘴唇微闭，下颌微收，挺胸直腰，双肩水平；两臂自然下垂或前后交叉，手指并拢、自然微屈，两臂下垂时中指压裤缝；腿膝伸直，脚跟并拢，脚尖微向外倾，两脚呈45度交角，身体重心落在两脚中间。站立时间较长时可以采取身体放松的稍息姿势，重心落在一只脚上，累时可以将重心交换到另一只脚上。人处于立姿时，竖看应有直立感；横看要有开阔感，应给人舒展的感觉；侧看要有垂直感。

要注意克服不雅的立姿，例如：站时弯腰驼背、东倒西歪、左摇右晃，斜腰、倚门、靠墙、叉腿、叉腰、挺胸凸肚、扭撅臀部等也是不规范的立姿。不雅的立姿会给人懒惰、轻佻、缺少正气、缺乏力量和不端正、不健康的印象，有损个人整体形象。

（1）男士标准立姿。男士站立时通常要求背部挺直，下颌微收，伸长后颈；双肩往后拉，两侧平衡对称，双肩自然下垂；腹部收紧，挺胸，不弯腰或垂头；不要给人以萎靡和颓废的感觉。

为求稳重，两腿可略分开，大约与肩膀同宽，双手呈半握拳为最好。男士站立时除挺胸收腹外，还要略微收起臂部，两腿要直，膝盖放松，大腿略微收紧上提，身体重心落于前脚掌上。

站累了，脚可以向后撤半步，但上身仍须保持挺直，总之，要给人稳重、坦率的印象。

很多男士在站立时，会将双手插在裤子口袋里，这是错误的动作。在演讲的时候，如果感觉很紧张，可以短时间地将手插入裤袋，但长时间将手置于裤袋里会给人轻率的感觉，显得不够庄重。

如果把手叉在腰间，会给别人一种被冒犯的感觉，尤其是有女士在场的时候，更不合适。如果想换一下手的放置位置，可以将单手置于背后。

（2）女士基本立姿。女士要想使自己具有优雅迷人的立姿，关键是要让自己的双脚、双膝、双手、胸部和下颌五个部位都处于最佳位置。

双脚的脚跟应该并拢，两只脚尖应该相距10厘米（自己的一个拳头）左右，其张开角度为45度，呈“V”字形。两只脚也可以一前一后，前一只脚的脚跟轻轻地靠近后一只脚的脚弓，将重心集中于后一只脚上，切勿两腿分开，甚至呈平行状。亦可用表演中的“丁字步”站立。

在正式场合，双膝应挺直，而在非正式场合，伸在前面的那一条腿的膝部可以略微弯曲，呈“稍息”状态。但是不论处于哪一种场合，双膝都应当有意识地并拢。这样方能确保双腿自上而下、全方位并拢，并使髋部自然上提，避免双腿“分裂”、臀部撅起等不雅观的姿势。

在站立时如果双手没有拎包、持物，则最好将右手搭在左手上，然后贴在腹部，同时应当注意放松双肩，使双肩自然下垂。不要耸肩、斜肩，或是弯臂、端肩。

在非正式场合，双手自然下垂，贴放在身体两侧未必不可，但是在正式场合这样做，就毫无美感可言了。不要把手插在口袋或者袖子里，也不要双手相握，背在身后。前一种做法显得自由散漫，后一种做法则看起来老态龙钟。

在站立时胸部应略向前方挺出，同时要注意收紧腹肌，并挺直后背，将整个身体的重心置于双腿中间，不偏不斜。这样不仅能使自己看起来精神振奋、线条优美，而且也不会出现凹胸、挺腹、弓背等难看的姿势。

为使自己显得自然放松，应将下颌微微内收，脖颈要挺直，双目要平视前方。不要含胸、不要羞于抬头正视他人，好像做了“亏心事”一样，也不要下颌高扬，用鼻孔“看人”，给人目空一切的感觉。此外，还要避免探颈的恶习。

总之，在正式场合女士最优雅动人的立姿应当是：全身直立，双腿并拢，双脚略分，双手搭放在腹部，抬头、挺胸、收腹、目视前方。

女士在公共场合站立过久，难免会有些疲惫，如果需要休息，可以去寻找一张空闲的椅子，然后坐下来。切不可因周围无人，而放松对自己的严格要求。不要倚墙而立或随便靠着桌沿、栏杆。特别不要在放松时将鞋子半穿半脱，为“辛苦”的双脚放风透气，那就太不“秀气”了。

二、坐姿

坐姿比立姿更重要，因为不管在一个人的日常生活还是在社交活动中，坐姿持续时间最长。坐姿的要求是“坐如钟”，要坐得稳重、端正。入座时神态要从容自如，稳步走到椅子前，转身落座；若离椅子较远，可适当用一只脚试探后退，小腿肚靠近椅子时再双膝并拢坐下。

1.基本坐姿

坐，是人的一种静态造型。端庄优雅的坐姿会给人以文雅、稳重、自然大方的感觉。正确的坐姿应该是：腰背挺直，肩放松。

女性坐着时应该两膝并拢，男性的膝盖部分可分开一些，但不要过大，一般不超过肩宽。坐下后，要将双手自然地放在膝盖上或椅子扶手上。不论何种坐姿，上身都要保持端正，如古人所说的“坐如钟”。如果坚持这一点，那么不管你怎么变换身体的姿态，都会显得优美、自然。

在正式场合，我们入座时要轻柔缓和，起身时要端庄稳重，不可猛起猛坐，弄得桌椅乱响，造成尴尬气氛。无论男士还是女士，坐在椅子上时最好不要把椅面坐满，以坐椅子的三分之二为最好，宽座沙发则至少要坐满二分之一。落座后，至少10分钟内不要靠椅背。时间久了，可轻靠椅背。

我们与对方坐着谈话时，应根据交谈者的方位，将上身、双膝侧转向交谈者，上身以基本挺直为好。离坐时要自然稳当，慢起，轻走。

2.男士标准坐姿

男士在坐下时，应该身体重心垂直向下，腰部挺直，两腿略分开与肩膀同宽；两脚应尽量平放在地，大腿与小腿成直角；两膝可分开一拳左右的距离；脚态可取小八字脚步或稍分开以显自然洒脱之美，但不可以尽情打开腿脚，那样会显得粗俗和傲慢。男士的双手应以半握拳的方式放在腿上，或是椅子的扶手上，这样看起来不至于太过拘束。

男士坐在沙发上时，千万要记住整个身体不要往内靠，这样会给人一种精神不振的感觉。就座时，姿势应端正，态度安详。除非是很休闲的场合，否则不宜跷腿，也勿以手敲拍桌椅。头部要保持平稳，平视前方，脸上保持轻松的笑容。

如果是侧坐，上半身与腿应该同时转向一侧，面部仍是正对正前方，双肩保持平衡，不要跷二郎腿或者晃动足尖，这样容易让四周的人认为你目中无人或傲慢无礼。

坐时要特别注意避免不雅姿态，像双腿叉开和抖腿、摇脚这一类动作都将使个人形象减分。如果平日没有养成良好的坐姿习惯，一旦穿上比较正式的服装，就会显得手足无措，甚至还会有比较唐突的表现和比较滑稽的感觉。要想避免这种情况发生，平时就要多加练习，养成良好的坐姿。

3.女士标准坐姿

需要说明的是，女性坐时最好只坐椅子的三分之一，不要超过二分之一，满座姿势会很不优雅。若需移动椅子，必须先站立再移动，移到合适处再坐下，不得坐在椅子上移动位置。坐稳后，双目平视，嘴唇微闭，面带微笑，挺胸收腹，双肩平直放松，上身微向前倾，上肢自然下垂，双手自然轻握并放于膝上，双膝并拢，两臂亦可放在桌上或两侧扶手上，掌心向下，脊背轻靠椅背。端坐时间过长时，可将身体略微倾斜，头面向主人（或客人）。起立时，右脚后收半步，再站起。

女士入座时要注意做到轻、稳、缓，即走到座位前，要轻稳地坐下；入座时，女士若身着裙装，应用手将裙子稍稍拢一下，不要坐下后再拉拽衣裙。在正式场合，女性一般是由左边入座，起身离开座位时也要从椅子左边离开。

女士入座要娴雅、柔美。如果椅子位置不合适，需要挪动椅子的位置的话，应当先把椅子移至欲就座处，轻轻放下，然后入座。若人坐在椅子上，拖着椅子移动位置，不光看起来很滑稽，也是有违社交礼仪的。

女士坐下后，应双肩平正放松，两手自然微曲，手放在腿上或放在椅子、沙发的扶手上，掌心向下，这样会显得自然得体，从容自如。

坐在椅子上的姿态以立腰、挺胸、上身自然挺直为宜。双膝自然并拢，双腿正放或侧放，或交叠成小“V”字形，切记：无论在什么情况下，女士的双腿都不要分离。

要注意克服不良坐姿，如半躺半坐、前仰后倾、歪歪斜斜，两腿伸直跷起或腿过于分开等。跷二郎腿、颤腿、抖脚，将两手夹在双腿中央或垫在大腿下，用脚勾椅子腿，脚跷在另一只椅子上或沙发扶手上等不良坐姿会给人随便、轻浮、不文雅、缺乏修养的印象。

4.八种常用坐姿

（1）正襟危坐式。适用于较正规的场合。要求人的上身与大腿、大腿与小腿、小腿与地面都形成直角，双膝、双脚完全并拢。

（2）垂腿开膝式。这种坐姿多为男性所使用，也较为正规。要求上身与大腿、大腿与小腿皆成直角，小腿垂直地面，双膝分开，但不得超过肩宽。

（3）双腿叠放式。这种坐姿适合穿短裙的女士，造型极为优雅，给人以大方高贵之感。要求将双腿交叠在一起，交叠后的两腿之间没有任何缝隙，犹如一条直线，然后将双腿斜放于左侧或右侧，斜放后的腿部与地面呈45度角，叠放在上的脚尖垂向地面。

（4）双腿斜放式。这种坐姿适合穿裙子的女性在较低处就座时使用。要求双膝先并拢，然后双脚向左或向右斜放，力求使斜放后的腿部与地面呈45度角。

（5）双脚交叉式。这种坐姿适用于各种场合，男女皆可选用。要求双膝先并拢，然后双脚在踝部交叉，交叉后的双脚可以内收，也可以斜放。但不宜向前方直伸出去。

（6）双脚内收式。这种坐姿适合一般场合，男女皆宜。要求大腿首先并拢，双膝略打开，两条小腿分开后向内侧屈回。

（7）前伸后屈式。这是女性使用的一种优美的坐姿。要求大腿并紧之后，向前伸出一条腿，并将另一条腿后屈。双脚脚掌着地且前后要在同一条直线上。

（8）大腿叠放式。多为男性在非正式场合使用。要求两条腿在大腿部分叠放在一起。

叠放之后位于下方的一条腿垂直于地面，脚掌着地；位于上方的另一条腿的小腿则向内收，同时脚尖向下。

在一些公共或集会场所，经常能够发现一些不正确的坐姿。有的人抖动双腿，一刻不停；有的人不光跷起二郎腿，还把腿跷得很高；有的人把手插在衣袋里，或叉腰、托腮，或将手托于脑后；还有的人扭来扭去，坐不稳当；有的人由于贪图舒服，甚至半坐半躺，呈瘫坐状态，这些错误的坐姿不仅损坏了个人形象，而且对身体健康也有着潜在影响。

第二节　姿势的修饰——动态姿势

动态姿势主要是指走姿及手、腿、脚和人的躯体等部分的姿态。尤其是走姿和手势更为重要。要注意修饰动态姿势，这样才能给人以美感，更能体现自己的最佳形象。

一、走姿

保持良好的走姿的三要素是：从容、平稳、直线。

要做到“行如风”，要走得正确、优雅、轻盈、有节奏感，这是走姿的基本要求。要走出美丽、走出风度并非易事。

行走时应昂首挺胸，收腹、直腰、提臀，两眼平视前方，肩平，双臂自然前后摆动，脚尖微向外、向前方伸出。起步时身体微向前倾，身体重心落于前脚掌。行走时要使身体重心随着脚步不断向前移动，即迈出的每一步都应从胸膛开始向前移动，而不是只有腿向前迈。

行走时应注意克服不规范走姿，如行走时左摇右晃，弯腰驼背，步履拖沓，呈内八字或外八字步，背手、插兜、叉腰、拖肘或趿拉着鞋走路等。这些走姿破坏了行走的平衡、对称及和谐一致，使行走者有失优雅风度。

1.男士标准走姿

男性的步履应充分表现其雄健、有力、潇洒、豪迈，展示其刚健、英武、敏捷的阳刚之美。正确的男士走路姿态会给人一种充满自信的印象，同时也给人一种值得信赖的感觉，让人赞赏。一位男士的走姿将直接影响到这位男士在他人眼中的形象。

男士在行走时要将双腿伸直，身体挺直，下巴微向内收，眼睛平视前方，双手自然垂于身体两侧并随脚步微微前后摆动。双脚尽量走在同一条直线上，脚尖应正对前方，切莫呈内八字或外八字。步伐大小以自己足部长度为准，速度应适中。

男士行走时腰部应稍用力，收紧小腹、臀部收。脊背挺直，抬头挺胸，切勿垂头丧气。脚步要从容缓和，尽量避免短而急的步伐，不要发出太大声响，尽量不要低头看地面。

男士在遇到熟人时，点头微笑即可。如果要停下步伐交谈，注意不要影响他人的行进。当有熟人在你背后打招呼时，千万不要急转身，以免动作、力量过大，使紧随身后的人应变不及，被撞倒受伤。

2.女士标准走姿

女性的步幅要考虑服装与年龄等因素。如着裙服、旗袍等，宜小步幅进行，以显得轻巧、灵活；若穿健美裤、牛仔裤等，步幅可大些，显得活泼、潇洒。喜欢看时装走秀的读者应该已经发现，T型台上的模特并不都是美若天仙，但个个身材苗条、步履矫健，行走时落落大方、充满自信。所以优美的走姿，往往能从整体上提高女性形象。

应该注意，女性的标准步幅是一个脚长，也就是说两步之间的距离应是一只脚的长度。行走时两脚应踏在一条直线上，可微微摆动胳膊，以充分体现女性躯体的动态美，呈现轻盈、文雅、优美、自然的气质。

女士在行走时，上半身不宜晃动，应自然而又均匀地向前迈进，不疾不缓。手部应放在身体两侧自然摇摆，幅度不宜过大。如果手上持有物品，如手提包等，应将大包挎在手臂上，小包拎在手上，背包则背在肩膀上。雨天拿雨伞时，应将雨伞挂钩朝内挂在手臂上，以免妨碍他人。

女士在行走时不宜左顾右盼，经过路边的玻璃窗或通道里的镜子时，不可停下来站在路中间梳头或补妆，以免阻挡别人前进。还要注意不要三五成群、左推右搡、大声谈笑，这样不但会妨碍他人行走，看起来也不雅观。

高跟鞋可谓是女士的最爱，但一定要注意行走时脚底发出的踢踏声，在正式的场合以及人较多的地方，要做到轻落足，避免行走时发出太大的声响。

女士在行走过程中，如果有物品遗落在地上，不要马上弯腰拾起。正确的姿势是，首先绕到遗落物品旁边，蹲下身体，然后单手将物品捡起来，这样可以避免出现领口大张或裙摆打开等不雅的情况。

3.陪同、引导他人时的走路礼仪

在陪同、引导他人时，应该注意方位、速度、体位等方面，比如：双方并排行走时，陪同、引导人员应居于左侧；如果双方成一列行走时，要居于左前方约1米左右的位置。当被陪同人员不熟悉行进方向时，应该走在前面外侧。另外，陪同人员行走的速度要与对方一致，不可以走得太快或太慢。

陪同、引导他人行走时，要处处以对方为中心。经过拐角、楼梯或道路坎坷、照明欠佳的地方时要提醒对方留意。同时，也要根据情况采取一些特殊的体位，如：请对方开始行走时，要面向对方，略微欠身；在行进中和对方交谈或答复提问时，应将头部、上身转向对方。

4.上下楼梯时的走姿礼仪

（1）减少在楼梯上的停留。楼梯是行人的主要通道，来往人数往往较多，加之有台阶或拐弯，行人的速度一般会慢一些，所以我们不宜坐在楼梯上休息，或站在楼梯上与人交谈，或故意在楼梯上缓慢地走。

（2）坚持“右上左下”原则。上下楼梯、电梯、自动扶梯（滚梯）时，都不应该并排行走，而要从右侧上或在右侧站立，以便其他有急事的人可以从左边的急行道通过。

（3）注意礼让别人。上下楼梯时，不要和别人抢行。出于礼貌，可以请对方先走。当自己陪同、引导客人上下楼梯时，就要走在前面。如果是陪客人上楼，陪同人员应该走在客人后面；如果是下楼，陪同人员应该走在客人的前面。

5.出入房间时的走姿礼仪

进入或离开房间时涉及的走姿是个连续动作，要求各环节都要做到位。

（1）先通报。在出入别人房间时，特别是在进入房间前，一定要轻轻敲门或按门铃。贸然出入或者一声不吭，都会显得冒冒失失。

（2）开关门得法。出入房间时务必用手来开门或关门。开关房门时，最好是反手关门、反手开门，并且始终面向对方。用肘部顶、用膝部拱、用臀部撞、用脚尖踢、用脚跟蹬等方式关门都是不好的做法。

（3）后入后出。与别人一起出入房间时，为了表示自己的礼貌，应该自己后进门、后出门，而请对方先进门、先出门。

（4）主动替他人拉、推门。在行走中经过门时，特别是陪同、引导别人时，我们有义务在出入时替对方拉门或推门。拉门或推门时要使自己处于门后或门边，以方便别人进出。

（5）不同场景下的走姿。走进会场、走向话筒、迎向宾客时，步伐要稳健、大方；进入机关单位、拜访别人时，在室内脚步应轻而稳；办事、联络时，步伐要敏捷、稳重，以体现自己的效率、干练；参观展览、探望病人时，脚步应轻而柔，尽量不要发出声响；参加喜庆活动时，步态应轻盈、欢快、有跳跃感；参加丧葬活动时，步伐要缓慢、沉重，以反映悲哀的情绪。

6.几种不受欢迎的走姿

(1) 阻挡道路。在公共场合行走时，不仅要和他人保持一定的距离，还要保持一定的速度，以免阻挡他人。在道路狭窄的地方，悠然自得地缓步而行，或走走停停，或多人并行，都是极其不礼貌的行为。

(2) 蹦蹦跳跳。在公共场合行走时，应注意随时保持风度，不要让情绪过分表面化。在路上蹦来蹦去，上蹿下跳，会显得极不稳重。

(3) 拖泥带水。脚步蹭着地面走，很不利落，同时会给人沮丧、颓废的感觉。

(4) 前挺后仰。肚子腆起，身体后仰，显得重心不稳，随时有摔倒的可能，会给人以慵懒、傲慢的感觉。

(5) 埋头走路。含胸、眼皮耷拉或低头行走，给人心事重重和无精打采的感觉。

(6) 肢体僵硬。手臂、腿部僵直或者身子死板僵硬地行走，给人以病态和缺乏活力的感觉。

(7) 跨度、摆动幅度过大。行走时，双脚迈步跨度偏大，身子来回摆动，给人以松垮、不稳重的感觉。

(8)手未按礼仪要求摆放。在正式场合，手插在口袋中，或双臂相抱，或倒背双手的走姿会让人觉得清高、傲慢、无理。

二、躯体姿势的修饰

躯体姿势包括俯姿、卧姿等。这些姿势在社交中应用得不多，但也应从整体形象的角度予以适当修饰。

1.俯姿

俯姿较为常用，如鞠躬、欠身、拾起掉落在地上的物件等都要俯身。俯姿的修饰要根据俯身的目的来进行。如鞠躬之类的俯身，头自然下垂，俯身呈30−45度即可，下身垂直、双脚并拢，动作和缓，应在角度最大处稍做停留。使用俯姿时，应面带笑容，轻轻点头。若打招呼时俯身，一般俯身15度，双脚可稍分开，持续时间略短。若与一般朋友在行进时相遇，稍稍点头、微笑示意即可。

2.卧姿

卧姿一般出现在非社交场合，常见的有仰卧、侧卧、半卧、俯卧等。一般要求是：只要有外人在场，能站不坐，能坐不卧；只能卧床者，也要讲究卧姿的文明，尤其不可四仰八叉地仰躺。不论是何种卧姿，双腿都可交叠，并且最好在腹部盖一点东西，譬如毛毯等。

第三节　姿势的修饰——蹲姿

在各种人体体态中，蹲姿与立姿、坐姿及走姿既有联系又有区别。蹲姿和坐姿都是由站立和行进的姿势变化而来的，都处于相对静止的状态。立姿体位最高，走姿、坐姿其次，蹲姿的体位最低。相对而言，立姿、坐姿及走姿适用于职业场合和正式场合，而蹲姿一般适用于休闲场合。

随着时代的变迁，人们对礼仪有了更全面的认识，对蹲姿也提出了更新和更高的要求。但即使如此，蹲姿仍然容易被人忽略。

欧美国家认为“蹲”这个动作是不雅观的，所以只有在必要的时候才能蹲下来做某件事情。在日常生活、工作中，拾起掉落的东西、系好鞋带等动作都需要蹲姿，服务行业工作人员因帮助顾客和提供服务也需要蹲姿，但如果蹲无“蹲相”、随便弯腰，臀部后翘、上身前倾、袒胸露背，既不雅观，也不礼貌。与立姿、坐姿和走姿一样，蹲姿也有礼仪方面的要求。

一、蹲姿的基本要领

人在下蹲时，两腿要合力支撑身体，避免滑倒；应该使头、胸、膝关节保持在一个角度上，使蹲姿优美。下蹲拾物时，应自然、得体、大方，不遮遮掩掩。女士还应用一只手将上衣领口轻轻按住，以免“走光”。

优雅的蹲姿，一般有下列两种。

1.交叉式蹲姿

下蹲时一脚在前，一脚在后。在前的小腿应垂直于地面，全脚着地。如左腿在后与右腿交叉，左膝应由后面伸向右侧，左脚跟抬起，脚掌着地。两腿前后靠紧，合力支撑身体。臀部向下，上身稍前倾。

2.高低式蹲姿

下蹲时一脚在前，一脚稍后（不重叠），两腿靠紧向下蹲。前脚全脚着地，小腿垂直于地面，后一只脚脚跟提起，脚掌着地。若右膝低于左膝，右膝内侧靠于左小腿内侧，形成左膝高右膝低的姿势，臀部向下，基本上以右腿支撑身体。

男士选用这种蹲姿时，两腿之间可有适当距离。

二、蹲姿的禁忌和正确姿态

弯腰捡东西时，两腿交叉，臀部向后撅起，是不雅观的姿态。两腿展开下蹲，其姿态也不雅观。现代人常常喜欢穿低腰裤，下蹲时有些人的内裤或腰部肌肉会露出来，更是不雅观。

另外，女士下蹲时，随着头和身子前倾，衣领也容易下滑，不用一只手按住衣领，将会被在高处站着或坐着的人看见内衣，这种情况会令女士十分尴尬。

正确的蹲姿为：站在所取物品的旁边，屈膝蹲下去拿，一脚在前，一脚在后，两腿向下蹲，前脚全面着地，小腿基本垂直于地面，后脚跟提起，脚掌着地，臀部向下；不要低头，也不要弓背，要慢慢地把腰部低下；两腿合力支撑身体，掌握好身体的重心。男士两腿间可留有适当的缝隙，女士则要两腿并拢，穿旗袍或短裙时更要注意将裙子按住，以免尴尬。

如果用右手捡物品，可以先走到物品的左边，右脚向后退半步再蹲下。脊背保持挺直，避免弯腰翘臀的姿势。特别是女士穿短上衣时，如不注意上衣的自然上提，露出臀部皮肤或内衣则很不雅观。即使穿着长裤，两腿分开下蹲、撅起臀部的姿态也不美观。

第四节　表情的修饰

一、表情的美化和修饰

人主要是通过面部的颜色、光泽，肌肉的收缩与舒展、纹路的变化，眉、眼、嘴、鼻的动作以及它们的综合运动反映心理活动和情感状态的。表情既是一个人内心体验的外在表现，可以反映人的喜、怒、哀、乐、爱、恶、欲等内心情感，也是人传达情感的一种方式，能够表达对人对事的一种态度，如尊、鄙、爱、恨、从、逆等。表情是人们交往中的一种无声语言，也是整体形象礼仪的一个重要组成部分。表情与容貌、姿势、风度共同构成整体形象礼仪。

1.表情器官及表达方式

（1）面部的色彩。除面部的皮肤颜色外，人类可以通过心理活动以及面部毛细血管的舒张和收缩，调节面部的色彩。毛细血管扩张、面部充血、两颊泛红，可表现人的羞怯，也可以表现激动甚至冲动；面部色彩还与环境和人的内在疾病有关。

（2）表情肌肉的收缩和舒展。事实上，面部表情的一切变化都是在大脑的指挥下，通过面部各种肌肉的收缩和舒张等复杂的变化来实现的。参与表达情感变化的面部肌肉叫表情肌，表情肌大多群集于口、鼻、眼、耳的周围，其两端都附着于面部皮肤，收缩时引起皮肤移动，从而显示各种面部表情。如口角收缩、额肌上提会呈现一副横眉立目的凶相；若额上肌提起，眼睛睁大，笑肌纤维横向收缩，嘴角外翘，则使人笑容满面。

（3）通过眉、目、口、鼻来表达情感。眉是目的伴侣，眉目可以联合传情；口与鼻也可以参加情意的表达，这些器官更多是通过合作来表情达意的。

• 眉。眉毛是面部器官的必要构件。眉毛的生理作用虽不太大，但是不可或缺的，它是一个人美、丑及喜、悲、哀、怒等情感的重要标志。

• 眼。眼是人体的重要器官之一。眼睛是由眼眶、眼睑、结膜、眼肌、泪器、眼球等组成的。眼睛的形状可分成很多种，按眼裂的高度可分为牛眼、杏仁眼、凤眼、虎眼、黑豆眼、水泡眼等；按眼裂的倾斜度可分为丹凤眼、八字眼、吊眼、三角眼。“眉目传情”的主要部分当属眼神。眼神实际上是人在外界环境和内在心理机制的交互作用下，眼睛构造与眼睛外形结合的一种行为变化。人通过眼神将情感、态度和情绪表达出来。

• 嘴。嘴也是面部的重要器官，嘴由唇、舌、牙等组成，尤其外显的是唇。一般根据嘴的厚度、长度、外展度，嘴角的方向划分，可分为大嘴、小嘴、翻嘴、瘪嘴、猪嘴、狼嘴、鼠嘴、雷公嘴等。嘴闭合、嘴角的向上和向下皆能传递一定的信息；嘴的动作也是哭和笑动作的重要组成部分。嘴还是重要发声器官。

• 鼻。鼻由外鼻、鼻腔、鼻窦等部分组成，鼻是容貌的重要组成部分。按鼻翼突出、外展程度，鼻背部形态，鼻孔形状等因素，可分为宽阔型鼻翼、适中型鼻翼、狭窄型鼻翼、凹形鼻梁、凸形鼻梁和三角形鼻孔、椭圆形鼻孔、扁圆形鼻孔等。鼻是参与发音的重要器官之一。鼻翼的动作，鼻孔发出的气流、声音，都表达着一定的意义。

2. 善于表达内心世界的美好

有人说“眼睛是心灵的窗户”。其实面容是一个整体，表情最迅速、最充分地反映人的各种复杂的情感及其变化，如高兴、悲哀、痛苦、畏惧、愤怒、忧虑、失望、烦恼、疑惑等。心理学家认为，表情这一无声语言，其显示的人的心理活动要比用声音多得多，而且深刻得多。有人还提出这样一个公式，即一个信息的传递 = 7% 言语 + 38% 的语音 + 55% 的表情。

由此可见，表情是人的心理活动直接反映，是人的情绪变化的透视镜，是人的优雅气质的指示器。表情对整体形象礼仪的塑造是非常重要的，并且还是观察、审视他人的内心世界、了解他人的心理活动和社交意图的重要标准。

3.表情的修饰和美化

（1）给人以真实而又精心修饰的印象。表情是人的心理活动的反映，这是表情真实性的一面；虚情假意，过分掩饰自己的内心活动，反而会非常不自然，给人以不诚实、不实在的印象，会失去形象美和内在美。但是表情若不加一点修饰，心里的兴奋或悲伤完整地表现于外，让别人一眼望穿，就会使他人产生一种浅薄、简单的印象，并不能体现出一种深层美感；而且当一个人心绪不宁的时候，让别人一眼看透，不仅不会令人愉悦反而会令人尴尬，也是一种失礼的行为。所以既要真实，让人看到自己内心的真诚、坦然，又要做适当的修饰，放大心灵中美好的一面，适当掩盖和修饰不够完美的另一面，更多地展现真诚、善良和美好，更少地暴露虚假、恶毒和丑陋，达到美化形象的目的。尤其是在情绪不良、心理状态不佳的情况下，表情更应有所修饰。

（2）把握最初7秒钟。心理学的研究表明，陌生人相见时，会在最初的7秒钟内，自觉或不自觉地用眼睛、面容和态度来表达自己的真正感觉。在这一段时间内，你的表情语言和姿势等，都能影响别人对你的看法。

怎样把握好这交往的最初7秒钟呢？事先要有所准备，整理好思绪，尽快做些必要的心理调整，了解交往的目的，确定情绪交流的预期效果；与人交往时要放松，随和并投入，要使自己尽快地融入当时的氛围中；专注地倾听别人讲话，自己要尽量少说话，且要注意说话时的声调、节奏和音量，声音要柔和，吐字要清晰，句子要短；面部表情要诚恳友善，尤其是眼睛，要表现得专注而有神；要率真自然、充满自信、举止文雅、表现得体、不卑不亢，避免使用幅度较大的动作。

（3）眉目传真情。眉目的配合既可向别人表达自己的内心情感，又能表示自己的态度。尤其是眼神，不仅能直接把人的内心情绪传达出来，而且能通过微妙的变化把人的深层心理情感反映出来。不同的眼神代表不同的含义：炯炯有神的眼神，表现自己对事业的执着追求；麻木呆滞的眼神，体现了对生活的心灰意冷；明澈坦荡的眼神，反映为人正直无私；狡猾奸诈的眼神，说明虚伪、心胸狭窄；飘忽浮动的眼神，与为人轻浮放荡相关；暗淡冷漠的眼神，则预示不祥或失望、自毁等。因此，恰到好处的眼神应当是和善尊敬、真诚热情、明澈坦荡、炯炯有神的。

在社交中运用眉目传情的技巧，可以让别人对你产生最佳的印象。这种技巧是一种修炼，需要一定的训练，尤其是要在生活实践之中长期训练。怎样对表情进行修饰呢？应当注意修饰目光的向度、长度和变化规律。

• 目光适度。在社交中，人们在用目光交流时，眼神往往能无声地反映出一个人真实的内心世界，其表达出的含义甚至会超过有声语言，更加丰富感人，有深刻的感染力。

在现代时尚礼仪中，目光已经成了开口前的第一句问候，坦然、亲切、和蔼、诚信、有神的目光会给人一种“未成曲调先有情”的感觉，让对方瞬间感觉到温暖。

• 目光的向度。要注意修饰目光的向度，即目光的方向。一般初交时目光应落在对方眼睛以下、下颌部以上的区域；注意不要集中注视对方脸上的某个部位，目光应分散一些，但又不能东张西望，否则会让人觉得你心不在焉；不要侧视或斜视，不然会让人产生被瞧不起、而受辱的感觉。一般认为：正视表示理性、平等；俯视表示慈爱、宽容；仰视表示尊敬、期待等。

• 目光的长度（时间）。要注意修饰视线接触的时间，即目光停留的时间。一般视线注视对方脸部的时间约占全部谈话过程的50%—70%；长时间注视对方，表示对谈话有浓厚的兴趣；低于30%，表示对谈话无兴趣。注意时间的长短还应有同性与异性的区别，或者亲疏关系的区别。与一般异性交往时，双目连续对视不宜超过10秒。

其余30%—50%的时间，可注视对方脸部以外5—10米处，这样比较自然、有礼貌。

• 注视区域。在社交中，场合不同，注视的部位也不尽相同。一般分为公务凝视、社交凝视、亲密凝视。

公务凝视。在洽谈、磋商、谈判等严肃场合，目光要给人一种严肃、认真的感觉。注视的位置在对方双眼或双眼与额头之间的区域。

社交凝视。社交凝视指在各种社交场合使用的注视方式。注视的位置在对方的唇心到双眼之间的三角区域为最好。

亲密凝视。这是亲人之间、恋人之间、家庭成员之间使用的注视方式。凝视的位置在对方双眼到胸部之间。

• 目光的变化。注意修饰目光的变化，即目光要适应环境气氛、适应情感变化。如在某些场合演讲时，要不时地用目光与不同角度的听众进行沟通，时而环视全场，时而又集中于一方；讲到兴奋处时，目光炯炯，发出兴奋的光芒；讲到哀伤处时，眼睛低垂、目光凝视……

眉目传真情，既是真实感情的自然流露，又是友善之情的自然表达，还能展示自己的外在美和内在美。在社交场合，眉目协调，能起到“画龙点睛”的效果。

• 注视方式。无论是使用公务凝视、社交凝视还是亲密凝视，都要注意不可将视线长时间固定在所要注视的位置上。因为人会本能地认为，过分地被人凝视是别人在窥视自己内心深处的隐私，这会让人感到十分不安。所以，与别人交谈时，应注意适当地将视线从固定的位置上移开片刻，这样能使对方心理放松，更易于交往。

初次见面时，应在3米之内真诚地注视对方，以示盼望，凝视对方的双眼不应超过10秒。当与人交谈时，目光要集中注视对方；听人说话时，要看着对方的眼睛以示尊重，这是一种既懂礼貌又不易疲劳的方法。

在交谈中，尽量不要将视线直射进对方的眼睛，因为对方除了会以为你在窥视他（她）心中的隐私，还会认为你是在对他（她）表示不信任、审视和抗议。如果你要表示对谈话感兴趣，就要用柔和、友善的目光正视对方的眼部。

谈兴正浓时，切勿东张西望或看表，否则对方会以为你听得不耐烦，这是一种失礼的表现。如果想要中断与对方的谈话，可以有意识地将目光稍稍转向他处。在送客的时候，应该做到目光向下，以示恭敬。

当对方说错话正在拘谨、害羞时，不要马上转移自己的视线，而要用亲切、柔和、理解的目光继续看着对方，否则对方会误认为你很高傲，在讽刺、嘲笑他。在谈判和辩论时，不要轻易移开目光，直到逼对方转移目光为止。

二、微笑迎客

微笑是自信的象征，是礼貌的真诚表示，又是人与人交往中最富吸引力的面部表情。与人见面时，给对方一个亲切的微笑，可消除双方的拘束感；上级给下级一个微笑，会让人感觉平易近人；服务人员面带微笑，顾客就有宾至如归之感。微笑是人际交往中的一张万能通行证，也是增加整体形象美感的重要方面。

美好的微笑有丰富的内涵。怎样才能表现微笑的魅力呢？修饰微笑的基本要求是：微笑时面部肌肉要放松，嘴角微翘轻笑，笑时不要露出牙齿，尤应注意避免露出牙龈、牵动鼻子。微笑必须发自内心，这样方能体现出一个人的真诚、纯朴、坦然、宽容和对他人的信任。渗透着感情的微笑才能表达真情，才能传神，才能动之以情、以情导行。笑得自然含蓄，才会具有感染力，才是最美的。笑得不自然，不仅令人生厌，还会丑化自身的形象。

《蒙娜丽莎》是意大利文艺复兴时期的著名画家达·芬奇的肖像画作品。画中的主人公是当时的新贵乔孔多的年轻妻子蒙娜丽莎。这幅画画了四年。那时，蒙娜丽莎的幼子刚夭折，她一直处于哀痛之中，闷闷不乐。为了让女主人高兴起来，达·芬奇在作画时请来了音乐家和喜剧演员，想尽办法让蒙娜丽莎高兴起来。

这幅画完成后，端庄美丽的蒙娜丽莎脸上那种神秘温柔的微笑使无数人为之倾倒。人们对那微笑进行了种种猜测：是和蔼可亲、温婉的微笑？是伤感的微笑？是内在的快乐标志？是童贞的表现？那微笑仿佛是这一切，又仿佛不是这一切。她的诱人之处，全在于那微笑的神秘莫测（见图6-1）。

微笑的魔力是人们有目共睹的，在日常生活中，微笑通常可以发挥巨大的作用。希尔顿饭店的董事长康纳·希尔顿曾经指出：“酒店的第一流设备重要，而第一流的微笑更为

图6-1　《蒙娜丽莎》

重要。如果没有服务人员的微笑，那就好比花园失去了阳光和春风。”其实何止是服务人员，在所有场合的人际交往中，微笑都是创造良好氛围的第一要素。

1.微笑的作用

微笑有助于把友善与关怀有效地传达给对方，是友好的直接表白；微笑可以让人的外表更加迷人；微笑可以消除双方的戒心与不安，打破僵局；微笑能消除自卑感，让自己更有信心；微笑能感染对方，让对方回报以微笑，可以创造和谐的交流基础。

2.微笑的要求

笑，是七情中的一种情感，是心理健康的一种标志。微笑是一个人自信的表现，是内心坦诚的象征。在社交中，微笑的运用要注意如下几个方面。

（1）微笑要真诚。发自内心的情感流露才能真正赢得对方的心，故作笑颜、假意奉承的微笑难免表现为皮笑肉不笑，终将会被敏感的人识破。

（2）微笑要适度。虽然在人际交往中笑是最有价值的面部表情，但也要注意表达适度，任何随心所欲、不加节制的微笑，将给人一种做作、不真切或虚伪的感觉。

（3）微笑要合乎礼仪规范。微笑要做到“五个结合”，即笑与口眼相结合，笑与神情、气质相结合，笑与语言相结合，笑与仪表、举止相结合，笑与场合相结合。

3.微笑的标志

（1）微笑要得体。微笑需要人的面部各部位配合得当。得体的微笑是面含笑意，嘴角微微上翘，嘴唇略呈弧形，不牵动鼻子，不发出笑声，不露牙齿。微笑时眉头应自然舒展，眉毛微微上扬，同时特别要注意眼神的配合。

（2）微笑要表里如一。皮笑肉不笑的“笑”是最让人反感的表情之一，它会间离人们的关系，导致对方远离你。要想使微笑显得亲切、温暖，只能让微笑发自内心。发自肺腑的、真诚的笑才是自然舒畅的。

4.微笑的训练方式

（1）加强心理素质的锻炼，增强自控力。客观地说，现实生活五味俱全，每个人都不可避免地会因为遇到种种不如意产生烦恼和痛苦，我们不可能天天保持好心情。无所顾忌地将个人的负面情绪带到生活和工作中去，把不好的脸色摆给别人看，不仅毫无道理，也是十分失礼的。现代时尚礼仪要求我们每个人都要注重个人心理素质的修养，做情绪的主人。

（2）情绪记忆。美好的微笑来自我们对生命中美好事物的感受，一个内心阳光的人是懂得将眼中所看见的事物进行“过滤”的，存入心中的是对生活的赞美和内心的快乐，荡涤掉的是负面情绪。美好、健康的事物应当作为主要情绪被记在心中。这样，我们的微笑将更自然、大方。

（3）加强必要的训练。因为人的长相、面部肌肉、生活习惯的不同，笑容的确存在不同程度的“甜美度”。要想使个人的微笑更加迷人，应注意研究自己的微笑，做适当的调整性训练也是有必要的。事实证明，通过观察照片中个人的微笑，对着镜子查看、训练自己的微笑，适当调整我们在微笑时的嘴型、眼神和其他部位，可以找到自认为较为完美的状态。如果时常进行练习，就可以慢慢形成良好的微笑习惯。

现今，已有很多人发现，在微笑时，嘴型摆出普通话中茄子的“茄”、田七的“七”等的发音动作可以使笑容显得较为温柔、甜美。我们可以在平时进行这方面的口型和表情配合训练。

三、表情真诚

真诚是一种待人的态度，它通过人的表情、语言等交流方式表现出来。表情在表达态度时最能反映出内心情绪，在人际沟通方面，表情起着重要的作用。一个优雅的表情，可以给人留下深刻的第一印象。因此，在社交活动中，表情一定要坦诚、自信、亲切，它是成功交流的前提，是个人风度与修养的体现。

真诚交流是待人敞开心扉、推心置腹的一种态度，是与交流对象建立友好关系的基础。真诚的情感极易唤起交流双方的感情互动，是交谈成功的关键所在。真诚能使人产生亲切感，对交谈者产生吸引力，使双方心情放松，交流愉快。

缺乏真诚，会使交谈双方产生距离感、隔阂，阻碍双方的沟通与交流。装腔作势、盛气凌人、虚情假意或敷衍了事等态度是难以使交谈顺利进行下去的。因此，在各种活动中，我们要遵守以下几个原则：

1.表情谦恭

待人谦恭与否，不仅可以从表情、神态方面直观地表现出来，而且也备受他人的重视。因此，在与人交流时，务必使自己的表情、神态恭敬、谦和。

2.表情友好

在工作中，对任何服务对象、合作伙伴，皆应友好相待。“笑迎八方来客，广交四海朋友”，说明友好的态度不仅是一种礼仪，更是一种道德。这种态度自然会在表情和神态上表现出来。

3.表情适时

人的表情、神态丰富各异，可以是庄重、宽和的，也可以是活泼、俏皮的。有时，还可以表示不满、气愤或悲伤。但不论采用何种表情、神态，切记使之与现场氛围和实际相符合。

无论多么专业的礼仪行为，都会在虚假的表情下显得一无是处。只有真诚待人，才能让对方相信你是在真心对待而不是敷衍了事。在社交活动中，表情、神态既要谦恭、友好、适时，又要让你的表情发自真心、发乎诚意。只有这样，才会给人以表里如一之感。

千万不要在表情、神态方面弄虚作假，在表情上做戏，只会自欺欺人。

第五节　肢体语言

一、手势

一般而言，手势由挥动的速度、活动范围和空间轨迹三部分构成。在人际交往中，主要有示意和传递感情两个方面的作用。手势属于体语，是人类交流的特殊方式。

1.基本手势礼仪

（1）垂放。垂放是最基本的手势。垂放的手势分为两种：一是双手自然下垂，掌心向内，叠放或相握于腹前；二是双手伸直下垂，掌心向内，分别贴放于大腿外侧。

（2）背手。多见于站立、行走时。做法是双臂伸到背后，双手相握，同时昂首挺胸。但背手往往给人傲慢、自大的感觉，因此应该避免在正式场合使用。

（3）持物。即用手拿物品。可用一只手，也可以用双手，拿物品时动作要自然，应五指并拢、用力均匀，不要跷起无名指与小指，否则会给人惺惺作态的感觉。

（4）鼓掌。鼓掌是表示欢迎、祝贺、支持的一种手势。鼓掌时应右手掌心向下，有节奏地拍击掌心向上的左掌。必要时应起身站立。

（5）夸奖。夸奖是赞赏和鼓励的表示。伸出右手，跷起拇指，指腹面向被夸奖的人，这是我们现代人常用的含有夸奖意义的手势。相反，如将右手拇指朝下指向别人，则意味着自大或藐视；将拇指指向自己的鼻尖，会给人高傲自大、不可一世的感觉。

（6）指示。指示是用以引导、指示方向的手势。标准的做法是将右手或左手抬至一定高度，五指并拢，掌心向上，以肘部为轴，朝一定方向伸出手臂。

2.服务人员手势礼仪

在各种服务场合中，为了给客人留下良好印象，服务人员除了要考虑周到、服务热情外，也不可忽视手的动作。太过拘束的手势，会给人以呆板之感；幅度过大的手势，又会让人觉得粗俗。适时、适当的手势是必不可少的。

（1）引领手势。引领客人，常见于会议、宴请时。客人拜访时，出于对客人热情周到的接待，主人常常会亲自给重要客人带路或安排专门人员将客人带到指定地点。在这种情形下，通常主人应走在客人的左斜前方，在拐弯或有楼梯、台阶的地方，应用明确的手势指出前行方向，并对客人说“这边请”，等等。

引领手势的要求是：手指并拢，手掌朝上，以指尖方向表示前行方向，待客人明白后，再前行。

（2）送别手势。“出迎三步，身送起步”是迎送宾客最基本的礼仪。通常当客人起身告辞时，陪同人员应马上站起来，主动为客人取下衣帽，帮他穿上，之后与客人握手、挥手告别，同时选择最合适的言辞送别，如“欢迎下次再来”等礼貌用语。对初次来访的客人更应热情、周到、细致，要以“希望再次见面”的口语和体语来恭送对方。

（3）接递名片。递送与接收名片是交际中一种常出现的动作，应当双手递物、双手接物，表现出恭敬与尊重的态度。如果双方初次见面，则需要使用名片来相互了解。互换名片时，一般应用右手拿着自己的名片，用左手接过对方的名片后，用双手托住，以示礼貌。

（4）接递物品。礼仪的一个重要原则就是尊重，双手递、双手接就体现了对对方的尊重。一般来说，客人递过来的物品都应该躬身双手去接，同时点头致意或道谢。躬身表示谢意，双手表示敬意。

服务人员应该用双手把客人的物品递到对方手中，并且说“请您拿好”，不可以随便把物品扔给客人。如果递送过去的是笔、刀、剪子之类尖利的物品，需将尖头朝向自己，握在手中，而不要指向对方。

（5）手势的运用要规范和适度。与客人交谈时，手势不宜单调、重复，也不能做得过多、过大，要给人一种优雅、含蓄和彬彬有礼的感觉。谈到自己时，不要用大拇指指自己鼻尖，应用右手掌轻按自己的左胸，那样会显得端庄、大方、可信；谈到别人的时候，不要用手指指点他人，这种手势是不礼貌的，含有教训人的意味。

介绍他人、为用户指示方向、请客人做某事时，应掌心向上，手指自然并拢，以肘关节为轴指示目标，同时上身稍向前倾，以示尊重，切忌伸出食指来指点。掌心向上的手势有一种诚恳、尊敬的含义，而掌心向下则意味着不够坦率、缺乏诚意。招手、欢呼、鼓掌等都属于手势的范围，应根据不同场合和目的恰当运用，不可过度。

3.特殊手势的使用

由于手势具有丰富的表现力，所以在人际交往中被广泛使用。恰当地运用手势，能够交流思想、沟通感情、表现独特性格、展示形象风度。相反，错误地运用或滥用手势，将会招来很大的麻烦。

（1）掌心向下招呼对方。如果是对熟识、亲近的人，可以在非正式的场合使用这种手势，显得亲和而随意。但在正式场合及招呼尊长时，绝不可使用这种方式，这是对对方的不尊重。在欧美一些国家，这种招呼方式通常被认为是招呼宠物的。

（2）OK手势。拇指、食指相接成环形，其余三指伸直，掌心向外。这种手势源于美国，表示“同意”“顺利”“很好”的意思。现今，国际交往甚密，我国也有很多人喜欢用这个手势表示同样的意思。但对其他国家的友人，不能轻易使用这个手势，因为国家文化不同，手势的含义也不同，比如：同样是这个手势，在法国表示“零”或“毫无价值”；在日本表示“钱”；在泰国表示“没问题”；在巴西表示粗俗下流的意思，应谨慎使用。

（3）V手势。V手势也属于外来手势，这种将食指和中指伸出成剪刀状的手势是二战时英国首相丘吉尔首先使用的，现在已经传遍世界。V手势主要表示“胜利”的意思。但如果掌心向内，就变成骂人的手势了。

（4）举手致意。这一手势是指将一只手举至自己头边，用来向他人表示问候、致敬、感谢，甚至歉意。

当你看见熟悉的人时，举起手做个表示，加上亲切的微笑，可以取得热情打招呼的效果；当你向对方含蓄地表达敬意和谢意时，举起手来，加上微微的点头，可以起到辅助表达真切心情的作用；当你遇见熟人，但无暇分身时，举手致意可以立即消除对方的被冷落感。

举手致意时要掌心向外，面对对方，指尖朝向上方，千万不要忘记伸开手掌。

（5）打响指。打响指就是用拇指和食指弹出“啪啪”的声响，是现今流行的一种手势。这种手势所表达的意思很复杂，通常表示高兴，也可表示赞同、认可某人所说的话。

打响指有时也会给人一种调侃和轻松的感觉，在随意的场合这样做无妨，但在正式场合中，打响指则被认为是缺乏教养的表现。

4.手势禁忌

(1) 双手抱头。很多人喜欢用单手或双手抱住脑后，这一体态的本意是放松，但在别人面前这么做的话，就会给人一种目中无人的感觉。

(2) 摆弄手指。反复摆弄自己的手指，比如活动关节、捻响、攥着拳头、手指动来动去，往往会给人一种无聊的感觉，让人难以接受。

(3) 手插口袋。在工作中，通常不允许把一只手或双手插在口袋里。这种表现会给人一种在工作上不尽力、忙里偷闲的感觉。

(4) 其他不良手势。在交际活动中，当众挠头、掏耳朵、抠鼻子、在桌上乱写乱画等手部动作，都会令人极其反感，严重影响人的形象与风度。

在交往中，如果忍不住想咳嗽、打喷嚏时，一定要用手帕捂住口鼻，面向一侧，避免发出大的响声；口中有痰时，要吐在纸巾、手帕中，不要吐在地上；手中的垃圾要及时扔进垃圾桶，不能随手乱扔。

二、点头与摇头

在日常交流中，点头并不等于同意对方的意见，它也许仅意味着了解对方的意思。微微点一下头是一种微妙而又肯定的肢体语言，表示你给予讲话者你的全部注意力，也是一种礼貌的举动。

1.点头致意的礼仪及注意要点

点头致意是一种礼貌的方式。在一些公共场合，遇到领导、长辈时，一般不宜主动伸手去和对方握手，合适的做法是点头致意。这样既不失礼，又可以避免尴尬。

遇到交际不深者也可以点头致意，正所谓“点头之交”。和交往不深的认识者见面时，通过点头致意，既可以表示友好和礼貌，同时又可以避免一些不必要的交往和纠缠。

在一些不宜与人握手、寒暄的场合，就应该点头致意。如会议的迟到者，就不适宜与其他人员握手、打招呼。无法与落座较远的熟人握手时，可以点头致意。

在一些随意的场合，如在会前、会间的休息室，在上下班的班车上，在办公室的走廊里，都是不必握手的，轻轻点头致意即可。

值得注意的是，对任何事情都点头同意，可能会为你带来“应声虫”的绰号。因此，无论在什么时候，都要保留自己的意见。否则一味地点头，可能会给别人留下不好的印象。

2.摇头的礼仪及注意要点

摇头也是现代时尚礼仪活动中一种重要的肢体语言。摇头的意思通常是表示不认可对方的意见，或否定提出的问题、拒绝对方的要求。这种方式在交往中应该谨慎使用，因为直接否定对方本身就是一种不礼貌的表现。但在某些特殊场合，适时地摇头也能收到良好的效果。

一般来说，如果对某事或某人不满，可以在私下表示异议，如果当众采取摇头的形式，就是对对方的无礼。尤其是对演讲内容、讨论议题表示异议的时候，这样的举动会显得缺乏涵养，而且也会令在场的其他人对这种形式产生反感。即便你的看法是正确的，也会给人留下粗鄙无礼的印象。

在某些场合，适时的摇头可以起到提醒他人不要做某事的作用。有这样一则故事：有位经理上台宣布主讲者已经到达，这时候他瞧见他的助理在台下向他摇头，并且一直在摆手，但他没有理会她，仍大声宣布："欢迎葛拉汉先生讲话。"等到来人站到他身边时，台下听众全都哈哈大笑起来。原来，从幕后出来的并不是葛拉汉先生而是一位小姐。如果经理那时理解了助理的肢体语言，就不会出这个洋相了。

三、鞠躬

1.行鞠躬礼的场合

鞠躬是一种常用的致意方式，常常在一些比较庄重的社交场合使用，表示感谢、道别、致意。鞠躬一般要脱帽，身体直立，身体上部适当向前弯，角度不宜过大。鞠躬致意的场合主要有：

（1）讲话前后。演讲人在演讲前后，通常要鞠躬致意，表示对听众的谢意和敬意。

（2）领奖时。得奖人在领奖品时，要对颁奖人和全体与会者鞠躬致意，感谢鼓励和爱护。

（3）表演谢幕。表演文艺节目结束时，演职人员鞠躬谢幕，对观众表示感谢。

（4）道别成告别。与朋友道别，可以致鞠躬礼。在遗体告别仪式或追悼会上与逝者告别时，也要行鞠躬礼。

（5）尊师敬贤。学生遇到老师、晚辈遇到长者、下级遇到上级时，都可以行鞠躬礼，以示尊敬。

2.鞠躬的动作要领

行鞠躬礼时要面对对方，并拢双脚，视线由对方面部落至自己脚前的1.5米处（15度礼）或脚前1米处（30度礼）。男性双手放在身体两侧，女性双手合起来，放在身体前面。鞠躬时必须伸直腰背，腰部以上向前弯曲。鞠躬时，弯曲度适中，之后抬头直腰。动作可慢慢做，这样会给人舒适、稳重的感觉。

3.几种错误的鞠躬方式

（1）只点头不弯腰的鞠躬。
（2）不看对方的鞠躬。
（3）头部左右晃动的鞠躬。
（4）双脚没有并齐的鞠躬。
（5）驼背式的鞠躬。
（6）可以看到后背的鞠躬。

中国人在进行自我介绍时，通常是彼此先问好，然后介绍自己的姓名，互相握手。但是，当我们面对受人尊敬的长辈、老师、领导时还是以鞠躬表达敬意更为妥当。另外，地位较低的人应先行鞠躬礼，并且角度应大一些；受鞠躬礼者应该还以鞠躬礼。

思考题

1.简述标准的立姿。
2.简述女性的坐姿讲究。
3.简述不良的走姿有哪些。
4.简述重视哪几个方面，将使个人显得态度真诚。
5.简述面带微笑在人际交往中的作用。
6.名词解释：表情的“七秒钟效应”。
7.试阐述表情的修饰与美化作用。

第七章

时尚语言礼仪

本/章/重/点/与/难/点/提/示

一、重点

1.称呼得体

2.懂得倾听

二、难点

幽默风趣

第一节　语言礼仪

语言是人类区别于其他动物的本质特征之一，也是人类最主要的交际工具，是人际关系的桥梁。在人际交往活动中，口语的应用比书面语言的应用更为普遍。语言随着社会的发展而不断发展，可以反映极其复杂的思想。其信息容量不断扩大，表达方式不断更新。

语言礼仪既可以反映出一个人的道德水准和教养，也可以展现出一个国家、民族的精神面貌。

我国各民族的共同交际语言——普通话，是以北京语音为标准音，以北方话为基础方言，以典范的现代白话文著作为语法规范而构成的语言体系。

用语文明是语言礼仪中最重要的一项。要完善自我形象，烘托出自己良好的素质，使别人敬重自己或对自己产生好感，使社交成功，文明用语是必不可少的。

文明用语，广义而言是指整个谈话过程中使用的最得体、最文明的语言。用语言交流不仅会让对方觉得你有良好的口才、能娴熟地运用语言，还能反映良好的内在教养，尤其是品位。人们总是喜欢通过对方使用的语言技巧及其语言文明程度，来研究、评价一个人的文化水平和文明程度。

狭义上礼仪文明用语主要是指交谈开头的寒暄和交谈结束时用语的具体情况。常用于寒暄的用语有“早安（早上好）”“您好”“久违”“真不好意思”“对不起”“请多包涵”“抱歉”“拜托了”“请”“哪里”“托您的福”等。交谈结束时的用语主要有“珍重”“谢谢”“再见”“晚安”等。

会说话并不等于掌握了语言礼仪。在当今社会，人们都应自觉提高文明修养、注重自己的礼貌谈吐、讲究说话的艺术性、遵守语言规范、掌握语言的使用方法，从而使语言充分发挥它应有的作用。

一、基本技巧

1.声音应柔和动听

语言的生动效果常常是依赖语音的变化而实现的，语音变化主要取决于声调、语调、语速和音量，如果这些要素控制得好，会为语言增添光彩，使人产生迷人的魅力。即使有些人天生嗓音沙哑，只要控制好语速、降低语调、发音柔和，同样能给人美的感受。

一般情况下，对音量的控制要视谈话的场合以及听众人数而定。采用怎样的语速应该根据现场情况和讲话的内容来决定，因为在发表讲话或与人谈话时语速可以表达一定的情感和态度。比如，在辩论场上，我们的语速较快，向听众展示出的是满怀信心、积极参战的态度；在劝导对方时，我们的语速舒缓、声音低沉，表现出对他人关心和爱护的态度。一般情况下，速度适中可以给人留下稳健的印象。

2.语调恰当、富有节奏

语调的强弱可以使一句话表示不同的意义，比如：“你好啊”三个字，语调不同，含义就不同。我们轻柔地、带着微笑说这三个字，让人体会到的是礼貌、亲切；我们将“好啊”两个字的声调提高，再拖点音，即便脸上挂着微笑也有讽刺、说反话的味道；而将“你”作为重音强调，似乎在告诉对方“你好，可我不好”，这就不是问候语而是牢骚话了。所以，我们应根据思想感情表达的需要，恰当地把握自己的语调。

说话时应有抑扬顿挫，让人觉得生动丰富、幽默活泼，顿生好感。否则，语言始终在一个频率上，就像一杯索然无味的白开水，抓不住人心，难以感染人，更提不上有任何渲染效果。

3.发音纯正，语句流畅

有些人讲话时容易着急，不想清楚就开口说话，或者急于表达自己的想法，讲话过快，在这种情况下，就会出现口吃、咬字或吐字不清的情况。而在交流过程中，表达不清自己的意思是一件很糟糕的事。因此，容易出现这种情况的人，应先把自己想说的内容梳理清楚，并把讲话的速度尽量放慢。

另外，我们无论将音量控制在什么程度，说话时都必须清晰有力，发音饱满到位。

4.逻辑清晰、简洁明确

尽管口语是我们生活中最为常用的语言，但交谈中也不要随便省略主语。一句没有“你、我、他”所指的话语容易让人犯迷糊，搞不清是针对谁说的，或在说谁。

在人际交往中，最受欢迎的语言是简洁而又明确的。怎样才能做到简洁、明确呢？我们在说话前要想好说话的大致顺序，这样语言的条理就清晰了，对方容易听明白。在说话时，尽量注意语句的衔接，使话语连接顺畅、逻辑清晰，这样对方就不会走神了。另外，能够用一两句话就说清楚的事，千万不要赘述，啰唆的话未必效果好。

二、礼貌用语

俗话说：“良言一语三冬暖，恶语伤人六月寒。”现实生活中，一句简单的致谢、一声“对不起”、一句赞美的话、几个“请”字就能温暖一个人的心。使用谦词是尊重他人的表现，也是非常值得继承下来的中华礼仪。下面几种常见的谦词供大家参考和学习[①]：

初次见面说久仰，看望别人说拜访。请人勿送用留步，对方来信说惠书。

请人帮忙说劳驾，求给方便说借光。请人指导说请教，请人指点说赐教。

赞人见解说高见，归还原物叫奉还。欢迎购买叫光顾，老人年龄叫高寿。

客人来到说光临，中途要走说失陪。接待客人叫茶候，求人原谅说包涵。

麻烦别人说打扰，托人办事用拜托。与人分别用告辞，请人解答用请问。

接受礼品说笑纳，好久不见说久违。

三、称呼得体

1.称呼应根据年龄、地位而定

尊称有多种形式，可以用辈分尊称对方，如“叔叔”“伯伯”“阿姨”等；也可以以对方的职业相称，如“张老师”“刘大夫”等；可以以对方的职称或职务相称，如“处长”“校

① 程亿安．商务礼仪[M]．天津：南开大学出版社，2015：61．

长”等。面对比较熟悉的同辈，可以用“老”“大”“小”等称呼对方，这样显得既自然又亲切。如对待德高望重的老同志、老首长、老教授，在对方的姓氏后加个“老”则更显尊敬，如“郭老”“陈老”等；对自己的平辈或小于自己的晚辈可以在对方姓氏前加“小”以示亲切，如“小王”“小周”等。年龄大、职务较高、辈分较高的人对年龄小、职务较低、身份较低的人，可直接称呼其姓名，也可以不带姓，这样会显得更加亲近。

2.日常生活中称呼的礼仪

（1）清晰地叫他人的名字。叫别人的名字也是有学问的，用清晰的声音叫别人的名字，意味着对别人持一种尊重态度，这是一种最好的欢迎方式。喊名字时，一般要用全称，即“王某某”“李某某”等。如果你遇见的人是很熟的朋友、亲属，也可直呼其名字或昵称，这样显得你与他的关系更加亲近。

（2）称谓要掌握分寸。在称呼女性时，一般不在姓前加“老”，因为不少女性介意这样的称呼。同时，也不能因为尊敬女性，就随便在女性的姓氏后面加一“老”字，这是一种至尊的称谓，不能轻易使用。

现今，有些人为了表示与对方的亲近，喜欢在名字前加上“亲爱的”“尊敬的”等半开玩笑的称谓，这种做法用在不够熟悉的人、异性朋友身上显然不当。

（3）处理好忘记或叫错名字的问题。在交际活动中，忘记或叫错别人的名字是常有的事，处理不好，很容易引起对方的不满，有时还会影响到交际的正常进行。为了避免这种不好的结果，你应该懂得一些纠错办法，比如：当你记不准他人名字时，可以用点头微笑、问候“您好”来避免尴尬；如果不经意地叫错了人名，主动道歉就可以及时化解对方不快的情绪。

在公共场合，无论你与对方有多么熟悉，绝对不能用外号来代替别人的名字。当众称呼别人的外号很容易伤害对方的自尊心。

第二节　交谈礼仪

一、懂得倾听

在现实生活中，人们有话要说时，总希望找到几个理想的听众，并想让他们适时地为自己提出建议或意见。然而在实际交流中，许多人却容易忘记初衷，总是倾向于以自己的意见、观点、情感或好恶来影响别人，或担心自己不善言辞，把主要注意力放在谈话技巧上，以至忽略了别人的感受。

诉说是人的一种天性，而倾听是一种修养。常言道：“善听比善言更重要，懂得倾听的人，才懂得如何发言。”

1.倾听的种类

倾听可分为泛听和聆听两种。泛听是指广泛听取，无论什么人讲话都值得认真听，听多了，积累多了，就会了解情况，或者增长知识，或者明辨是非。聆听是指恭敬地、专心致志地倾听领受。这个过程有一个明确的目标，即通过仔细听来不断地获取信息、作出判断、决定反馈内容，因而注意力应该是高度集中的。

2.倾听的方式

倾听的方式有三种：

（1）漫不经心地听。以这种方式听人谈话是没有礼貌、没有教养的表现，最容易伤害别人自尊心；但有时为了避免他人尴尬，故意显得漫不经心或没听清楚，则是为对方解围的一种办法。

（2）挑剔地听。这种方式使人处于戒备状态，听者听到自己感兴趣的部分，随时有可能打断谈话者并提问，这也是不礼貌、不受欢迎的倾听方式。

（3）设身处地地听，这是一种站在对方角度，随着谈话者情感和思路的变化而变化的倾听方式。采取这种听话方式的人，是精力集中、全神贯注，完全沉浸在谈话内容之中的，这种方式体现了克己敬人的精神，是应该提倡的。

3.请教他人应虚心

最高明的听众是善于虚心向别人请教的人，他们的聪明之处在于能够用一切机会取长补短、丰富自己，而且留给别人的印象是彬彬有礼的。

为了表明自己对对方所谈内容的关心、理解和重视，在倾听时可以适时发问，提出一两个对方擅长而自己不熟悉的问题，请求对方更清晰地说明或解答，这样做往往会令谈话者受到鼓励。

4.等待提问需耐心

向对方提问时应该保持耐心。有时一个普通话题，自己已知之甚多，但对方却谈兴很浓，出于对对方的尊重，你应保持耐心，尽量让对方把话讲完，不要轻易打断他的话或插话，也不要反驳对方。如果确实需要插话或打断对方谈话，应先征得对方的同意，用商量的口气说一声：“请等一等，让我插一句”“请允许我打断一下”或“我提个问题，好吗？”这样既可以转移话题又不失礼。

5.听人谈话要专心

听人说话应全神贯注，用心去体会对方的话。如果你一时没有理解对方的话，在对方讲完后，不妨尝试着用个人的理解来归纳对方所说的要点，这样不但能使自己的思路更明确，也让对方觉得你听得很专心、你们谈得很投机。

6.呼应对方要热心

当对方说到有趣之处时，你回应的笑声将增加说话人的兴趣；当对方说到紧张时，听众屏住呼吸会强化气氛；当对方说到精彩处时，我们可以报以鼓励的掌声。

听者的反应与谈话者的神情、语调应该是相互配合的，倾听时不可大惊小怪，这样会显得浮躁无知。听者还应随时利用听话的间隙将说话人的观点和自己的想法做比较，想好自己将要阐述的观点和理由。

总之，作为“说的一方”要善解人意；作为“听的一方”，应毋忘敬人之心，这样才能密切人际关系，结交知音。

二、谦虚提问

在交谈中，向对方提问也是有礼可循的。礼貌的提问不仅能达到发问的目的，还将使对方感到内心舒畅，反之，愚蠢的提问只能使对方感到失望和可笑。

1.因人发问，因时发问

提问应因人因时而定。首先，发问的时候应注意到被问人的年龄、身份、文化程度、性格特征及当时的语言环境。

人的性格、气质迥异，有的热情爽快、有的性格内向、有的大大咧咧、有的审慎多疑、有的傲慢自信，如果你在提问时不顾及这些特点，仅用一个腔调、一种方式直来直去地提问，就会碰壁、闹笑话。

2.切忌“哪壶不开提哪壶”

提问是为了得到对方的回答，因此你的提问必须采取对方乐于接受的方式，千万不要随意提出对方不想回答，或可能涉及对方伤心事的问题。

向别人提问题时，不要涉及个人隐私，以免对方对你的提问产生抵触情绪。曾有一位年轻记者满怀信心地去采访一位很有成就的女科学家，见面后他首先问道：“您从哪所大学毕业？”科学家答道：“对不起，我没有上过大学。我搞科研靠自学。我认为自学也能成才。”这个问题不免让记者有些尴尬。为了缓和气氛，他连忙转移话题，想先谈谈生活，于是问道：“您的孩子在哪儿上学？”不料这位科学家十分不悦，答道：“我早已决定把毕生精力贡献给自己的事业，因此，我一直独身至今。请原谅，这个问题我不愿意多谈，如果你没有其他问题的话，就谈到这儿吧。我还要工作。”她下了逐客令。显然，记者采访前没有做一些调查准备，也忽略了采访提问的重点，并且不能灵活地转换话题、顺藤摸瓜。如果他接着“自学”这个话题去进行提问，对方一定乐于和盘托出，这个采访势必是愉快而顺利的。

3.善于把握提问的语气和模式

一般来说，提问的最佳模式是“陈述句+疑问语”，同一个意思的问题用不同的语言模式提出，得到的回答可能是完全不同的。我们来比较一下这样两种提问：

“你对我们公司一无所知，凭什么说能在三年内改变现状呢？”

“尽管刚来公司不久，但您刚才提到能在三年之内改变咱们公司目前的状况，能不能先谈谈您的计划？”

显然，前面一个提问会招来被问人的冷眼，而第二个提问则会调动对方回答问题的积极性。只有注意提问的语气和模式，交谈才可能继续下去。

对于提问时容易引发不快的问题，有人总结出“三不可”作为提醒，即：你的发问切不可故作高深、卖弄学识，使对方不能或不愿作答；你的发问切不可引起对方的“对抗性选择”，或避而不答，或拂袖而去；你的发问切不可咄咄逼人，不要限定对方的回答，不要随意搅乱对方的思绪。

三、学会赞美

人人都喜欢听赞美的话，也喜欢赞美自己的人。正如马克·吐温所说：“我接受了人家愉快的称赞后，能够光凭着这份喜悦生活两个月。”可想而知，获得赞美将给一个人的身心带来多少正能量，一个懂得适时赞美对方的人将会多么受欢迎。

在现实生活中，有一部分人总是吝于赞美别人，认为当面用美好的词语评价对方显得虚伪，这种想法有失偏颇。一个人懂得赞美对方，说明他善于关心人、善于看见别人的优点和成绩。赞美的话只要说得真诚得当，是不会让双方不舒服的。

赞美别人要注意三点：

1.切勿错过赞美他人的机会

在人际交往中，适时地赞美他人是很有必要的，它既体现了你具有一双善于发现美的眼睛，也展示了你谦虚好学的品质。关注他人的长处和所取得的新成绩，并及时表现出对他的赞赏，将推进你与他人的关系，且显示出你是个有涵养的人。

如果你只关心别人对你的赞美，而无心关注他人值得赞赏的亮点，你在他人眼中必然是一个骄傲自大、心胸狭隘、难以团结的人，你的人际关系将会变得紧张。

2.赞美他人时要恳切、适度

想让听者接受赞美的话，没有别的技巧可言，就是要发自内心，说的时候态度要真诚、用词要恰当。例如，你看见一个年纪大一些的女同事穿了一件新衣服，这件衣服的确得体，你很想表达赞美之意，于是说："这件衣服非常适合您，穿上这件衣服您至少年轻5岁。您很会挑衣服！"这远比对她说："您一下子变得好漂亮哦，您是世界上最美丽的人！"来得更为贴切、自然、可信。

3.用恰当的赞美的话回应对方

当你获得他人的称赞时，应该真诚地回应对方，表达出喜悦和感激之情。无论他人赞扬你什么，你切不可发出假笑，也没必要自贬。例如，有人对你说"你今天穿的这件新衣服好漂亮、好精神啊！"你可不要说"喔，这衣服相当便宜，没你说的那么好。"而应该说："谢谢！真高兴你很喜欢它。你的衣服也相当漂亮。"等。

在交往中，赞美和回应得当，就一定会使人与人之间的关系更加和谐。

四、幽默风趣

幽默风趣就是以轻松的方式和口吻表达出令人愉悦的内容，这种话语中有着一定的哲理，可以让人在笑谈中领悟到更深的含义。

幽默风趣的谈话可以活跃现场气氛，无论在古代还是现代的交际、交流活动中，这都是一种颇受欢迎的谈话方式。例如，有一次，乾隆皇帝突然问了刘墉一个怪问题："你知道京城有多少人吗？"刘墉虽猝不及防，但立即机智地答道："只有两人。"乾隆问："这话是什么意思？"刘墉说："人再多，也只有男女两种，岂不是只有两人？"乾隆进一步问道："那你说，今年京城有多少人出生？多少人去世？"刘墉淡定地答道："今年只有一个人出生，却有十二个人去世。"乾隆问："这又怎么解释？"刘墉说："今年出生的人再多，也只有一个属相，岂不是只有一个人？今年去世的人则十二个属相都有，岂不是死去的是十二个人？"乾隆听后哈哈大笑，深以为然。这是用机智幽默化解危机的典型案例。

在交谈中应用适度而巧妙的幽默风趣的语言，还可以应对尴尬、消除误会、化解矛盾，收到事半功倍的效果。例如，1962年，在一次中外记者会上，有个记者直接向陈毅外长提出这样一个问题："中国最近打下了一架美制U-2型侦察机，请问你们用了什么武器？"现场的大多数记者都觉得这个问题问得过于唐突，这个记者可能要碰钉子了。可没想到，陈毅风趣地说："我们用竹竿子捅下来的呀！"在哈哈大笑中，大家都放松了下来，连那个记者都鼓起掌来。

1.幽默话语要视情况采用

一个幽默风趣的人固然很受欢迎，但并不是在任何场合、面对任何人时都适合用一种调侃的，或半开玩笑的态度来交流。当你面对同事时，往往更适宜用愉悦式和哲理性的幽默话语；可以对和自己亲近的朋友使用解嘲式的幽默话语。当对待敌人和不怀好意的恶人时，你可以使用含有讽刺性的幽默语言，这样做实际上是在鞭挞对方。

2.幽默不宜过度

毋庸置疑，幽默风趣是一个人具有智慧的表现，但不能因此"无的放矢"地过度幽默。在面对长辈、异性和初次认识的人时，幽默要慎用，否则容易被认为是个不懂得礼仪的人。即便是和熟人在一起也要注意幽默的分寸，否则容易让人产生猜想，比如被对方误认为你是在有意讥讽什么或取笑谁。

3.幽默要量力而行

高水平的幽默风趣是具有审美艺术性的，也是一个人学识丰富、性格开朗的表现。如果你性格内向、文采不足、不喜玩笑，最好还是不要生硬地幽默，否则用词不当、用语俗气，不仅达不到活跃气氛的目的，还将使自己暴露出学识浅薄的短处。

幽默感绝不是天生的，每个人都可以通过学习、观察、试验，逐步积累经验，而成为一个幽默的人。

五、道歉

道歉也是一种礼仪。古语说得好，"人非圣贤、孰能无过；知错能改，善莫大焉"。每个人都可能犯错误，但只要能勇于承认，并加以改正，就是懂礼的表现。在人际交往中，如果言行有不当之处，或是不经意间妨碍、打扰、麻烦了别人，最聪明、最得体的方法就是及时向对方道歉。

有些时候，因为个人的一时冲动而错怪了别人，或是因自己的私欲而损害了别人的利益，在知错的情况下，绝不能文过饰非，一错再错，而应当马上以适当的方式向对方真心实意地道歉。这样才会被原谅，才能真正体现出自己的风度和素质。

1.道歉应当及时

知道自己错了，就应尽早向对方道歉，否则拖得越久，就越容易使人误解，积怨也就会越深，道歉的话也就越不好说出开口。为一件陈年往事去道歉，不仅效果难说，还会让对方觉得你别有用心。

2.道歉语应当文明、规范

道歉时，应注意语言的规范。如果有愧对对方的地方，就应该说“深感内疚”“非常惭愧”；渴望别人的原谅时，可以说“多多包涵”“请您原谅”；有劳别人时，可以说“打扰了”“麻烦了”；在一般的场合，可以讲“对不起”“很抱歉”“失礼了”。

3.道歉可以借助于物品

有些道歉的话当面难以启齿，就可以考虑其他的形式，例如：给对方写一封信表达自己的歉意，或用小小的、带有歉意的礼物表示化干戈为玉帛的态度。这类借物表意的道歉“物语”，往往会收到很好的反馈效果。

4.道歉应当大方

道歉绝非耻辱，应当大大方方、堂堂正正的，不可遮遮掩掩、欲言又止，也不要过分贬低自己，比如出现“我该死”“我真不是个东西”这样的言辞，这样很有可能让他人看不起，也有可能被人利用，得寸进尺地欺负你。

道歉并非万能的。如果你伤害了别人马上道歉，但之后依然我行我素，那么这种道歉是流于形式的，它将使你成为没有诚意、不守信用的人。

思考题

1.简述如何能使个人的声音显得柔美动听。

2.简述向对方提问时的忌讳。

3.怎样把握赞美别人的尺度？

4.简述在幽默风趣的谈话中的注意事项。

5.简述注意哪几点将会使道歉效果更好。

D 第八章

服饰与礼仪

本/章/重/点/与/难/点/提/示

一、重点

1.着装的原则

2.配饰的礼仪讲究

二、难点

生活化妆

第一节　礼仪活动中的着装

一、着装原则

俗话说：“佛要金装，人要衣装。”一个人的气质、风度，无不体现在他文雅的举止、得体的着装上。日本男用时装协会在1963年正式提出的TPO原则，是当下世界上通行的着装打扮基本原则。

TPO是Time、Place、Object三个英文单词首字母的缩写，T代表时间、季节、时令、时代；P代表地点、场合、职位；O代表目的、对象。通过对这三个英文字母缩写的解释，我们应该领会到了它所要表达的着装原则，即着装要与时间、季节相吻合，符合时令；要与所处场合、环境，及不同国家、区域、民族的不同习俗相吻合；要符合着装人的身份；要根据不同的交往目的、交往对象选择服饰，以便给人留下良好印象。当然，在现今社会，TPO原则已经被引入时尚形象设计领域，并得到了进一步拓展。

二、如何选择着装

人类行为学家一致认为，服饰具有传播功能。人们往往可以通过一个人的服饰，判断出他的性格、生活态度、文化水平等。重视着装，已成为现今礼仪中的时尚。

根据TPO原则，我们认为在着装方面应重点注意以下几点：

1.着装要与自身条件相适应

选择服装时，首先要注意让服装与自己的身份、年龄、体型、肤色、发色和谐统一。年长者、身份和地位较高者，选择服装款式时应以典雅、庄重、大方为主，不宜太过新潮。在面料上，对质地可以讲究些，应与身份、年龄吻合。中年人在着装时，应该考虑到自己的体态已不如年轻时那么轻盈、挺拔，因此应以成熟的、合体的、不袒胸露背的服装为主，这样不仅能显示出个人阅历，而且也不失美感。青少年着装时，应该着重考虑体现出青春气息和好运动的特点。活泼好动的青少年的穿着应舒适、宽松，适宜运动，能够体现出青春、自然、朝气。

一个人的体型条件对服装款式的选择也有很大的影响。身材肥胖者最好身着颜色较深的衣服，款式不要太复杂，花边等修饰物不要过多，服装线条力求简洁。服装的质地不宜太厚或太薄，以免显得笨重或暴露身材上的缺点。瘦小者为了显得高大些，最好身着直线型的服装，并可以适当缩短上衣，增加裤子的长度。粗腰、大肚者，最好选择肩部稍宽、有点腰身但不勒腰的服装，以便让人产生肩宽腰细的感觉。颈粗圆脸者，一般来说，宜穿深色低V字形领、大U形领套装，这样可以给人以身材被收缩、颈部被拉长的感觉，弥补身材缺陷。颈部细长、脸型偏长的人宜穿浅色、高领或圆领服装，这样可以让瘦削的身材显得有些扩张，并掩饰脖子过长的缺陷。脸颊过大、方脸形的人则宜穿小圆领或翻领服装。身材匀称、形体条件好的人，着装范围较广，穿衣的禁忌较少。

2.着装应注意色彩选择

色彩是最响亮的视觉语言，是择衣的第一要素。一件衣服，如果颜色与肤色不搭或不符合礼仪要求，无论款式多么新颖、质地多么优良、做工多么精细，都不能选择。

一个会着装的人一定是懂得色彩和谐搭配的人。着装色彩的讲究大致可归纳为以下几点。

（1）要有主色调。通常来说，一个人的服装最好不要超过3种颜色，主色调是起决定作用的，要占服装的最大面积，其余的是陪衬和点缀的颜色。

主色调最好是低饱和度、含蓄的中性色，配以局部的高明度色彩的点缀和适当的衬托，低调而不失活泼。

（2）采用相似色调或对比色调。俗话说："衣色不可超三。"这话要视具体情况而定。实际上，超出三种颜色的服装也可以是漂亮、舒服的，但条件是它应该使用同色系的数种颜色进行巧妙搭配，除了主色调外，每种颜色面积不宜过大。

同色系的服装搭配要注意明度差别，明度差别太小，将使衣服显得陈旧；明度差太大，会使衣服显得刺眼。色彩学把色环上大约90度以内的邻近色称为相似色，比如黄与橙、绿与蓝、红与橙黄等。

选用对比色搭配服装可以收到鲜丽、明快的效果，红与黑、黄与紫、黑与白属于生活中人们常用的对比色。如果在对比色中再选用一种中间色来连接，将会使人觉得更舒服。

（3）上下身服饰色彩搭配得当。上下身服饰的色彩搭配也有讲究，如果上下色差较大，让淡色在上，重色在下，会使人产生稳定感；反之，容易显得头重脚轻。

阶梯式的色彩搭配、排列要特别慎重，上装重色，下装浅淡色，腰间中间色会使人显得较刻板。

（4）服饰颜色与肤色、年纪的搭配。每个人在选择服装时都需要考虑到个人的肤色、肤质和年龄等因素，要根据个人情况确定基本色。

中国人属于黄色人种，但仅就肤色而言也是同中有异的，大致还可以分成白皙色、偏黑色、红润色、黄绿色、黄灰色等几种。白皙色比较好选衣服，冷、暖、深、浅可以随意选择，明亮鲜艳的颜色可以把肤色映衬得更加健康，有活力；深暗的色彩也可以让穿着者透出不俗的气质。皮肤偏黑、偏红、偏黄绿色、偏黄灰色的人，不宜选择与肤色相近的颜色，最好选择淡暖色等中间色。当然，每个人的肤色因为偏色程度不一样，很难一概而论。因此应该多在镜前试装，请亲近的人评价，请懂行的人帮助确定最适合自己的基本色。

3.着装应与职业、场合、交往对象相配

俗话说："你的着装就是你的名片。"着装与职业身份相配，已成为一种约定俗成的习惯。

不同职业的人，着装要求不同。公务员和教师的着装，总体来说，讲究正规而不失新颖；老板和职业经理人的着装多半为名牌，讲究衣料的高档；艺术工作者的着装，讲究展示出独特的审美。

工作场合的着装应遵循端庄、整洁、稳重、美观、和谐的原则，这样既能给人以愉悦感，也能显得庄重些。目前，越来越多的组织、企业、机关、学校开始重视统一着装。统一着装能够体现出单位的风格和特点，能让着装者产生自豪感，同时也可以约束个人的职业行为，成为一个组织、一个单位的外在形象。尤其是服务行业的从业人员的着装，更是服务内容和水平的重要组成部分。

着装还应与交往的目的及对象相协调。在你准备参与一个活动前，应根据要到达的场所和目的、相约的对象去选择服装。例如，如果你将要见一位重要的宾客，那么应该挑选一件可以较好体现个人审美和修养的大方整洁的正装，这是对宾客的尊重。在外交活动中，出访者的着装，一方面，应该以突出国家、民族的特点、亮点为重；另一方面，也要考虑到其他国家的气候和风俗。

4.根据场合选择着装

（1）正式社交场合中的着装。在参与者众多、社会各界人士都会到场的正式社交场合，应十分讲究衣着，因为这是一种对活动表示重视的举动，也是借社交场合塑造自身良好形象的机会。

选择着装的款式和风格时，要围绕社会交往的场合和目的进行思考。在隆重而严肃的正式交际场合，着装宜庄重、大方，不可以太随便。男士以穿西服、衬衫、皮鞋为好；女士以穿套装、套裙、礼服为好。

男士身着西装时应遵守“三一、三不原则”，即皮带、鞋子、公文包颜色一致；领带的颜色不要浅于衬衫、服饰颜色不要超出三种、纽扣不要全部扣上（两扣的只扣上面1个，三扣的只扣第1、2个或中间1个）。

女士身着套裙时忌讳出现“三截腿”现象，即袜口露在裙子外边，导致裙子一截，袜子一截，大腿一截，这时可以用长袜裤代替。

参加晚会或喜庆的活动时，服饰可以华丽、明亮、鲜艳一些。尤其是参加晚会、晚宴时或在一些隆重、盛大、喜庆的活动中，历来有女士穿晚礼服的传统，此时的着装可以新颖、华丽一些。喜庆的晚会需要靓丽的风景，鲜艳、华丽的着装可以烘托晚会氛围。

（2）节假日家庭活动中的着装。节假日是人们休闲的时候，着装一般可以轻便、随意、舒适一些。如果你休闲时还西装革履则不免显得拘谨而呆板，个人也会不舒服。

家庭应该是人们最放松的空间，着装应该有益于与家人沟通感情，营造轻松、愉悦、温馨的氛围。

穿休闲装、便装既方便休息，也方便做家务。但是要注意：睡衣仅限于在家庭内、家人面前出现，不能穿着睡衣迎接来访的客人；也不应该穿着睡衣、拖鞋去大街上闲逛或到商场购物。这样做，是不雅和失礼的。

与人交往时，不仅要注意着装合适，也要注意个人的卫生。要注意衣衫鞋帽的整洁，头发、胡须的整洁，口腔、身体不应散发出异味。

黑色是可以隐藏缺点的颜色，也是百搭的颜色，它与暖色相配最适宜。黑色服装的衣料一定要好，因为不纯的黑色容易给人不好的感觉。

第二节　配饰的选择

一、配饰的作用

俗话说：“三分长相，七分打扮。”我们的祖先还在茹毛饮血的时代就有着利用各种物品美化自己、吸引他人的习惯。配饰是人类艺术智慧和生活情趣的体现。

当今时代，使用配饰已成为一种时尚，它种类多样、材质丰富，已发展成为服饰礼仪中一个重要的、不可或缺的组成部分。配饰对一个人的着装起着画龙点睛的作用，它是整体风格的延伸，同时也体现了选用者的个性、品位和修养。

二、选用配饰要点

配饰是塑造整体形象、烘托个性和气质的必需品，少了它，个人形象将显得平庸、单调。选用时应该从款式、风格、材料、价格上思考与个人整体装束的搭配。帽子、围巾、项链、手镯、眼镜是现实生活中我们常用的配饰，下文将一一介绍选择的要点。

1.帽子的选择

我国很早以前就有了帽子，“衣冠楚楚”“冠冕堂皇”里的“冠”和“冕”都是指帽子，只不过“冕”比“冠”出现得更早。冕是封建帝王专用的，在皇子继承王位时才可以加“冕”。古代冠制是中国服饰制度的一个部分，男人16岁至20岁开始戴冠。冠帽有贵贱之分，贫贱无身份的人是不许戴冠的。

在现代社会中，帽子不再是地位和权力的象征。老百姓喜爱戴帽子，既因为它可以防寒保暖，也因为它有一定的装饰作用。例如，不少人喜欢身着休闲服装并戴一顶礼帽，这的确使得他们更精神。

帽子是戴在头上的配饰，选用时，除了要注意与服装的款式、风格、材料等方面搭配外，还要特别注意与脸型相配。顶部比较平的帽子，比如鸭舌帽，并不适合瘦长脸形的人，戴上会显得脸上大下小，成为“钉子形”脸；圆脸、脸上肉偏多的人戴鸭舌帽则比较合适。运动帽，比如棒球帽，帽檐长、顶部高，适合脸部丰满的人，个子矮小的人也可以选择戴这种帽子。深色的、帽檐朝下的帽子适合年纪稍大些的人，可以显得稳重、大方。小檐圆顶帽，帽子顶部基本可以贴近头部，适合脸偏长的人。圆形帽，或将有檐帽反过来戴，适合长圆形脸或性格活泼的人。

2.围巾的选择

围巾一般是服装整体中的一个较大色块，选用重点应该在配色上。

通常，深色的大衣宜配鲜艳的围巾，如以红色、粉色、鹅黄色为主色调的围巾；浅色的大衣宜配素雅或属于同色系但略有深浅差别、颜色稳重的围巾；鲜艳的、花色多的外衣，通常宜搭配单色的、淡素色的围巾，否则会显得服饰太花哨。

明眸皓齿、皮肤白皙的年轻人，可以考虑选戴深色的围巾，这样更能衬托出干净的皮肤、洁白的牙齿；耄耋之年、白发苍苍的老人，戴上大红、大绿色的围巾同样是很美的，因为它可以衬托出白发的高贵；年纪大、肤色暗淡、头发花白的人，以佩戴浅素色的围巾为宜。

3.项链的佩戴

应综合本人的气质、肤色、服饰打扮选用项链。选好项链后还应在镜前试戴，再根据本人的发色、眼睛颜色去斟酌、决定。穿冷色调的衣服却配了暖色调的首饰，戴了24K黄金项链却配了副银色耳环，这都是服饰搭配的大忌。

选择项链的色彩与选择服装的颜色一样，主要还是取决于自身的肤色。

肤色偏红润的人，可选用浅绿、墨绿等颜色的项链，以烘托出生机勃勃之感。但不宜饰以大红、大紫或鲜蓝色的宝石，以免将脸色衬得发紫。

皮肤偏黑的人，不宜佩戴白色或粉红色项链，以免比照强烈，而使皮肤显得更黑。饰有茶晶、黄玉等中间色彩的宝石，可起到淡化皮肤颜色的良好作用。

肤色偏白的人，可选择带宝石的金属项链、珍珠项链等，这些饰品与洁白的肤色相配，使人看起来更加文静、秀美。但若肤色过白，则不宜戴钻石、水晶项链，这会使肤色显得惨白。

肤色略黄的人，选择白金、白银等材质的项链是很恰当的，它们将添加你的文雅气质。假若选择其他颜色，如有绿色宝石或者彩球的项链，也会显得很有气质。但尽量不要选择红色或黄色的项链，这会使肤色更趋深暗，失去神韵。

肤色蜡黄的人，宜选择红色、橙色一类的项链，用热烈的颜色来增添佩戴者的血气，可以适当减少呈现出的病态感。

4.手镯的佩戴

手镯，也称“钏”“手环”“臂环”，起源于我国母系社会向父系社会过渡的阶段，古代男女以戴手镯为时尚，女性将之作为已婚配的象征，男性将之作为身份的象征。此外，古人还认为玉石手镯可以辟邪。

手镯在古代主要由石材精磨细做而成，现今，手镯的材料更加丰富，不仅有了金银手镯，还出现了用彩石、菩提子、红豆、名贵木珠等串成的手串，而且佩戴这些新式手串在男士中间也开始兴起。

对腕部丰满的女性来说，选择镯面较宽或较厚的翡翠、玛瑙等石材类手镯，可以更好地衬托出女性的丰润之美。

手腕瘦细一些的女性，适合编花、编丝的金、银手镯等。手链脱胎于手镯，更为纤细精巧，也更显年轻。

戴手镯、手链颇有讲究，违反了约定俗成的规定将让人耻笑。如果你只戴一个，应该戴在左手而不是右手，因为戴在右手表示佩戴者自由而不受拘束；如果想戴两个，应该一只手戴一个；如果你想标新立异，戴三个手镯或手链，都应戴在左手上，而不可以左手戴两个，右手戴一个。当然，生活中戴三个手镯或手链的情况比较少。

5.胸花、胸针的佩戴

胸花或胸针对于一个人的整体形象来说，具有点缀或提亮作用。佩戴胸花同时可以体现出一个人的时尚程度及其对美的鉴赏能力。

胸花或胸针可以佩戴在胸前、领口，也可以插戴在肩部，安排在哪个部位取决于你对服饰整体效果的构思。比如，你的服装属于不对称、不规则的，那么可以把胸花戴在中间部位，起到平衡作用。

如果你的服装色彩简单，可以佩戴花式胸花或胸针；如果你穿的是西装，可以选用大一些的、材料好、颜色正的胸花或胸针；如果你上身衣服颜色偏多，下身是一色的，可以佩戴与下身衣服颜色一致或相近的胸花或胸针。身着华丽的礼服时，不应该佩戴材质差的胸花；活泼、开朗的年轻人，可以佩戴别致的、趣味感强的胸针。

6.眼镜的佩戴

众所周知，一副质地优良、造型美观的眼镜不仅可以矫正视力，还具有修饰脸型、掩饰面部缺陷、突出五官的作用。出门佩戴一副自己喜爱的眼镜目前已成为一种时尚。选择眼镜时，需要考虑三方面因素。

一是脸部特点。宽脸的人适合选择宽边、大镜片的眼镜；圆脸的人宜选择齐眉的平框及中等大小的方形镜片；长脸的人，宜选择宽边方形或圆形的眼镜；眼袋重的人，可以考虑选择颜色较深的镜片；鼻梁高的人，为突出优点，可以选择有深色鼻夹的眼镜。

二是肤色特点。白里透红的皮肤，选择范围广，琥珀色、蓝灰色、黑色的框架都可以选用；皮肤暗灰者，选择带点浅红、粉红色调的框架，可以帮助提亮脸色，使之更有生气。

三是服装的主色彩。佩戴的眼镜应与所穿服装的色彩和谐统一，即便镜架的颜色和服装的颜色不可能完全一致，也应该是较为和谐的。如果你佩戴一副太阳镜，那么，镜框和镜面的颜色基调最好与衣服一致。穿着艳红的衣服、戴着墨绿的眼镜显然有些不太合适，如果戴着偏紫红的眼镜或偏茶红色的眼镜就会更好看一些。

一个人身上的配饰不宜太多，用一两件精巧的饰品装点就足够了，多于3件则容易显得零碎、繁杂、庸俗。

墨镜的作用主要是遮蔽屋外强烈的阳光，如果你在室内也总戴着墨镜，将给人一种矫揉造作、故作深沉之感。

第三节　仪容的讲究

仪容，通常指人的外表。现实生活中，更多的人认为仪容专指仪表和容貌，主要包括面部、头部、颈部等。仪容修饰得当的人，将显得精神焕发、神采奕奕；反之，将显得萎靡不振。仪容不佳，不仅会使个人不自信，也是失敬于人的一种表现。修饰仪容应该遵从以下几个原则：

美化原则。它要求个人在了解自己容貌的基本特征后，通过护肤、美容、化妆、做头发等修饰手法，扬长避短，使自己看上去更精神。

自然原则。它要求人们在修饰自己的容貌时向自然、得体的方向去加工，既漂亮又不失自然，这样更易于被他人接受。

协调原则。它要求在对个人进行容貌修饰、设计时，一定要综合考虑，结合个人的面部、全身特点，身份、职业特点，以及将去的场合来进行适宜的修饰。

一、头发的梳理

在人的容貌中，头发是最容易吸引他人眼球的部分。

头发是否光亮、柔顺，是否干净、整洁，有时可能直接影响到别人是否愿意进一步地接近你。整洁、大气的发型，更易吸引人；蓬头垢面的人，难免使人联想到病人，甚至乞丐、罪犯。

首先，应使头发保持清洁。其次，在发型设计时，要细致考虑发型与脸型的搭配。

人的脸型主要分为长形、圆形、方形、椭圆形、三角形、菱形，多数中国人认为椭圆形为标准脸型。根据人们的审美习惯，我们在设计发型时，可考虑通过对头发的修饰，使人的脸型往椭圆形方向靠拢。

长形脸盘的人选定发型时要将修饰的目标定在加宽脸形上。应注意此类人的顶发不可高耸，垂发不可笔直，可以考虑用刘海遮住额头，增厚头部两侧的头发等办法，使脸看上去更加丰满。

圆形脸盘的人应尽量通过发型来拉长脸型。可以考虑不留刘海，将头顶的头发拉起或垫高些，脸颊两边的头发建议拉直，头发可以中分，也可以做小斜分，以便达到改变脸形扁、平、圆的效果。

方形脸盘的人应追求“去方趋圆”的发型。可以考虑将顶部头发适当拉高、做宽，达到“上宽下窄”的效果；分发时应以侧分为主，向头顶斜后方向梳理；女性头部两侧的头发可以考虑留稍长些，并烫出一定曲线；男性可以考虑修剪鬓角，但不要剃光，以便适当地遮挡脸颊。

三角形脸盘又分两种：正三角形脸和倒三角形脸。正三角形脸的人，宜用刘海遮盖额头，或露出前额，分发线自中往外分开，两边头发应稍遮两颊，女士留齐耳短发最为适宜；倒三角形脸的人，应尽可能露出前额，并使头部两侧的头发蓬松，可将其拉高、拉宽，头发可以全部往后梳理，女士留长发或将发髻梳得接近颈部为最好。这样可以达到修饰脸型的目的。

菱形脸盘的人，主要应考虑解决上额和下巴过窄的问题。这种脸型适合用蓬松的或弯曲的头发来增加脸上部的宽度，形成上宽下窄的效果，分发时可选择侧分。女士可以考虑用刘海来遮住窄额；男士可亮出前额，同时将顶部头发做出一定宽度。对下巴过窄的人来说，选择蘑菇式发型更为合适，这样可以将脸型调整为椭圆形。

二、面部的保养与化妆

对面容进行保养、化妆，既是个人爱美的表现，也是待人礼貌、对人尊重的需要。这不仅是时尚话题，也是新潮流的源头。因为审美趣味的不断变化，具体做法和标准层出不穷，这里无法一一展开，在此主要介绍保养和化妆的原则。

1.洁净原则

洁净、养护是容貌修饰的基础，是完善个人容貌的前提。洁净，主要指每个人在日常生活中都应做到常洗脸。养护，是针对不同面部肤质、肤色提出的要求。

爱喝酒的人，常有酒糟鼻；爱吃肉的人、年纪轻的人，常长不同类型的痘痘；爱抽烟的人，手和牙齿常是焦黄色的；爱熬夜的人，眼睛常是浮肿的。这些情况，我们都需要通过清洁、保养、化妆的方式来处理。

洁净的公认标准是无灰尘、无泥垢、无汗渍、无分泌物。养护的标准是“因人制宜”地采用专门机构检测合格的养护用品，改变皮肤干燥、油腻、毛囊发炎、长痘、有黑头以及牙齿不够洁白、眼皮过于浮肿等状况。

2.适度原则

适度，就是要看起来合适、自然、舒服。化妆的目的是为了让别人愉悦。如果你因为没有掌握好化妆的分寸，让别人无法接受，甚至躲得远远的，那你的自信也将随之丢失。

化妆时要根据自身的面容特点强化优点、弥补不足，同时防止出格。

一般来说，日常生活中不应化太浓的妆，用日妆就足够了。日妆也称淡妆，用于自然光源下，适用于日常工作、生活和学习。日妆可以对面部做轻微的修饰与润色，不露明显的化妆痕迹，妆色浅淡、柔和、自然、通透。

时尚日妆是人们为了提升个人素质，表现对他人的尊重的一种常用妆型。日妆应用范围较为广泛，如每逢节假日或休息时间，可施以朴素优美的休闲妆；若去上班，可施以简单明快的工作妆；若偕友外出旅游，也可施以色彩自然的旅游妆等。

在日常生活中，惨白的粉底、血红的嘴唇、浓重的眼线、呛人的香水，是无法让人欣赏的，因为它们过于夸张，掩盖了皮肤的光泽、健康的唇色、有神的目光。

由于时尚日妆常常用于在日光和日光灯下近距离面对顾客或来访者，所以是各种接待人员、营业员、服务员常用的妆型。时尚日妆应重点修饰眼部、口唇，有条件时也应对面部皮肤进行轻微的修饰与润色，妆色清淡、典雅、自然；要求化妆手法细致，不留痕迹，特别是眉形、唇形、唇色，要求着妆效果自然生动。

3.和谐原则

“和谐为美”，美须和谐。对仪容的修饰，切不可忘了遵从“和谐”二字。

化妆，不仅讲究妆面的和谐，也讲究整体的和谐、场合的和谐。年轻人的皮肤健康、有光泽，不需要再施粉底，否则就属于“避长扬短”了；干部、教师等，要求庄重、亲切，不适合化太浓的妆，否则与其身份不符；身体羸弱、气色欠佳的人，不宜素面朝天，否则等于“雪上加霜”，受邀参加盛典、夜间活动的人，不宜用不化妆或淡妆来敷衍，否则强光之下将显得面无血色。

唇膏，是女性随身必带的化妆品，妆容再简单的人，出门前也少不了要为唇色增添点红润。对唇膏的选用尽量不要“一色到底”，每人最好备上两支深浅不一的唇膏，使用前，根据当天要穿的衣服的色彩和参加活动的时间来决定使用哪种颜色。总之，和谐一致才会收到令人满意的效果。

腮红不仅可以使你的脸庞变得红润，也可以适当改变脸型。圆脸的人应用腮红化具进行竖向掸、刷；长脸的人应横向掸、刷，让腮红范围尽量宽些。

如果你需要补妆，最好到洗手间等较私密的空间，当众补妆是不礼貌的表现。

思考题

1.简述选择着装的原则。

2.简述着装色彩的选择要领。

3.简述女士选用项链时的注意事项。

4.简述如何通过发型适当改变脸型。

5.简述生活妆的审美标准。

第九章

往来礼仪

本/章/重/点/与/难/点/提/示

一、重点

1.邀请礼仪

2.事前预约

二、难点

1.邀请和待客礼仪

2.馈赠礼仪

第一节　邀请和待客礼仪

我国民间有很多强调人际交往的重要性的谚语，诸如“在家靠父母，出门靠朋友”“朋友千个少，冤家半个多”“铜钱要用尽，人情值千金”“君子之交淡如水，小人之交甜如蜜”“浇菜要浇根，交人要交心”。交友，是人与人之间传递信息、沟通思想、增加感情的必要活动。交友，既有原则，也有一定规则。

一、邀请礼仪

发出邀请或接受邀请是人际交往中最常见的社交活动，不仅要力求合乎礼仪，以取得良好效果，而且还须符合双方的身份以及礼仪规范。

邀请又分正式与非正式两种形式。正式邀请，既要讲究礼仪，又要设法使被邀请者准时赴约，因此，多采用书面的形式；非正式邀请，相对要显得随便些，通常以口头形式来表现。

1.正式邀请

正式邀请的形式有请柬邀请、书信邀请、传真邀请、电报邀请、便条邀请等，这些形式适用于正式交往。

在正式邀请的诸多形式中，档次最高、最为各界人士所常用的当属请柬邀请。请柬又称请帖，它一般由正文、封套两部分组成。无论是购买印刷好的成品，还是自行制作请柬，在格式与行文上都应遵守规定。请柬的形状、样式、大小并无明确的规定，邀请者可根据请柬的内容自行设计。

请柬封面通常采用红色，并标有“请柬”二字。请柬内侧，可以是红色，也可以是其他颜色，但不可用黄色与黑色。在请柬上亲笔书写正文时，应用钢笔或毛笔，并选用黑色或蓝色的墨水或墨汁。红色、紫色、绿色、黄色，以及其他颜色鲜艳的墨水，最好不要使用。

请柬的行文中通常应该包括活动形式、活动内容、活动时间、活动地点、活动要求、联络方式，以及邀请人等内容。中文请柬行文不用标点符号，所提到的人名、单位、节日名称都应该使用全称。

请柬信封上被邀请人的姓名、职务要准确。所举办的活动如对服装有要求，应注明是正装还是便服。如已排好座次，应在请柬信封下角注明。

请柬一般提前一周至两周发出，以便被邀请人及早安排。已经口头约好的活动，补送请柬时，应在请柬右上方或下方写上“备忘”二字。需要安排座位的活动，请柬上一般写有“请答复”的字样；如果只需要不出席者答复，则应写上“因故不能出席者请答复”。

2.非正式邀请

非正式邀请也称口头邀请，有当面邀请、托人邀请，以及打电话邀请等不同形式。它多适用于非正式的接触之中。

口头邀请的方式比较自然，常用于相互比较熟悉的亲朋好友间。可以在休息时间或平时的晚上，到被邀请者家中亲自邀请，以示郑重；也可打电话邀请，这种方式比较灵活，既可节省时间，又可马上知道对方的答复。

非正式邀请再随便也别忘记说明邀请的时间、地点和活动，邀请对方参加时态度要真诚。

应邀或婉言谢绝是接到邀请后应该做出的反应。除了当面邀请和电话邀请之外，对请柬邀请一般都应即刻回函或电话回复，表示自己很高兴应邀出席。如果因故不能接受邀请，要婉拒。应及时答复别人的邀请，以免主人因为不知道被邀方能否赴约而浪费精力和金钱。

回函，不管是接受函还是拒绝函，均须在接到书面邀约后3天之内回复，而且回复得越早越好。

另外，应邀注意事项还有：

（1）核定邀请范围(如是否携带夫人、孩子)，留意服装要求。

（2）准时赴约。到达现场后应主动与站在门口的东道主或工作人员打招呼、握手，然后和其他宾客点头致意。对后来的客人，不管相识与否，都应该笑脸相迎、点头致意和握手寒暄。

（3）入座前要看清自己的座次，不是主宾，不要坐到主宾席上。

（4）如果应邀参加节日、生日庆贺活动，应准备鲜花等礼品；若应邀参加自费聚会，应准备好费用前往。

（5）活动结束时，应向主人告别，并接礼节与周围人告别。

二、待客礼仪

如果家里有客人来访，应该提前做好准备。主人的服饰要整洁，家里应干净美观，要妥善安排孩子并教育其遵守礼仪、懂得礼貌，水果、点心、饮料、烟酒、菜肴等要提前备好。如果是正式宴请，如生日、寿诞等，还要预先送请柬或电话邀请，确定宴请时间、场所，排好座次，落实宴请形式、规模、档次。

1.迎接客人

如果已与客人约好时间，主人应提前到门口迎接，不宜在房中静候。重要的客人，最好夫妇一同前往迎接，女主人应在前。见到客人时，主人应说一些欢迎的话，比如“欢迎大驾光临”“有失远迎”等。

如果有客人突然临门，要热情相待，若室内未来得及清理，应致歉并适当收拾，但不宜立即打扫，因为打扫有逐客之意。

2.问候寒暄

“寒暄”本身就是问寒问暖的意思，寒暄就是要给予对方关心。在与人见面时，寒暄是十分必要的，是初次见面的人们进行愉快交谈的重要环节。

见到客人时，应热情招呼，女主人应主动上前握手。如果客人手提重物，应主动帮忙。对长者或体弱者可上前搀扶。进入室内后应把最佳位置让给客人。如果客人是初次来访，应向家人或其他客人做介绍。主人要面带微笑，步履轻松，不能有疲惫心烦之相。

寒暄用语的选择应根据时间、场合和对方的身份而定。若对方是领导、上司、师长等，寒暄时可称其职务或职务加先生，如“经理先生”。见面应主动打招呼，选用前文所述的礼貌用语。

若是对下属，更应热情招呼、主动关心，适度夸赞可以提高下属的荣誉感和自尊心；批评要公正，要经常鼓励下属，振奋其精神。

若是同事或其他平级的人，寒暄语也要因人而异。例如，对一般初交者可说“您好！见到您很高兴”；对熟悉的朋友，可选择对方最得意的话题；对年长者应多表示对其健康的关心；与业主打招呼可用“恭喜发财”等。

还可根据目的不同而用不同的寒暄方式。除一般招呼外，还可引导话题，这样做有利于增进感情、扩大社交范围；寒暄除可以用文明用语外，还可根据环境有不同选择。适当地使用文明用语，可以加强针对性和情感性，如访问时可先说“打扰了”“请多指教”等。

3.敬茶、敬烟

客来敬茶，这是中国古代就有的礼俗，冲泡茶水时首先要清洗茶具，冲泡多杯茶时应一字排开，每杯茶以斟杯高的三分之二为宜。敬茶时，主人应双手捧上，笑吟吟地说“请用茶”，然后放在客人的右手边，并注意应先敬尊长者。

大约从明万历年间起，中国就流行“以烟待客”了。如果你家的来客是会抽烟的，那他们落座后，你不仅应该敬茶，还应敬烟。敬烟时，忌用手直接取烟，而是应该打开烟盒弹出几支递到客人面前请客人自取。敬烟时不能忘了敬火，若主人也会吸烟，应先客后主。

4.陪客交谈

交谈最能表现一个人的文化素质与礼貌修养。因此，交谈时要注意：不妨大方地注视对方眼睛，并不断点头表示你在认真倾听；即使观点不同也要点头示意，待别人说完，你再陈述己见；交谈时还要注意尽量不要插话或打断别人讲话；应保持微笑，声音也应悦耳动听。

主人在客人坐下、敬烟茶糖果之后，应及时与之交谈，以免尴尬，话题可因实际情况而定。主人若暂时无法陪客人交谈，可安排身份相当者代陪或提供书报杂志、打开电视供客人消遣，切不可出现主人只顾自己忙，把客人独自晾在一边的情况。

5.送客礼节

当散席或客人准备告辞时，主人应婉言相留。如果客人表达出要走的意思，主人应等其起身后，再起身相送，主人的家人也应微笑起立，亲切告别。

如果客人来时带有礼物，主人应再次提及对客人的感谢或回赠礼物，并提醒客人是否有东西遗忘，或是否需要帮忙。

送客时应送到大门口或街巷口，切忌跨在门槛上向客人告别或客人前脚一走就“啪”地关上门。如果是初次来客，主人应主动指路或安排车辆接送；如果是远方来客，主人则应将其送至火车站、机场、码头等，并说祝愿的话或发出欢迎再来的邀请。

三、以茶会客礼仪

茶，发之于神农，闻于鲁周公，兴于唐朝，盛在宋代，如今已成为风靡世界的三大无酒精饮料之一。中国人好以茶会客，俗称“中国茶道”。看似简单的一杯茶中其实暗含了许多学问，除了泡茶讲究，斟茶、品茶、添茶也都有讲究。

喝茶，是一件轻松休闲的事情。当然，凡事都要看场合。亲密的朋友、家人一起喝茶可以不必拘于礼节，但在一些稍正式的场合，懂得一些“茶道”，懂得一些必要的礼仪是十分重要的，否则容易使他人产生不快。以茶会客的礼仪，也是现代时尚礼仪的一部分。

1.酒满敬人，茶满欺人

因为酒是凉的，客人接时手不会被烫，所以酒应满而敬人；而茶是热的，满了的话，客人接时手会被烫伤，有时还会因为被烫致茶杯掉落，令客人难堪。

2.知客位尊卑

如今已很少有人了解“客位”的尊卑问题了，虽然茶道讲究的是“主随客便”，但随着喝茶人数的增加，自然应遵循一定的原则：面对主人，主人左手边的是“尊位”，顺时针旋转，由尊到卑，直到主人的右手边。不论茶桌的形状如何，这是一个不变的规定。老年人、中年人或其他比自己年纪大的人应坐尊位。其中师者、长者为尊，如果年龄相差不大，女士优先坐尊位。

3.先尊后卑，先老后少，先客后主，司炉最末

敬茶时应双手奉茶至客人面前，并说“请喝茶”，客人应回以“不客气”“谢谢”“莫拘礼”。若在客人较多的场合，茶杯应放在客人面前的桌上。在第一次斟茶时，不仅要先老后幼，还要论资排辈；第二遍斟茶时就可按照顺序斟茶了。

在敬茶时，还应先敬来宾，然后才是自家人。待在场的人全部喝过茶之后，自己这个司炉（俗称“柜长”，也就是煮茶冲茶者）才能饮茶。否则就是对客人的不敬，叫“蛮主

欺客”“待人不恭”。

如遇宾客较多，需要别人协助烧水、蓄水时，可以在需要蓄水时适当打开壶盖示意，不要高声要水，使宾客尴尬。

4.茶点

在正规场合中品鉴好茶时不宜食用茶点，否则会被视为对茶的不尊重。食用的茶点，并不推荐重口味的蜜饯、奶糖类茶食，坚果类的零食比较适宜。喝茶到深夜，当备茶点。

5.强宾压主，响杯擦盘

客人喝茶提盅时不能任意把盅脚在茶盘沿上蹭，喝完之后茶盅要轻放，不能让茶盅发出声响，否则便是“强宾压主”或有“有意挑衅”之嫌。

有的人十分珍爱自己的茶壶，在冲泡时，难免淋壶擦拭、把玩摩挲，甚至多壶齐养，但不知这些动作已经影响到客人品茶。另外，在品茶期间，整理茶台、擦拭桌椅，也会让客人以为主人要送客了。

6.喝茶皱眉，表示嫌弃

客人喝茶时不能皱眉，这是对主人示警的动作；客人皱眉，主人就会认为客人嫌弃自己的茶不好、不合口味。

7.头冲去杂，二冲茶味

主人冲茶时，头冲茶必须倒掉，因为茶水里有杂质，因此有“头冲去杂，二冲茶味”的说法，要是让客人喝头冲茶就是欺辱客人。

8.新客换茶

放置茶壶时壶嘴不能正对客人，否则表示请人赶紧离开。

宾主喝茶时，期间如有新客到来，主人不仅要表示欢迎，还应立即换茶，否则会被认为“慢客”“待之不恭”。换茶后的二冲茶要新客先饮，如新客一再推辞叫“却之不恭”。

9.暗下逐客令

主人热情好客，每以浓茶待客。但饮茶时间过长耽误工作或影响休息以及与客人话不投机时，主人会故意不换茶叶，此时客人应察觉到主人是在“暗下逐客令”，应起身告辞，否则会惹主人不高兴。

10.无茶色

客人喝到“尾头”应尽快“续杯”。如发现客人的杯子已有茶渣，应重新洗杯或换杯。主人应熟悉茶品，若茶汤已现水味，应及时换茶。晚上品茶不宜太晚，即使喝得尽兴，也应该把握茶局结束的时间。

主人待茶，茶水从浓到淡，数冲之后便要换茶叶，如不更换茶叶会被人认为“无茶色”。“无茶色”其意有二：一是茶已无色还在冲，是冷淡客人，不尽地主之谊；二是“暗下逐客令”，引申为对人不恭，办事不认真，效果不显著，语有“某人无茶色”。

11.茶三酒四秃桃二

在茶盘上放三个杯子，是由俗语“茶三酒四秃桃二”而来的，古人认为茶必三人同喝，酒必四人为伍，便于猜拳行酒令；可是外出游玩就以二人为宜，因二人便于统一意见，满足游兴。

另外，在安排座位时，为了配合长幼有序的礼节，应尽量安排长辈或最重要的客人坐在泡茶人的最左方。原因是斟茶将会按照自左向右的顺序进行，最后到主人自己。如果主宾的位置安排不对，在斟茶过程中如先给主宾斟茶，则顺序将被打乱，从而变得无序。

12.注意穿着、控制言行

茶的本性是恬淡平和的，因此，品茗礼仪要求着装整洁大方，女性切忌浓妆艳抹、大胆暴露；男性也应避免乖张怪诞，如留长发、穿乞丐装等。除了仪表整洁外，还要求举止庄重得体、落落大方。

谈话时切不可说人是非，道他人长短；亦不宜眉飞色舞，击节拍案。气氛安静为上，这样方能品出茶之真味。

13.关于吸烟

以茶会友时禁止吸烟。

四、酒桌礼仪

中国酒文化历史悠久，细究起来，如同茶文化一样有意思。在现代生活中，喝酒也成了人际交往中必不可少的一个环节。酒桌上热烈的气氛能快速消除人与人之间的陌生感，对工作或人际交往有很大帮助。

其实酒桌应酬学问很大，也许不经意间就会得罪了人还不自知。那么在酒桌上应该注意些什么呢？酒桌上有哪些礼仪？

1.斟酒

多人一起喝酒时要先给领导斟酒；如果有客人时，应先给客人斟酒，再给自己的领导斟酒，并且随时观察他们的酒杯里是否还有酒；酒杯里快没酒时应赶紧斟上，不能让客人或领导自己起来斟酒或再请你斟酒。

2.八分满

给别人斟酒宜八分满。给他人斟酒不宜太满，太满不好端；也不宜太少，显得没有诚意，以八分满为宜。

3.端杯

与别人碰杯时酒杯应稍比别人低一些，这是对他人的尊重。碰杯时要双手端酒杯，别用一只手伸过去碰一下，显得很没有诚意，也是对别人的不尊重。正确做法应该是左手轻扶杯底，右手端着酒杯。

4.敬酒有序，主次分明

敬酒要注意顺序，不要乱敬酒，一般应按照主人敬主宾、陪客敬主宾、主宾回敬、陪客互敬的顺序一一敬酒。

5.可以多人敬一人，不可一人敬多人

敬酒时，最好别一人同时敬多人；但是可以几个人同时去敬一个人。

6.敬酒要有说辞

敬酒时应有说辞，不然光敬酒是很尴尬的。如果是敬领导或者同事，可以说“谢谢领导或同事对自己一直以来的关心与照顾，以后需要经常向您学习，这杯酒代表我对您的谢意与尊敬”等；如果是刚认识的客户或客人，可以说“很高兴认识您，希望您以后多多帮助”。

7.给领导挡酒要巧妙

若领导不胜酒力，可以给领导挡一些不必要的酒，也就是对领导来说不是很重要的酒；而且挡酒时不宜太明显，应先察言观色，看是否有人准备给领导敬酒，再酌情挡酒。

第二节　拜访礼仪与做客礼仪

有人说“朋友是永久的财富”“朋友多了路好走”。我们不仅应当多交朋友，而且还要善于待客，而待客的关键在于真诚。邀请朋友要事先做好准备：房子收拾干净，穿着要整齐，提前准备食物，摆好水果饮料；与朋友交往要热情、真诚；交谈时应根据客人喜好选择话题，让气氛融洽活跃；挽留客人吃饭要热情，不可虚情假意；饭菜应尽量丰盛，略有多余，餐具要干净；送别客人时要热烈，主人应送至门外或车站。

一、拜访礼仪

主动上门拜访，是交友活动中的一种形式，它既可表达你的敬意，又是出于“来而无往非礼也”的礼俗要求。关于如何登门拜访、携带什么礼物，无论在传统社会还是现代社会都有着一系列规范。不懂得拜访的礼仪，甚至违背礼俗，不仅达不到交友的目的，还有失去朋友的可能。

1.事前预约

在古代，我国士大夫阶层登门拜访别人时是要先投递名片的，名片上要写明拜访缘由，这样才有可能得到接见。平常百姓之间，虽然没有名片可递交，但是作为礼节，必须征得主人同意。这种预约礼俗到现在人们仍在遵循。

预约拜访需要注意以下几点：

（1）选好时机。与朋友交往，要经常保持联系，比如乔迁、生子、生病，都可以在征得对方同意后去表达慰问和关心，如此，朋友间的关系才更友好、更亲近。平时不联系，有求于人时才想到拜访对方，这种做法容易招致反感。

如有急事一定要登门拜访，也不要做不速之客，突然到访。至少应该提前打电话说明原因，或在门外先敲门，说出缘由，让主人有时间整理房间、衣着、头发。

（2）注意语气。预约登门拜访的时间时，语气应友好，要以商量、请求的口吻提出申请。最好在主人方便的时间拜访，吃饭时间、清晨、午休和晚上休息时间，以及主人觉得不方便的时间都应该尽量避开。

2.彬彬有礼

（1）言行合礼。拜访者应该携带适当的礼物，进门后双手奉送给主人；衣着要整洁，不可以蓬头垢面地去见人，也不可以穿背心、拖鞋、睡衣去别人家里拜访；到主人家门前，应轻轻地敲门或按两三声门铃；当主人询问时，应该通报自己的全名，或说明是事先约好的初次见面者；进门后，应主动与相识者打招呼，对陌生人要点头示好，并坐到合适的座椅上。

与主人交流时，要注意坐姿端正、文雅，倾听认真，并以频频点头或轻声应答“对、嗯”表示出适当的赞赏。在主人未向你介绍他与其他人的关系时，不应该主动打听。在发表个人意见时，也要顾及其他在场的人。

（2）礼貌告辞。在拜访别人时，要体谅主人，注意把握好停留的时间。双方无话可说、主人流露出倦怠的表情时，或者接近吃饭的钟点时，应该主动提出告辞。

出于礼貌，主人可能会在你告辞的时候说“多玩一会儿”或“留下来一起吃饭”，你应理解这是礼貌话、客气话，要深表谢意，并婉言谢绝。

谈话结束或访问结束时，常会用到一些告别的文明用语。礼貌是修养、风度的外显形式，有助于融洽气氛、改善关系。道一声“珍重”“再见”“谢谢”，可能让双方关系更近。即使交往不够顺利，谈话有许多分歧，结束谈话后，也应主动、礼貌地说几句文明用语，以促成双方再次见面。总之，礼仪要有始有终，多使用文明用语，有利于促成进一步的沟通、理解。

文明用语能反映一个人的内在气质，因此在使用时要注意修饰语调。要真诚自然，不要虚情假意，不要故意增高音调或拉长发音，或者带有讽刺、挖苦的意味。这既降低了品位，又破坏了融洽的氛围。

提倡和使用文明用语，是个人形象设计的重要内容之一，也是营造社会文明氛围、促进人类文明进步的重要举措。无论个人还是群体，都应当使用文明用语。

二、做客的礼仪

如果受邀做客，赴宴时要化淡妆，以表示对主人的尊重。应遵守时间，如临时有事应及时通知主人不要久等；除非应邀，否则尽量不要带孩子同往，因为孩子易哭闹，会破坏融洽的气氛。做客时谈吐、举止要有礼貌、文雅，最好幽默一点，这样有助于调节气氛；但应酬要适当，切勿喧宾夺主，即使主人是老朋友也要适可而止；饭后不宜久留，应适时告退；临别时应向主人表示由衷的感谢，这样会使老朋友感情更亲密，新朋友留下好印象。

三、尊重别人

人各有各的长处。在人际交往中，尊重别人，自己才会得到别人的尊重。人与人之间，人格是平等的；相互尊重，是一切交往的基础。不管是上下级关系、劳资关系，还是亲属关系、朋友关系、夫妻关系等，相互尊重、相互理解、相互信任是交往的基础。

近代心理学的研究证明，任何人在正常情况下都有着积极的、奋发向上的、自我肯定的、无限增长的潜力，这也是每个人对自己、对别人评价的基础。因此任何人都应该得到别人的理解和尊重。如果能给每一个人都创造一个良好的氛围，让所有人都能够正常交往、沟通，那么每一个人都可以充分发挥自己的潜能，使自己更适应环境，并不断完善自己。

与人交往时，要为自己、为他人创造良好的交往环境，首先要尊重别人；其次要注重自己的形象，要“以心换心”，以真诚之心去善待他人、尊重他人。

怎样体现对他人的尊重呢?

1.修饰自我形象

修饰自我形象是赢得他人尊重的基础。一个脏兮兮、不修边幅的人，一个出言不逊、不知书也不达理的人，一定不会受到他人的尊重。不注重自我形象不仅是丑化自己，同时也是贬低他人。只有尊重自己、不断修饰自己、完善自己的人才会受到他人的尊重。

2.行为规范、礼貌待人

礼貌是社会文明的一种表现，是一个人在言谈举止和交往中体现出对他人的尊重。满嘴粗话、行为下流，既是对自己的不尊重，也是不尊重他人的体现，会让他人有种被侮辱的感觉。因此，我们每一个人都应该规范自己的言行，礼貌地对待他人。

3.真诚善良、助人为乐

与人交往时，应当真诚善良、助人为乐。我们每个人都应尊师、敬老、爱幼、关心社会、关心他人。善待他人，不仅包括尊重教师和长者、关心并妥善照顾老人，还包括尊重女性、爱护儿童。我们可以在助人中体现出自己良好的道德品质。

四、问候礼仪

问候可分为日常问候、节日问候和特殊问候三种。日常问候是指亲朋好友在日常生活中的相互致意，如“早上好”“晚安，做个好梦”“一路顺风”等，既是问候祝愿，也是加深友谊的基础。节日问候的方式因具体情况的不同而不同。例如在我国的春节、端午节、中秋节等节日时，人们通过打电话、用手机发短信息或电子邮件、送贺卡等，相互问候，彼此祝福；还有护士节时人们对护士的慰问、母亲节时子女对母亲的问候、教师节时学生对老师的问候、重阳节时人们对敬老院老人的祝福等，都属于饱含良好祝愿的节日。特殊问候是指在婚、丧、嫁、娶、升迁、入学、就业、参军、等情况下，亲朋好友之间的相互致意。有了喜事时高兴地与他人分享，有亲友问候共祝，喜悦心情陡增；遭遇不幸时也需别人的抚慰、帮助，亲朋的问候会让人倍感温暖，增强战胜困难的力量。

第三节 馈赠礼仪

“来而不往非礼也”是古代圣人提出的交际准则，不仅教育我们应重视与人的礼尚往来，还告诫我们应该懂得一些馈赠礼品的礼俗。

无论是个人还是组织机构，通过向交往中的人和组织赠送一定礼品，以达到交际目的，是一种常见的人际交往方式。但是，礼品的种类、价值、档次、包装、蕴含的情义等呈现多样性，我们应该怎样选择呢？礼品的选择，最重要的是要能够反映出送礼者的心意，并与送礼者的形象有机地结合起来。

至于礼品的厚薄，一般来说，关系越密切，礼品就越具有情感意义。工作交往中的馈赠，取决于帮助的程度和性质。礼品的馈赠，还取决于帮助的时机。一般情况下，对急需的重要帮助、对个人成长有重要影响的帮助应酬以重谢。

礼品是人品的延伸，能反映出一个人的品位、素质，甚至智慧和才干。通过馈赠礼品可以激励他人、教育他人，可以显示情趣和修养、表示友好，也可以扩大个人的影响。总之，送礼已成了我们每一个人为人处世、深入社会不可缺少的社交形式。在人际交往中，以物质的方式表达感情是难免的，也是必要的。当然，礼物也可以是无形之物，如教人一种技术、赠良言警语，因此才有“授人以鱼，不如授人以渔”“赠人千金不如赠人美言”之说。

一、馈赠的基本原则

1.轻重得当，礼轻情义重

礼品的厚薄，往往是衡量交往人的诚意和感情程度的重要标志。然而礼品的厚薄与其物质价值并不总成正比。因为礼物是言情、寄意、表礼的，它仅仅是人们情感的寄托物，人情无价而物有价，有价的物只能寓情于其身，而无法等同于情。也就是说，就价值而言，礼品既有物质价值，也有精神价值。古时“千里送鹅毛”“折柳相送”的故事就是这个道理。

送礼时应注意入乡随俗；根据馈赠目的和经济实力择定不同的礼物。除非是有特殊目的的馈赠，礼物的贵贱应以对方能愉快接受为尺度。

2.雪中送炭，锦上添花

就馈赠的时机而言，及时、适宜是最重要的。中国人很讲究“雨中送伞”“雪中送炭”，即十分注重送礼的时效性，因为只有在最需要时得到的礼物才是最珍贵、最难忘的。时机主要指事由、表达的情感及对方需要的程度，“门可罗雀”时和“门庭若市”时，人们收到礼物的感受会有天壤之别。因此，对于处境困难者的馈赠，其所表达的情感就更加真挚。国际著名影星奥黛丽·赫本十分喜爱狗，多年来一直养着一只叫杰西的长耳罗塞尔种的小猎犬。然而，有一天，杰西误吃毒药死了，赫本悲伤过度，一病不起。她的朋友克里斯多夫·格里文森及时托人给她送来了一只长耳罗塞尔狗，这给了赫本极大的慰藉。赫本感动地说：“是它让我恢复了健康，它是来自天堂的宝贝。”

3.想人所想，济人所难

每个人因为经济状况、文化程度、追求的不同，对礼品的要求也不同。所以我们要注意根据具体情况来选择礼物。例如，在物质生活较为匮乏时，应多选择实用礼品，如食物、水果、衣料、现金等；生活水平提高后，应倾向于选择艺术欣赏价值高、趣味性强和有纪念性的礼品。

馈赠时还要考虑受礼者的需要，有针对性地选择礼品，哪怕礼品的价格不高。美国作家欧·亨利的小说《麦琪的礼物》就讲述了一对夫妻为了表达爱意，牺牲自己心爱之物，互送最缺——表带、发卡的感人故事。

二、礼品的选择与包装

1.了解馈赠对象的有关情况

送礼的对象由于阅历、爱好不同，对礼物的喜好也不尽相同。因此，在送礼前必须了解受礼者的年龄、性格特征、身份地位、民族习惯等，并针对不同对象、不同情况，选择不同的礼品，满足他们不同的需求。

2.明确送礼的目的

送礼前，要了解送礼的目的，以便选择合适的礼品，如此方能取得良好的效果。目的不同，选择的礼品也是不一样的。

3.尊重禁忌

由于各国、各民族的历史、文化、风俗习惯及宗教信仰各有不同，不同国家、不同民族的人对同一礼品的态度也不尽相同。因此，选择礼品时应该尊重他人的爱好及习惯。

4.礼品的包装

精美的包装是礼品的重要组成部分，它使礼品外观更具艺术性和高雅情调，也可以显示出赠礼人的情趣、品位和真情实意。

5.赠礼的时机

送礼要特别注意及时、准确。生日礼物、结婚礼品、节日贺礼，最好赶在当日当时，这样才可起到锦上添花的作用。最好在病人住院期间进行探望，否则便会失去送礼的意义。

三、馈赠礼仪中的避讳

禁忌是一种不系统的、非理性的、作用极大的心理和精神倾向，对人的意识和活动有重要影响。当禁忌被冒犯时，无论他人是有意的还是无意的，当事人都会不快、不满，甚至愤恨，我们所追求的友情可能也将不复存在。

馈赠前一定要先了解受礼者的喜好，尤其是禁忌。例如，中国人普遍喜欢喜庆的红色、忌讳黑色，并且有“好事成双”的说法，因而凡是大贺大喜之事，所送之礼，以红为主，好双忌单。广东人则忌讳“4”这个偶数，因为在广东话中，“4”听起来就像“死”，是不吉利的。再如，白色虽有纯洁无瑕之意，但中国人也比较忌讳，因为在中国，白色常是悲哀之色和贫穷之色。同样，黑色也被视为不吉利的颜色，是凶灾之色、哀丧之色。另外，我国民间常常讲究不能给老人送“钟”，因为“送钟”与“送终”谐音，不好听也不吉利；给夫妻或情人不能送“梨”，“梨”与“离”谐音，也是不吉利的。

四、馈赠与接受礼仪

1.要注意细节

（1）注意礼品的包装。精美的包装不仅让礼品的外观更具美感和高雅的情调，也能显示出赠礼人的文化和品位，同时还会使礼品产生一种神秘感，这既有利于交往，又能引起受礼者的兴趣和探究心理，从而令双方都很愉快。

（2）注意赠礼的场合。送礼一般应避开公众而在私底下进行。只有那些为表达特殊情感，需要公众作为真挚友情见证人的时候，才可以在公众面前赠与他人礼物。

一般来说，在公开场合，可以选一些大方得体的礼物，如书籍、鲜花等。与衣食住行有关的生活用品不宜在公开场合赠送，否则容易让人产生受贿的嫌疑。

（3）注意赠礼时的态度。平和友善的态度礼貌得体措辞，才是赠与和受礼双方所能共同接受的。居高临下的态度、轻率的言语势必折损你的好意，甚至产生不必要的误解。

2. 赠礼方式

最好亲自赠送礼品。赠礼时，态度要平和友善、举止要大方，双手把礼物呈送给受礼者，并简短、热情、得体地加以说明，表明送礼的原因。

如果因故不能亲自赠送礼物，要委托他人转交或邮寄时，应附上一张卡片，写上祝福并说明赠礼理由，还要附上落款。

3.馈赠中接受礼品的礼仪

作为受赠人，既不能显得无动于衷，也不应随手将礼物放在一边、没有任何表示。受赠人应该：

（1）双手接过礼品。如果条件允许，受赠人应该双手接过礼品，并表示欣赏；要视具体情况决定是拆看还是只看外包装，最好当面打开，并对礼物表示赞赏。收下礼品时，应对赠予者表示感谢。

（2）不当面拒收礼品。如果觉得不应该收下这份礼物，一般不要当面拒收，那样会让赠予者很尴尬，可以择机归还。归还时，一定要再次表达谢意，并说明原因，以免赠予者误会。

（3）适时回礼。一般情况下，接受了他人的礼物之后，应该择机回赠。

我国古代有“扫彗”之礼，就是宾客来到时，家中仆人要用双手拿着扫帚躬身在门前迎候，意思是“家中已经打扫干净，欢迎您光临”。如今，在一些乡村，仍有一些老人保持着这样的习惯。当你受到这样的招待，千万不要误解，并应表达谢意。

当被邀请与主人一起吃饭时，一定要让主人或长辈坐上座，上座的安排一般遵循“南面为尊”的习惯；如是八仙桌，当南面摆有两把椅子时，以右为上。

与主人一起吃饭时，为了表示对主人招待的感谢，应不时地赞赏饭菜可口。

第四节 探视问候礼仪

一、探视

探视又称探望。是人与人之间的正常拜访，包括拜访、探视病人、视察、看望等。

探亲访友是为了沟通情感、舒缓心理。为了使自己成为受欢迎的客人，必须注意以下事项：

1.个人仪表的修饰

一个人的仪表修饰是很重要的。特别是探访亲友时，不要以为是亲戚或老朋友就可以无所谓，不重视仪表修饰。其实仪表是一个人的外部形象，是内在素质和个性特征的自然表现，不仅涉及个人的整体形象，同时也体现出对被访者的尊重。当然也不宜过分讲究，修饰的程度最好与被访者的家境及喜好相称。若被访者家境贫穷，对个人仪表不太关注，则不可过分讲究，否则，会增加你与对方之间的距离；若对方家境富有，对个人仪表非常关注，则仪表、服饰应该相应地多费一点心思。

2.略备小礼品

礼品重要的不是多少或轻重，而是表达一种敬意或善意。略备一点亲友特别喜爱的小礼品，或孩子喜欢的玩具等均可。一般不宜过多、过重，因为礼尚往来，礼品只是营造一种气氛；但不要太认真，送得太贵重，会让对方有心理负担或压力，甚至会发展出一种无礼品不往来的“僵局”。所以，应当营造一种随和亲切的氛围，千万不要给对方造成压力。

3.选择适当时间

拜访的时间要恰当，要充分考虑被访对象的作息习惯。不仅要择日、择时，最好还要预约一下，以免造成对方的不便。一般不宜中午或清晨拜访；晚上时间不宜太迟，也不宜太长，最好预先与被访者约定，以便对方进行安排、做好心理上的准备。

4.行为举止

在探亲访友时，行为举止不能过于随便。尤其是在亲友家中，不管关系如何亲密，都要遵守探访的有关礼仪规则，如：按门铃或轻轻叩门，主人答应后方可入室；入室后要与其家人或客人打招呼；言谈中要尊重别人，不要夸夸其谈，不要与人发生争执，还要注意辞行、分别时的礼节等。

二、探望病人的礼仪

病人最需要关怀、安慰和支持，他们希望从探视者的一言一行之中获得慰藉。因此，注意探望病人的礼仪，才能达到探望病人的效果。

（1）注意礼品的选购。人在困难的时候总希望得到一点物质上的帮助。一般探视病人都习惯带些礼品，礼品一般以滋补身体的食品或保健品为宜；现代人更喜欢送鲜花，以寄寓精神的鼓励。送鲜花时应根据病人身份选择花的品种与颜色，譬如玫瑰象征爱情、康乃馨象征母爱或友谊。注意不要送菊花。

（2）关心病情。应了解、关心病人的病情，掌握其目前的心理和情绪状态，然后针对病情予以劝慰开导。不要冒冒失失、乱说一气，也不能多说。俗话说，言多必失，病人此时对疾病十分敏感，很容易接受暗示；疾病谈论得过多，常有用词不当之处，给病人造成负面暗示效果，会加重病人负担，甚至加重病情。尤其对难治或危重病患者更要谨慎。

（3）文明礼貌。探视病人的注意事项还包括自觉遵守医院制度，如：探视时间的选择；探视时需要保持安静，不要大声喧哗；禁止吸烟，讲究卫生；举止谈话应得体；对被探视者要关切、尊重、有礼貌。多说一些关心鼓励的话，说话的语气要亲切诚恳；谈话时不宜谈论病危、死亡，也应尽量避免用人们认为不吉利的词语或与死亡相关的同音词．如“苹果”有些人发出“病故”的音来，这些都是病人忌讳的。

思考题

1.简述邀请的礼仪。

2.简述事先预约的讲究。

3.简述怎样做客能显得彬彬有礼。

4.简述礼品选择的基本原则。

5.简述馈赠的忌讳。

第十章 其他民族礼貌礼节

本/章/重/点/与/难/点/提/示

一、重点

1. 蒙古族的礼貌与风俗的关系
2. 对蒙古族、回族、藏族、维吾尔族、壮族、苗族节日习俗的了解

二、难点

饮食习惯与礼的关系

我国是一个统一的多民族的社会主义国家。汉族占全国人口的94%，另外，还居住着55个少数民族(习惯上称呼为兄弟民族)，约有5 580万人。我国各兄弟民族在长期的历史发展中，在饮食、起居、节庆、礼节、禁忌等方面形成了各不相同的风俗习惯。

第一节　蒙古族的礼貌礼节

一、简介

蒙古族有近600万人，主要居住在内蒙古自治区。蒙古族是一个热情好客、讲究文明礼貌的民族，信仰喇嘛教。牧民们爱穿滚边长袍，头上戴毡帽或缠布、脚穿皮靴。蒙古族的语言属阿尔泰语系蒙古语族，亦推广内蒙古自治区蒙古族使用的胡都木蒙古文。

二、礼貌礼节

1.蒙古族的传统礼节主要有献哈达、递鼻烟壶、装烟和请安等。问安后互相点烟，烟点着后烟嘴朝向客人递出；若二人赶路或野外相逢，也互相问安并点烟。现在还增加了鞠躬礼和握手礼。

2.蒙古族牧民亲戚间互相串门或到长辈家里做客时，一般要带些糖果、饼干、酒和自制面食作为礼物；在请客人进入蒙古包时，主人总是立于门外西侧，右手放在胸部微微躬身，左手指门，请客人先行。

3.家中来客时，不管是常客还是陌生人，都以笑脸迎接，铺褥垫就座后先进茶。桌子上摆有糕点、糖及奶酪、奶油和各种面制干粮。盘子数必须成双，两盘、四盘、六盘、八盘不等，但大多情况下摆四盘；还要捧上奶茶；茶后即上菜请客人喝酒，一般会敬上醇美的奶酒或白酒，主人要把自己酒碗里的酒让在座的每位客人都喝一口；为了助兴，常以唱歌来劝酒。对贵客则宰羊款待，主食多为饺子或馅饼，并上火锅；客人喝茶吃饭时小孩不能在桌边观看，更不能在客人身边走动；客人离开之前不能动客人送来的礼物，甚至给小孩带的糖果、糕点也不能分给孩子。蒙古族人民尊敬长辈，老年人到来时，则要外出迎接，走时搀扶上马；进门、入座、喝茶、饮酒、吃饭时，让长者先。客人就座后，主人按“浅茶满酒”的礼俗热情敬献奶茶和美酒，托着哈达献给客人。

4.招待来客的宴席有手抓羊肉和全羊席。接待贵宾或有喜庆活动时要摆全羊席，有烤、煮全羊两种。不能让客人用有豁口或有裂纹的碗、杯盛饭、倒茶；客人临别时不能让其空手而回，回敬礼物叫“压袋底”；有客人时不能做针线活和扫地，客人出院时不能扫院，否则会被认为是对客人不尊重。

5.送客时，主人送客人到蒙古包外或本地边界；应扶客人上马，并说“再见”或“祝一路平安”等祝福语，目送客人走出一段后方可返回包房。

6.到访的客人应从正房西侧进门。若骑马而来，在正房西侧下马，并绕拴马桩西侧进院。不能踢打牲畜，不得骑马闯入羊群，不得追打猎犬和看家犬；不能称赞主人的孩子和牲畜；未经允许不能进入包房；在包房内不能随便就坐下，不能蹲，不能将腿伸向西北方或炉灶；不能吐痰，不能从主人的衣帽、枕头、被褥上跨过；出入包房时不能踩踏门槛；不能用烟杆、筷子、剪刀指别人的头；送礼品时都要成双成对，送接礼品、茶酒都要用双手，不应用单手，更不能用左手。

三、饮食习惯

1.牧民多食牛羊肉（羊肉为多）、奶酪品和面食，城乡居民多食米面制品，喜欢吃包子、饺子、蒙古馅饼等面食；奶制品分奶饮料和奶食品。奶饮料有鲜奶、酸马(牛)奶、马(牛)奶酒、奶茶；奶食品有奶酪、奶豆腐等。蒙古族人除手抓肉外，还喜食炖牛肉、火锅，也食熏肉；面食以炒面为主，食用时加酥油或牛羊油，以茶水搅拌。馍馍、烤饼、油炸饼、饺子、面条、抓饭也是常用食物。

2.一般每日三餐，早餐多是奶茶、馍馍和酥油茶，午餐、晚餐多吃肉，以牛、绵羊肉为主，其次为山羊肉、马肉，在狩猎季节也捕猎黄羊。而农区多以谷物蔬菜为主，以肉食为辅。

3.蒙古族人性格豪放，喜欢喝用茶砖沏泡的浓茶、烈性酒。

4.不爱吃米饭、青菜和甜、酸、过辣、带汤汁的菜，不吃鱼虾等海味以及鸡鸭的内脏和肥猪肉。

四、节日风俗

1.春节。大部分地区的蒙古族人过春节、端午节和重阳节。春节又被称为“白节”“大年”，是蒙古族的传统节日。节前人们要做新袍子，备制年货，各家互送牛羊肉；除夕，合家聚餐，按常规要多吃多喝，酒肉剩得越多越好；晚辈要向长者敬“辞岁酒”，吃饺子，要“嘎啦卡”(羊骨头)，通宵达旦。初一早上，男女盛装，三五成群，互相拜年。现今晚辈见长辈已不叩头，先道一声“敏德”(即健康)，再双手捧送一包糖。长者取一块，然后从自己包内拿出一块糖放入对方包内，以示礼尚往来。“塔克勒根”节(敖包会)有部落和区域性的区别，多在农历六七月间举行；人们以部落为单位，汇聚到一个“敖包”里祈求风调雨顺，牧草丰盛。新中国成立后，有时以国庆节的庆祝活动代替“塔吉勒根”节，在节日中多举行摔跤、赛马等传统体育活动。

2.那达慕节。每年六月至九月，是牧闲时节，会召开一年一度的传统的“那达慕”盛会。“那达慕”的蒙古语意为“娱乐”或“游戏”。旧时是封建王公、牧主寻欢作乐、勒索盘剥的活动。新中国成立后，人民当家做主，增加了许多健康有益的内容。20世纪80年代，“那达慕”大会增加了集市等商品展销活动，人们还会在会上进行物资交流。

3.燃灯节。每年农历十月二十五日，待夜幕降临，家家点燃酥油灯，以示欢庆。现今和布克赛尔蒙古族自治县、额敏县多数蒙古族人已不过燃灯节。乌苏县蒙古族人在燃灯节的当天多不燃灯，代之以各种娱乐活动。烤羊、牛肉和奶砖茶是节日的佳肴；摔跤、赛马、射箭、歌舞是必不可少的娱乐活动。

五、宗教

主要有萨满教、藏传佛教。

六、图腾

民族图腾有狼、鹿、熊、芒牛、鹰、天鹅、树木等。

第二节　回族的礼貌礼节

一、简介

回族人口有980多万，约有三分之一的人口聚居在宁夏回族自治区，其余散居在全国各地，有大分散、小集中的特点。绝大多数的回民信仰伊斯兰教。回族人普遍使用汉语和汉字。在云南农村的回民，除从事农业生产外，还兼营小商业和手工业，工艺水平比较高。

二、礼貌礼节

1.回族人待人热情诚实，尊敬长者，保持着讲礼貌的好传统。亲友相逢时，以喜悦的面容相待，互道“色俩目”（即互相问好）。禁止用食物开玩笑，不能用禁忌的东西作比喻，如不能说某某东西像血一样红；禁止在背后诽谤他人和议论他人短处；反对赌博、游手好闲等。

2.回族是一个好客而热情的民族，有着“持家从俭、待客要丰”的优良传统，重视待客礼节。当家里来了客人时，主人要立即起身相迎让座，献上香茶。当男主人与客人愉快交谈时，女主人则到厨房准备丰盛饭菜以款待客人。入席时，让年长者坐上席；上饭菜之前，主人首先要上盖碗茶；倒茶水时要当着客人的面将碗盖揭开，然后盛水加盖，双手捧递，客人要起立，双手接茶盅；进餐时，上席的长者动筷后子，其他人才能进食；席间，不说污言秽语，不能挑剔食物，不要向碗里吹气，也不要用筷子在碗里乱搅动，要小口进食；饮水时，不要接连吞咽，不能对着杯盏吹气快饮，要一口一口地慢饮。当客人道别时，回族人总是满脸笑容地一再挽留，一直将客人送出大门。在回族村寨，当别人请你做客时，不能随便谢绝。如有特殊情况不能应邀，要讲清原因，表示谢意。

3.回族素有注重清洁卫生的良好习惯，饭前便后要洗手；净身（洗浴）时，必须用干净的水以淋浴式冲洗，回族称之为“不用回头水”；平时生活中，保持着定时剪指甲、理发、修胡须等良好的卫生习惯；也喜欢室内洁净，平时喝水时不用别人的碗和杯。谈话忌带“猪”字或同音字，居室内忌放猪皮、猪鬃等制品。

4.“阿訇”是清真寺中主持教务的人，极受穆斯林的尊敬。如果他们正在祈祷，那么千万不能打扰。

5.外出严禁露顶，必须戴帽；忌用左手递送物品。

6.回族一般实行族内婚，少数与其他民族通婚，原则上要求对方随回族习俗生活；斋月一般不结婚。

三、饮食习惯

1.遵循教规，回族的饮食禁忌颇多，不吃猪肉、猪油以及有犬齿且猎食其他动物的猛兽，忌食狗肉、动物的血、无鳞的鱼和自死动物禁止饮酒。以牛、羊、鸡肉为食。

2.喜欢饮茶，并有喝早茶的习惯，素有“九回回”之称。

3.在语言上，对食用的畜禽忌说“肥”，而说“壮”；忌说“杀”，而说“宰”；忌说“肉”，而说“菜”，如“牛菜”“羊菜”；禁止用禁忌物来打比方。

四、节日风俗

1.开斋节。开斋节又称肉孜节。时间为伊斯兰教历十月一日，教历九月为斋月；封斋后，禁动烟火，白天不吃任何东西，封斋第29日傍晚如见新月，次日即为开斋节；如不见新月，则再封斋一日，共为30日。

2.古尔邦节。古尔邦节又称宰牲节，时间为伊斯兰教历十二月十日。届时宰牛、羊、骆驼献礼庆祝。

3.圣纪节。圣纪节是伊斯兰教历的三月十二日，家家户户都炸“油香”(类似油饼)，过节必吃油香。

第三节 藏族的礼貌礼节

一、简介

青藏高原，地域辽阔、资源丰富、民风质朴，是一片神奇的高原雪域。藏族人口约540万，主要分布在西藏，其余在青海、甘肃、四川、云南等地，有悠久的历史和文化；藏族人民多信喇嘛教；藏语属汉藏语系藏缅语族藏语支。

二、礼貌礼节

1.献哈达。藏族人民在婚丧节庆、拜会尊长、觐见佛像、送别远行时，都有献哈达的习俗。敬献哈达是藏族人最普遍而又最隆重的礼节。哈达，藏民解释为仙女身上的飘带，以其洁白无瑕象征纯洁、吉利、至高无上；是一种白色生丝织品，纺得稀松如网；也有质地优良、用丝绸制作的。献哈达是表示纯洁、诚心、忠诚的意思；哈达长短不一，长者一二丈，短者三五尺。所献哈达越长越宽，表示礼节越隆重。当然也有五彩哈达，颜色为蓝、白、黄、绿、红：蓝色是蓝天、白色是白云、绿色是江河水、红色是空间护法神、黄色象征大地。五彩哈达是献给菩萨或做彩箭用的，是最贵重的礼物；佛教教义解释五彩哈达是菩萨的服装，所以五彩哈达只在特定的时候用。向尊者、长辈献哈达时要双手举过头，身体略向前倾，将哈达捧到其座前；对平辈，只要将哈达送到对方手中或腕上即可；对小辈或下属，则系在他们的颈上。若不鞠躬或用单手送，都是不礼貌的。接受哈达的人通常要做好与献哈达的人一样的姿势，并表示谢意。

2.磕头。藏民在见面打招呼时，通过点头、吐舌表示亲切问候，受礼者微笑点头回礼。磕头也是常见的礼节，一般是朝觐佛像、佛塔和活佛时磕头，也对长者磕头。磕头可分磕长头、磕短头和磕响头三种。在大昭寺、布达拉宫及其他有宗教活动的寺庙中，常常可以见到磕长头的人群：磕时两手合掌高举过头，自顶、到额、至胸，拱揖三次，再匍匐在地，双手直伸，趴在地上，划地为号；然后，再起立如前所做。过去，有些虔诚的藏民，从四川、青海各地磕长头到拉萨朝佛，行程数千里，三步一拜，一磕几年，即使有许多人死在路途之中，藏民还是觉得尽诚尽意、毫无怨言。大昭寺前的粗石板也被磕长头的人磨光了。在寺庙里，还有一种磕响头的磕头方法：不论男女老少，先合掌连拱三揖，然后拱腰到佛像脚下，用头轻轻一顶，表示诚心忏悔之意。

3.鞠躬。有客人来访时，藏民们会等候在帐外目迎贵客光临。见到长者或尊敬的客人时，要脱帽躬身45度，帽子拿在手上接近地面；见到平辈时，头稍低即可，帽子拿在胸前，以示礼貌。

4.敬献奶茶。藏民接待客人时有敬献奶茶、酥油茶和青稞酒的礼俗。青稞酒是不经蒸馏、近似黄酒的酒，度数为15度至20度，西藏几乎男女老少都能喝青稞酒。客人到藏族家庭做客，主人要敬三杯青稞酒，客人无论会不会喝酒，都要用无名指蘸酒弹一下。如客人不喝、不弹，主人会立即端起酒杯边唱边跳，前来劝酒。如客人酒量小，可喝一口的，就让主人添酒，连喝两口酒后，由主人添满杯，客人一饮而尽。这样，客人喝得不多，主人也很满意，这是约定俗成的规矩，不然主人就不高兴，或认为客人不懂礼貌，或认为客人瞧不起自己。按照藏族习俗，主人敬献酥油茶时客人不可拒绝，至少要喝三碗，喝得越多越受欢迎；客人准备告辞时可多喝几口，但不能喝干，碗底一定要留下点漂油花的茶底。

三、饮食习惯

1.藏民的主食是“糌粑”（即用炒熟的青稞磨成的炒面），牧民则以牛肉、羊肉、奶为主要食物。

2.酥油茶是藏民喜爱的饮料。

3.在饮食方面，还有食不满口、嚼不出声、喝不作响、拣食不越盘的规矩。

四、节日风俗

1.新年。藏历元月一日，是新年（藏语洛萨），即一年中最盛大、最重要的节日，相当于汉族的春节。过节时，家家都用酥油和白面做美味糕点并酿制青稞甜酒，互赠哈达，载歌载舞。这天，一切工作均要停止，大家都手持哈达、却玛（特制的木盒内装有糌粑和麦子，上面插有酥油花、麦穗和新年花）和青稞酒相互拜年。穿着节日服饰的男女老少成群结队地在街上唱歌跳舞，或到附近的寺庙朝佛，但不能到亲友家做客。

2.花灯会。藏历三月十五的花灯会是一年中最热闹的一晚，节日之夜，花灯闪烁，人们尽情观赏。

3.朝山节。藏历六月四日是朝山节，藏语叫珠巴泽西。这一天，人们穿着新衣，带着饮食，赶往各寺庙朝佛、念经；然后到野外尽情野餐、歌舞，直到日落才返回各自家中。

4.雪顿节。藏历七月一日是雪顿节（意为奶制品的盛筵）的开始，节日期间县城内有文艺队表演，各乡也有不同形式的唱戏活动。

5.望果节。藏历八月是丰收节，藏语叫曲果或望果节。农区的人们穿着新装，集聚在田间巡游，尽情歌舞，还举行赛马、赛牛、射箭、投石、摔跤等活动。有的牧区也举行类似的活动。

6.燃灯节。藏历十月二十五日是燃灯节，藏语叫噶登阿曲。这天传说是宗喀巴的成道日，晚上各寺院和俗家的屋顶都要点燃酥油灯，以示纪念。从藏历十二月开始，家家准备着过新年，制作各种油炸的果子、点心和象征五谷丰登的供品“卓索切玛”。二十九要“赶鬼”；三十是给佛龛上供的日子；正月初一早上人们要喝用青稞酒、红糖、奶渣和糌粑熬成的“滚颠”，这天一般是家人欢聚；初二到亲友家拜年；初三要上房顶更换经幡，并到附近的山口或水边悬挂旗幡，祈祭山神、水神。

五、宗教

藏族信仰藏传佛教、雍仲本教。公元7世纪时佛教从印度传入西藏，至今已有1300多年的历史。公元13—16世纪中叶，佛教日益盛行，佛事活动频繁，佛教寺庙遍及西藏各地。著名的寺庙有甘丹寺、哲蚌寺、色拉寺、扎什伦布寺和布达拉宫。

六、图腾

藏族的图腾主要有猕猴、牦牛、羊等，另外还有犬、狮子、鸟（鹏）等。

第四节　维吾尔族的礼貌礼节

一、简介

“维吾尔”是维吾尔族的自称，意为“团结”或“联合”。维吾尔族主要聚居在新疆维吾尔自治区天山以南的喀什、和田一带和阿克苏、库尔勒地区，其余散居在天山以北的伊犁等地，少量居住在湖南桃源、常德等地。人口约840万，信奉伊斯兰教。维吾尔族有自己的语言，维吾尔语属阿尔泰语系突厥语族。

二、礼貌礼节

1.维吾尔族待人接物非常讲究礼貌，在路上遇到尊长或者朋友时，习惯把右手放在胸部中央，然后伸出双手，身体前倾30度，或握手，互问“撒拉木”（问候语），然后视对方父母子女平安。妇女见面后，互相拥抱，右脸要碰一下，并道“撒拉木”，在问候之后，双手抚膝躬身道别。晚辈与长辈相遇时，晚辈要先施礼。现在广大农村仍然保持这种传统的礼节，而城市的年轻人见面时，大都行现代的握手礼。

2.维吾尔族是个热情好客的民族。凡是来客，不论相识与否，只要走进维吾尔族人家里，都会受到主人的热情接待。客人入室后，女主人为客人铺好褥子，请客人坐在褥子上，以示对客人的敬意。坐定后，主人手执洗手壶，请客人洗手。维吾尔族非常敬重客人，总是拿出家里最好的食物招待客人。主人会在你面前铺上餐布，在餐布上摆上各类糖果、馕，然后给你敬上一碗热气腾腾的茶水，哪怕家里只有开水和玉米馕，主人也要拿出来请客人食用，否则主人会觉得对客人不礼貌。老人吃饭或到别人家做客时，常用手摸脸做“都瓦”(一种宗教的祝福仪式)，有时握手后也做“都瓦”。

如果在瓜果飘香的夏季和秋季到维吾尔族人家里做客，摆在你面前的不仅有馕、茶，还有红沙瓤或者粉瓤、绿瓤的西瓜和甜瓜。如果客人起身告辞时天色较晚，热情的主人总要盛情地挽留客人住在家里。第二天清晨主人要早起，为客人准备早点，求胡大保佑客人。

如果是贵客和远道而来的亲戚，有条件的家庭要杀羊，热情款待客人；条件差一点的至少也要有一只鸡，总之，要用丰盛的食物招待客人。

3.维吾尔族人对老年人非常尊敬，晚辈无论在屋内还是在外面都不能从长辈面前横穿而过，遇到老人时要双手抚胸、弓身前去问候；在任何场合都要请长辈坐上席，喝茶、吃饭时要先端给长辈；走路时让长辈先走、进屋时请长辈先进、说话时让长辈先说，见了长辈要起立、让坐；长辈在座时，晚辈不能背对长辈，不能伸腿坐，不能从长辈面前经过，要从身后绕过。晚辈不能在长辈面前抽烟、喝酒，口吐粗鲁、龌龊的语言。

维吾尔族崇尚尊老爱幼的风尚，这不仅是维吾尔族的传统美德，同时也是维吾尔族家庭教育的重要内容。他们遵从父母的意见，在任何情况下都不与父母顶撞，有什么好吃的东西总要留给父母，吃饭时先给长辈盛饭，结婚以后会经常回去探望父母。

4.维吾尔族人吃饭或交谈时，禁止吐痰、擤鼻涕、打哈欠、放屁等一些不礼貌行为。

5.讲究卫生。他们常喜欢在自来水龙头下直接冲洗手脸，习惯一人专用一个茶杯。住宿期间，勿予更换。当第一次给他人茶杯时，须当着他们的面给茶杯消毒。

三、饮食习惯

1.维吾尔族人喜食牛、羊肉。用羊肉、牛肉、胡萝卜、葡萄干、葱、大米做成的“帕罗”，是节日或招待客人时不可缺少的珍贵食品。他们最爱吃馕、羊肉抓饭、包子、面条等食品。馕是用小麦面或玉米面制成的。抓饭，维吾尔语称“颇罗”，用大米、羊肉、羊油、植物油、胡萝卜等焖成，味道鲜美。逢年过节或办婚丧事时，多做抓饭待客。维吾尔族有很多著名的风味菜肴和小吃，如烤全羊、手抓羊肉、帕尔木丁、薄皮包子、烤羊肉串等。薄皮包子，维吾尔语称“派提塔曼”，用面做皮，羊肉丁、羊油拌少许洋葱做馅，皮薄肉多，油大味香。面条有拉面、拌面、炒面、汤面等，还有曲曲（馄饨），此外还有油馓子、银丝擀面（称“玉古勒”）、哈勒瓦、羊杂碎、曲连、烤南瓜、胡萝卜酱等。

2.维吾尔族人特别喜欢吃炖整羊、涮羊肉、烤羊肉串、羊牛肉锅贴。如为他们做些喜欢吃的家乡菜，则被认为是隆重款待。

3.维吾尔族人喜欢饮茯茶、奶茶。夏季多伴食瓜果。日食三餐，早饭吃馕和各种瓜果酱、甜酱，喝奶茶、油茶等，午饭是各类主食，晚饭多是馕、茶或汤面等。吃饭时，在地毯或毡子上铺“饭单”，饭单多用维吾尔族的木模彩印花布制作。长者坐在上席，全家共席而坐，吃完饭后，由长者领作“都瓦”（即做祷告，原是一种宗教仪式，具有赞美真主之意）。

4.每餐必喝葡萄酒，酒量大。忌食猪肉、狗肉、鸽子。

四、节日风俗

1.肉孜节、古尔邦节是传统的盛大节日。每逢节日，男女老少都会尽情地跳起“赛乃姆”(一种群众性的集体舞)，吃着香甜的“普罗”。届时家家户户都要宰羊、煮肉、赶制各种糕点。屠宰的牲畜不能出卖，除将羊皮、羊肠送交清真寺和宗教职业者外，剩余的自食和招待客人。过肉孜节时，成年的教徒要封斋一个月。封斋期间，只在日出前和日落后进餐，白天绝对禁止饮食。男女青年结婚时，由阿訇或伊码目（均为宗教职业者）诵经，将两块干馕沾上盐水，让新郎、新娘当场吃下，表示从此就像馕和盐水一样，同甘共苦、白头偕老。

2.不论男女老幼都喜欢戴四楞小花帽，这是维吾尔族美丽的标志之一。

五、宗教

维吾尔族在历史上曾信仰过萨满教、袄教、摩尼教、佛教等多种宗教。从16世纪皈依伊斯兰教至今，伊斯兰教的影响深深渗透于维吾尔族生活的各方面，呈现出以伊斯兰宗教文化为主的多种宗教文化共同发展的局面。

六、图腾

维吾尔族以狼为图腾。

第五节 壮族的礼貌礼节

一、简介

壮族是百越人的直系后裔，是中国少数民族中人口最多的，旧称僮族。人口有1 600多万，是壮侗语族里的一个典型代表，主要分布于广西壮族自治区和云南省文山壮族苗族自治州、红河哈尼族彝族自治州和曲靖等地区，广东连山、贵州从江、湖南江华等地也有分布。壮族有自己的语言，通用汉语。壮族聚居地盛产南珠及柳州杉、银杉、樟木等名贵木材。三七、蛤蚧、茴油、壮锦等是久负盛名的特产。他们习惯住吊脚楼。

二、礼貌礼节

1.壮族人的生活是丰富多彩的。他们纯朴、诚实。走进他们的生活，可以让你放松身心，抛弃烦恼和一切不顺心的事情，完全陶醉在质朴的气氛中。

2.壮族是个好客的民族。到壮族村寨任何一家做客的客人都被认为是全寨的客人，往往几家轮流请吃饭，有时一餐饭吃五六家。他们平时有相互做客的习惯，比如一家杀猪，必定请全村每家来一人，共吃一餐。招待客人的餐桌上务必备酒，方显隆重。敬酒的习俗为“喝交杯”，其实并不用杯，而是用白瓷汤匙。有客人来访时，他们会热情招待，对客人中的长者和新客尤其热情，用餐时须等最年长的人入席后才能开饭。

3.要双手奉上香茶，茶不可过满，否则，则为不礼貌。有客人在家时，不得大声讲话，进出要从客人身后绕行；与客人共餐时，要两腿落地，与肩同宽，不可跷二郎腿；夹菜要一次夹起，长辈未动的菜，晚辈不得先吃；给长辈和客人端茶、盛饭时，必须双手捧给，而且不能从客人面前递，也不能从背后递给长辈；先吃完的要逐个对长辈、客人说“慢吃”后再离席；客人告辞时，主人要将另留的鸡肉和客人盘中的余肉用菜叶包好，让客人带回去给亲人品尝，客人则非“兜”不可。

4.路遇老人时，称男的为“公公”，称女的为“奶奶”或“老太太”；遇客人或负重者，要主动让路、帮助并送到分手处。壮族人忌讳在农历正月初一这天杀牲有的地区青年妇女忌食牛肉和狗肉妇女生孩子的头三天（有的是头七天）忌讳外人入内，忌讳孩子尚未满月的妇女到家里串门。

三、饮食习惯

1.多数地区的壮族人习惯于日食三餐，有少数地区的壮族人吃四餐，即在中、晚餐之间加一小餐。主食为米饭，常吃糯米。

2.壮族对任何禽畜肉都不禁食，如猪肉、牛肉、羊肉、鸡、鸭、鹅等，喜爱猎食、烹调野味、昆虫，以狗肉、野味为美味佳肴，视为珍品。对三七的食疗颇有研究，利用三七的花、叶、根、须做的菜很有特色。壮族还擅长烤、炸、炖、腌、卤等烹饪法，嗜酒，口味麻辣、偏酸，喜食酥香菜品。

3.壮族人家会酿制米酒、红薯酒和木薯酒，度数不高，其中米酒是过节和待客的主要饮料。在米酒中加上鸡胆、鸡杂、猪肝，就成了鸡胆酒、鸡杂酒、猪肝酒。饮酒时要一饮而尽，留在嘴里的鸡杂、猪肝则要慢慢咀嚼，既可解酒，又可当菜。

4.壮族有许多著名的菜肴和小吃，主要有：马脚杆、鱼生、烤乳猪、花糯米饭、宁明壮粽、状元柴把、白切狗肉、壮家酥鸡、清炖破脸狗、龙泵三夹。不爱吃胡萝卜、西红柿、芹菜等。

四、节日风俗

1.春节。人们一般在腊月二十三送灶节过后便开始着手准备，二十七宰年猪，二十八包粽子，二十九做糍粑。除夕这天，男女老少全家欢聚一堂，煮出初一全天吃的米饭，叫“压年饭”，有预祝来年五谷丰登的意思。除夕夜，在丰盛的菜肴中最富特色的是整煮的大公鸡，家家必备。大年初一，天还没亮时，人们就起床梳洗打扮，迎接新春的开始。居住在山区的壮族人民，还有个汲新水的习俗：春节那天，妇女们穿着新衣新鞋，纷纷来到河边水渠，挑新水回家。她们边走边拖着象征牛、马、猪、羊、狗、猫的石头，口里还模仿着六畜的叫声，这是祈求来年“六畜兴旺”。汲回家的新水，加红糖、竹叶、葱花、生姜煮沸后，全家和客人都要喝。据说，喝了这象征吉祥的新水，来年人们会更加聪明伶俐。“汲新水”习俗表达了壮族人民对美好生活的向往。初二以后方能走亲访友，相互拜年，互赠的食品中有糍粑、粽子、米花糖等。一直到正月十五元宵节，有些地方甚至到正月三十，整个春节才算结束。

春节期间，壮族人还会开展赛歌、跳舞等丰富多彩的文化娱乐活动。他们认为跳了春堂舞，来年粮食堆满仓，故有“正月春堂闹哄哄，今年到处乐添丰”的民谚。春堂舞舞步雄健、活泼，场面热烈、欢快，体现了壮族人民勤劳勇敢、乐观豪迈的性格。

2.三月三。这是壮族人的传统节日，对歌又是三月三的一项主要活动，因此又称“歌圩”或“歌节”。三月三按过去的习俗为上坟扫墓的日子，届时家家户户都要派人携带五色糯米饭、彩蛋等到先祖坟头去祭祀。

美丽富饶的壮乡，素有“歌海”的美誉。尤其是盛大的“三月三”，方圆数十里的男女青年，都兴高采烈地穿上节日盛装赶来参加，少则几百人，多则数千人或上万人。人山人海，歌声嘹亮，整个壮乡成了歌的海洋。

3.中元节。中元节又称鬼节，为每年的农历七月十五。这天，家家户户杀鸡宰鸭、蒸五彩糯米饭，祭祀祖先和田公地母。这是仅次于春节的重大节日。其他节日食俗也都各有讲究，各具特色，比如中元节吃鸭、端午节吃粽子、重阳节吃糍粑等。

壮族节日中有一些和宗教活动关系密切，比如居住在云南的部分壮族，农历正月祭献“老人厅”，二月初二杀猪祭龙山，三月初三祭雷神，五月祭龙，六月祭献杨六郎，七月十四的祭祖是比较隆重的，家家户户都要杀鸡宰鸭，供奉祖先。

五、宗教

壮族信仰多神教，多为原始自然崇拜和祖先崇拜，崇拜巨石、老树、高山、土地，如花婆神、土地公、社公等。本民族宗教为摩教。祖先崇拜占有主要地位，每家正屋都供奉着“天地亲师”神位。有的还信奉佛教。

六、图腾

壮族的图腾为青蛙。

第六节　苗族的礼貌礼节

一、简介

在湘黔毗邻地区居住着具有悠久历史的苗族人民，山清水秀的大自然陶冶了苗族女子爱美的情趣，而独特古老的美容习俗又赋予其审美意识与浓厚的民族气息。苗族主要聚居于贵州省东南部、广西大苗山、海南岛及贵州、湖南、湖北、四川、云南、广西等省区的交界地带，云南省的苗族人口约有97万，占中国苗族人口的12.2%。苗族的历史悠久，有自己的语言，苗语属汉藏语系苗瑶语族苗语支。苗族居住在高山地带，以农业为主，农作物有旱稻、苞谷、荞子、薯类和豆类；经济作物是麻，他们一般是自己种麻、自己纺织。苗族有丰富的民间口头文学，如古歌、诗歌、情歌等。苗族人善歌舞，有苗族舞蹈、鼓舞、芦笙舞等，其中芦笙舞最为流行。善蛊术，善于运用草药治病救人；苗族现今保存有完好的悬棺葬和洞棺葬；喜戴银饰；住吊脚楼。

二、礼貌礼节

1.苗族人十分注重礼仪。客人来访时，必杀鸡宰鸭盛情款待，若是远道而来的贵客，苗族人习惯先请客人饮牛角酒。吃鸡时，鸡头要敬给客人中的长者，鸡腿要给年纪最小的客人，不吃饱喝足，则被视为看不起主人。

2.苗族人讲究真情实意，非常热情，最忌浮华与虚伪。主人路遇客人不抢走第一步，不走在客人前面；交谈中用敬语称呼；迎客要穿节日服装；对贵客要到寨外摆酒迎候；客人到家门时，男主人要叫门，告知在家的女主人，女主人要唱歌开门迎客；当你离开苗族主人家时，一定要有礼貌地说声“哇周”，意为“谢谢”，感谢苗家对你的盛情款待。

3.有些苗族地区，忌随时洗刷饮甑、饭包、饭盆，只能在吃新米时洗，以示去旧迎新，认为随时洗刷会洗去家财，导致饭不够吃。在山上饮生水时忌直接饮用，须先打草标，以示杀死病鬼；忌动他人放于路边的衣物，以免被传染麻风病；忌讳孩子在家中乱耍小弓箭，恐射中祖先；忌跨小孩头顶，否则孩子长不高。

三、饮食习惯

1.大部分地区的苗族人的一日三餐均以米饭为主食。油炸食品以油炸粑粑最为常见。主要有血灌汤、辣椒骨、苗乡龟凤汤、万花茶、捣鱼、酸汤鱼等食品。

2.肉食多来自家畜、家禽，四川、云南等地的苗族喜吃狗肉，有“苗族的狗、彝族的酒”之说。苗家的食用油除动物油外，多是茶油和菜油。

3.以辣椒为主要调味品，有的地区甚至有“无辣不成菜”之说。苗族的菜肴种类繁多，常见的有豆类、瓜类和青菜、萝卜，大部分苗族都善做豆制品。

4.苗族人普遍喜食酸味菜肴，家家必备酸汤。苗族普遍采用腌制法保存食物，喜欢将蔬菜、鸡、鸭、鱼、肉腌成酸味的。

5.苗族酿酒历史悠久，从制曲、发酵、蒸馏、勾兑到窖藏有一套完整的工艺。日常饮料以油茶为主，湘西苗族还有一种特制的万花茶，酸汤也是常见的饮料。

四、节日风俗

苗族过去信仰万物有灵，崇拜自然，重视供奉祖先。节日较多，除传统年节、祭祀节日外，还有专门与吃有关的节日，如吃鸭节、吃新节、杀鱼节、采茶节等。过节除备酒肉外，还要准备节令食品。

1.苗年。苗年一般先在正月第一个卯日，历时三、五天或十五天。年前，家家户户都要准备丰盛的年食，除杀猪、羊、牛外，还要备足糯米酒，并用最好的糯米打“年粑”，互相馈赠。年饭丰盛，讲究“七色皆备”“五味俱全”。

2.杀鱼节。杀鱼节多活动在江边进行，由妇女带上饭、腊肉、香肠等酒菜，只要捉到鱼，即燃起篝火，架锅煮鱼直到尽兴方归。

3.祭鼓节。这是苗族最大的祭祀活动。一般是七年一小祭，十三年一大祭。于农历十月至十一月的乙亥日进行，届时要杀一头牯子牛，跳芦笙舞，祭祀先人。邀亲朋共享美食，以求增进感情、家庭和睦。

4.踩花山。这里苗族人民的盛大传统节日，一般在每年农历正月初一、初三、初六这几天举办。凡有苗族人居住的各县，这几天都要立花杆，举行隆重的踩花山活动。这既是苗族男女青年谈情说爱的好时机，也是苗族人民开展文体娱乐活动的重要机会。苗家男女老少，穿金戴银，从四面八方赶到花杆下。吹芦笙、弹响蔑、跳脚架、耍大刀、斗牛、摔跤、斗画眉、爬花杆是主要活动。

5.打背节。流行于富宁县的部分地区，于每年农历正月初三到正月十五这几天举行，是苗族男女青年的节日。节日中，男女青年欢聚在风景优美的山坡上，当打背开始时，小伙子蜂拥而出，冲到自己选中的姑娘面前，一手挽住姑娘的脖子，一手蒙住姑娘的眼睛，其他小伙子去打她的背。姑娘也不甘示弱，一边大笑，一边挣扎。挣脱时，捉住小伙子，以其人之道还治其人之身。整个场地，男追女逐，充满欢声笑语。打累了，男女青年即各找一个地方打土电话（即用两个竹筒，中间连一长线，双方对着竹筒讲话、唱歌），相互倾吐蜜语衷情，以期结成伴侣。情投意合后，再告诉父母，择吉日成亲。

五、宗教

苗族崇拜巨形或奇形自然物，虔信巫术。信奉自然崇拜、图腾崇拜、祖先崇拜等原始宗教，迷信鬼神。

六、图腾

苗族崇拜盘瓠，世代传说着“神母犬父”的故事，把盘瓠视为自己的始祖。中部地区的一些苗族人认为他们的始祖姜央诞生于枫树中，因而把枫树视为图腾，或以水牛、竹子等作为图腾。

七、苗族女子美容方法

1.盘发。讲究发式美是苗族女子的一种独特习俗。她们将头发修饰得非常整洁，时常在河边洗濯。洗后再用茶籽油涂擦，故色泽异常光润。姑娘出嫁之前是扎一根长长的独辫，用各种鲜艳的纱巾梳扎，再将长辫挽于头上盘成圆圈，佩戴各色鲜花，当成别具一格的头饰，有浓厚的乡土色彩。结婚生育后的妇女发式又别有一番情趣。其梳法是将头发在额的四周罩出二三寸，再向上梳束，好像一顶小黑伞罩在额头上，在头顶当中，盘成发髻，髻后插一长约三寸的小木梳，表示已成为母亲。

2.修眉。苗族地区的姑娘都有修眉的习惯。少女一进入青春期就得修眉，一般一生只修一次，因此修眉时非常庄重、认真，并对所有男性绝对保密。修眉时，由大姐或有经验的妇女进行操作。先在眉上抹少许柴炭，借助双线交叉拧动之势，绞下多余的眉毛。眉形大多以弯、细为标准。有弯月形、柳叶形、镰刀形等，其长短、弯度往往视脸型而定，均要长短匀称。苗族妇女把细眉看作一种美的标志。她们认为，如果女人同男人一样留着浓眉，那是凶恶不善的象征，而细眉是妇女温柔、善良的表现。

3.染甲。苗族姑娘喜爱染红指甲。赶歌场的前几天，苗族姑娘就相互邀约，到竹林深处采撷凤仙花，回家后加明矾捣碎，敷在指甲上，再用纱布包裹好。赶歌场那天清晨，姑娘们拆去手指上的纱布，洗去手指上的颜料残渣，这时的手指甲殷红色美，格外醒目，颜色可半月不掉。她们穿上节日盛装，和小伙子们一道到歌场对歌，谈情说爱……被凤仙花染得鲜亮的红指甲，不仅给妩媚俊俏的苗族姑娘增添了新的神采风韵，也从一个侧面体现了她们淳朴善良、温柔美丽的心灵。

4.磨脚。每当夕阳为苗家山寨撒下柔和的晚霞时，溪边便回荡起一阵阵甜美的笑声。身穿挑花彩裙的苗族姑娘，会在收工后三五成群地坐在溪边的石头上戏水。她们悬吊着双脚，让沾着泥污的双脚泡在水里，手里拿着一个光滑的卵石，在脚上磨呀磨，一双白里透红的脚显得更加光滑柔嫩。她们时而互相比，时而对着双脚端详。不了解的人也许会问，姑娘们是在干啥？原来，苗家姑娘认为双脚是全身最美的部位。她们以双脚皮肤洁白为最美，要是配上一套图案鲜艳的挑花短裙，则美极了。

参考文献

[1] 国家文物局．中国文物精华大辞典：书画卷[M]．上海：上海辞书出版社，1996．

[2] 沈从文．中国古代服饰研究[M]．上海：上海书店出版社，2007．

[3] 周锡保．中国古代服饰史[M]．北京：中国戏剧出版社，2002．

[4] 顾筱君．21世纪形象设计教程：第2版[M]．北京：机械工业出版社，2011．

[5] 顾筱君．时尚化妆[M]．北京：机械工业出版社，2012．

[6] 霍忠斌．洗尽铅华[M]．北京：首都师范大学出版社，2006．

[7] 鲍汗青．诗词画艺术散记[M]．南京：南京出版社，2001．

[8] 李渔．闲情偶寄[M]．重庆：重庆出版社，2008．

[9] 张岱年．中国文史百科[M]．杭州：浙江人民出版社，1997．

[10] 彭林．中华传统礼仪读本[M]．杭州：浙江文学出版社，2008．

[11] 袁庭栋．古人称谓[M]．济南：山东画报出版社，2007．

[12] 彭林．儒家礼乐文明讲演录[M]．桂林：广西师范大学出版社，2008．

[13] 余云华．拱手·鞠躬·跪拜[M]．成都：四川人民出版社，2003．

[14] 张继焦．中国少数民族礼仪[M]．北京：中央民族大学出版社，1998．

[15] 邹昌林．中国礼文化[M]．北京：社会科学文献出版社，2003．

[16] 程亿安．商务礼仪[M]．天津：南开大学出版社，2015．

后　记

这本书来自于此书责任编辑张旭的建议，她认定在一套谈论形象设计的丛书中不能缺失对人的内涵、修养的强调。然而，在初期阶段，我曾怀疑过：在一排时尚、亮眼的书名中插入“礼仪”这个老书名是否会显得多余？正因如此，我带着编委们格外用心地调研市场，在众多类似的著作中寻觅精华、剔除糟粕、发现需求。调研结束，我们建立起了编写它的信心，一部著作的大纲也有了雏形。

欲推广现代时尚礼仪，就需了解礼仪全貌，而认识的突破点就是中华传统礼仪。我们认为不管社会如何变化，传统礼仪总能在人们的频频回首中备受青睐，至今不衰，自然有它存在的理由和价值。对礼仪的深度研究自然带来了对广度的发现，将国际礼仪内容也作为本书的一个部分这个构想就生发于这个研究阶段。延续这样的思路，最终一部关乎古今中外礼仪教程的著作编写完成了。

编写此书时，恰逢因编写人员调动所带来的种种不顺利，中国传媒大学出版社的张旭、吴磊编辑给予了充分体谅、鼓励和支持；我的挚友刘海先生不计报酬，全程担任我的助手，为本书扫描众多图片，这些情景至今历历在目，感动于心。在此一并特别感谢！

中国传媒大学出版社特别安排西南石油大学艺术学院的林莉副院长审校本书，我不胜荣幸。感谢出版社在编写过程中的重视！也感谢林莉副院长为之付出的努力和辛劳！你们的支持无疑为这本书增添了不少光彩。

林晓鸣

2016年12月21日记于南京家中

图书在版编目(CIP)数据

时尚礼仪教程/林晓鸣，顾筱君主编. —北京：中国传媒大学出版社，2017.7
(时尚形象设计专业“十三五”规划教材·21世纪新编核心课程系列)
ISBN 978-7-5657-1691-1

Ⅰ. ①时… Ⅱ. ①林… ②顾… Ⅲ. ①礼仪—教材 Ⅳ. ①K891.26

中国版本图书馆CIP数据核字（2016）第080208号

时尚礼仪教程
SHISHANG LIYI JIAOCHENG

主　　编　林晓鸣　顾筱君
副 主 编　吴　丹　王　欣　周　雨
　　　　　杨大鹏　林　莉　王大为
策　　划　冬　妮
顾　　问　吕艳芝
责任编辑　张　旭　吴　磊
特约编辑　陈　默
封面设计　拓美设计
责任印制　曹　辉

出版发行　中国传媒大学出版社
社　　址　北京市朝阳区定福庄东街1号　邮编：100024
电　　话　86—10—65450528　65450532　传真：65779405
网　　址　http://www.cucp.com.cn
经　　销　全国新华书店

印　　刷　北京中科印刷有限公司
开　　本　787mm×1092mm　1/16
印　　张　彩1　黑白15.75
字　　数　315千字
版　　次　2017年7月第1版　　2017年7月第1次印刷

书　　号　ISBN 978-7-5657-1691-1/K·1691　　**定　　价**　59.00元